보통 사람처럼 살기, 엄마로 살기

정신장애인의 모성경험

내일을여는지식 사회 21

보통 사람처럼 살기, 엄마로 살기

정신장애인의 모성경험

이혜경 지음

KSI 한국학술정보㈜

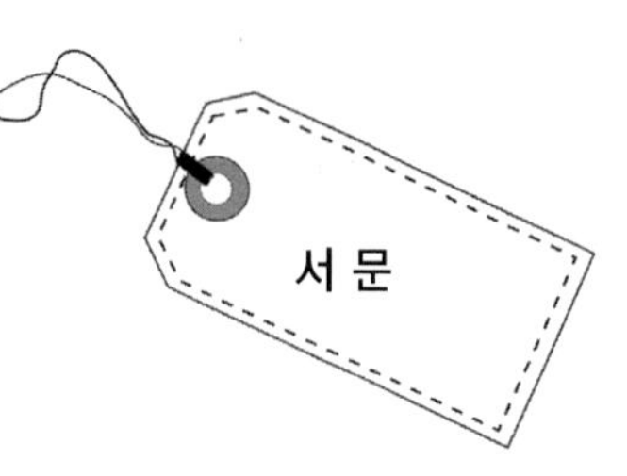

이 책은 필자의 박사학위논문을 새로 엮어 펴낸 것이다. 논문의 출발은 우리 사회에서 여성정신장애인이 '여성'과 '정신장애'라는 '이중 역할' 혹은 '이중의 정체성'을 안고 다중의 차별과 어려움에 처해 있다는 인식에 있다. 게다가 정신질환의 유병률이 높아 가고, 그 가운데 여성의 비율이 훨씬 높음에도 불구하고 정신보건 현장에서 성인지적 민감성(gender－sensitivity)을 찾아보기 힘들다는 현실이 여성정신장애인의 삶에 관심을 갖도록 하였다.

'여성'이 아니라 단지 '정신질환자'였던 이들은 철저히 '무성적 존재'로 취급되었고, 결혼과 임신, 출산이라는 모성적 욕구와 권리로부터 배제되었다. '무성적 존재(almost genderless)'일 뿐 아니라 사회적으로 '역할 없는 존재(roleless)'였던 셈이다. 이에 필자는 여성의 고유한 욕구 혹은 가치 있는 사회적 역할의 하나로서 여성정신장애인의 모성경험을 탐색하고자 하였다. "아는 만큼 보인다"는 말처럼 그들의 경험과 삶을 이해함으로써 정신보건 영역의 전문가들이 정신장애인의 재활과 사회복귀에 필요한 보다 실제적인 개입 전략을 찾을 수 있을 것으로 믿었기 때문이다.

연구는 1년이 넘는 기간 동안 10명의 정신장애 여성(정신분열증 중심)을 대상으로 각각 3～5회의 심층면접과 가정방문, 기타 자료의 수집을 통해 진행되었다. 연구방법은 질적 연구의 여러 전통 가운데 현상학적 연구방법을 활용하였다. 현상학적 연구는 연구대상자의 경험을 다양한 사회문화적 맥락하에서 살아 있는 그대로 풍부하게 기술할 수 있는 연구방법이다. 연구결과 "여성정신장애인의 모성경험은 정신장애와 여성이라는 이중 부담과 긴장을 모성정체성을 통해 극복하고, 사회적 존재로서의 역할 지위와 사회적 인정을 획득함으로써 보다 적극적으로 세상 속으로 나아가는 힘"임을 알 수 있었다.

이러한 결과는 그동안 정신장애인의 결혼과 출산, 양육에 대해 위험하고, 불안정하며, 해롭다고 보는 사회의 편견에 반하는 것이다. 사실상 지금까지 국내에서 여성정신장애인의 삶의 현실을 다루고 있는 연구는 극히 드물다. 그나마 있는 연구물들은 여성정신장애인의 모성이 그들의 자녀에게 미치는 유전적 취약성, 학대 및 방임의 위험에 초점을 두는 것이 대부분이다. 그러나 최근 정신보건법의 개정을 통해 나타났듯이 이제는 정신장애인 개개인의 욕구가 존중되고 그들의 인권이 보장되는 사회통합의 시대로 나아가야 할 때이다.

따라서 필자의 학위논문이 나름의 한계를 가지고 있음에도 불구하고 단행본으로 펴내는 데는 이러한 삶의 경험들을 보다 넓게 알리고, ‘정신장애인도 우리의 이웃’이라는 인식을 보다 많은 이들이 함께 하기를 바라기 때문이다. 혹자는 여성정신장애인의 삶의 욕구와 권리가 중요한 만큼 그들 자녀의 권리도 중요하지 않느냐고 반문한다. 물론 그렇다. 어머니의 정신질환이 자녀의 정신건강과 성장에 어려움을 발생시키는 것은 당연하다. 자녀들은 때로는 방치되고, 때로는 학대를 당하거나 급기야 신문 지상에 오르내리는 존속살해의 비극까지 일어난다. 그러나 이러한 위험을 위험으로 만드는 것은 다양한 삶의 욕구를 무시하고, 억압하며, 제대로 돕지 못했기 때문일 것이다.

여성정신장애인의 모성경험에 귀 기울이는 것은 어느 일방의 권리와 요구에 치우치고자 하는 의도가 아니다. 가족이라는 이름으로 함께 하는 구성원들, 특히 어머니와 자녀, 그리고 함께 짐을 지고 있는 배우자와 확대가족 모두의 욕구와 고통에 함께 귀 기울여야 한다. 따라서 이러한 여성의 경험을 듣는 것은 자녀 중심의 관심과 위험에만 치우쳐 온 저울의 균형을 새롭게 맞추고자 하는 시도일 따름이다. 편견과 선입견에 가렸던 삶의 이면들을 균형 있게 들여다보고자 하는 것이다.

따라서 이 책을 읽으면서 정신장애인의 이야기라는 편견의 렌즈는 잠깐 벗어 두고 이웃 여성들이 자녀를 키우며 울고 웃는 이야기로 읽어 주길 바란다. 별로 다르지 않은 어머니로서의 삶을 발견하게 될 것이다. 다만 그런 삶의 과정 속에 조금 더 힘들고, 역경을 이겨 내기 위한 몸짓이 좀 더 간절함을 느끼게 될 것이다. 흔들리고, 넘어지지만 끊임없이 다시 일어서서 서로를 지탱하는 용기와 희망을 발견하게 될 것이다.

책의 전반부는 연구주제의 필요성과 이론적 논의를 다루었고 중반부는 연구설계에 대한 설명과 연구조사의 실제 과정을, 후반부는 연구결과와 결론 등으로 구성하였다. 아울러 연구과정의 실제적 이해를 돕기 위해 연구에 활용된 면접지침안과 구성요소의 도출과정을 소개하는 자료들을 부록으로 엮었다.

학위논문이라고 하면 어려운 전공용어와 통계용어들로 쓰여 대개의 경우 일반인들이 쉽게 접하기 어렵다. 그러나 질적 연구로 수행된 연구논문의 경우 누구나 공감할 수 있는 삶의 경험들이 인용되고 소개되는 만큼 비교적 재미있게 읽을 수 있다는 장점이 있다. 따라서 이 책은 여성의 삶과 모성경험에 대한 관심이 있는 이라면 누구나 읽을 수 있는 책이다. 다만 정신보건 분야에서 일하는 정신과 의사와 사회복지사, 간호사, 임상심리사 및 재활전문가들이 관심 있게 읽어 주길 바란다. 여성정신장애인의 욕구와 삶의 경험들에 대한 보다 깊이 있는 이해를 통해 성인지적 민감성(gender-sensitivity)을 높여 갈 수 있을 것이다. 또한 여성학계에서도 여성정신장애인의 이중적 소외 상태를 이해하는 데 필요한 자료로 삼을 수 있을 것이다.

"하늘에 관한 중요한 사실은 하늘이 언제나 거기 있다는 거다.
하늘이 파랗고, 아득히 높고, 구름이 뭉게뭉게 피어 있고,
공기로 되어 있다는 건 틀림없다.

하지만 하늘에 관한 중요한 사실은
하늘이 언제나 거기 있다는 거다.”

하늘이 그렇듯 삶은 언제나 거기에 있다. 재발과 편견에 맞서
싸우며 자녀와 함께 성장하고, 자녀를 통해 세상을 배우며, 나아가
는 힘을 얻는 삶은 언제나 그 자리에 있다. 다만 이러한 삶을 바
라보는 우리의 렌즈에 따라 그들의 삶은 위험하기도 하고, 함께
살아가야 하는 이웃의 모습이 되기도 한다. 우리 사회에서 정신질
환자로 살아가는 데는 많은 용기가 필요하다. 용기를 꺾지 않고,
힘을 북돋우는 시각이 더욱 확산되길 바란다.

끝으로 연구에 참여하여 삶의 경험을 나누어 준 열 명의 어머니
들에게 감사의 마음을 전한다. 이들의 삶과 사랑에 누가 되지 않
기를 간절히 바라며, 내게 전해 준 진솔한 삶의 이야기가 보다 올
바른 길을 찾았기를 바란다. 또한 논문을 쓰는 과정에서 지도와
격려를 아끼지 않으신 이화여자대학교의 한인영 지도교수님과 그
밖의 많은 지인과 교수님들께, 그리고 사랑과 격려로 지켜봐 준
남편과 태인, 태오에게도 고마움을 전한다.

마지막으로 쉽지 않은 글을 책으로 출판할 수 있도록 지원해 준
한국학술정보(주) 관계자 분들에게도 감사드린다.

2009년 8월
이 혜 경

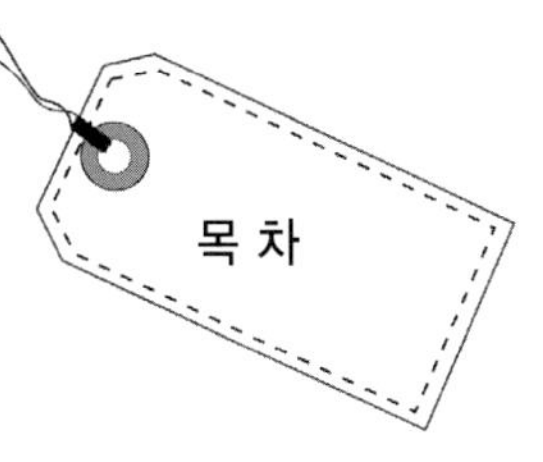

목 차

제1장

서 론

제1절 문제제기

 부모됨(parenthood)은 성인기 개인에게 있어 매우 중요한 삶의 과업이며, 가치 있는 사회적 역할의 실천이다. 특히 결혼과 출산의 과정을 통해 성인으로 인정받는 우리 사회의 통념상 어머니 역할, 모성[1]은 여성의 정체성 형성에 있어 핵심적 경험이다. 때문에 전통적으로 유지되어 오던 순종적이고, 헌신적인 모성관이 현대사회의 급격한 변화와 함께 새로운 비판의 대상이 되고 있음에도 불구하고, 여전히 많은 여성들이 모성경험을 통해 삶의 의미를 추구하고, 모성정체성을 중요한 삶의 목표로 삼고 있다.

 그러나 '여성'과 '정신장애[2]'라는 '이중 역할' 혹은 '이중의 정체성'을 안고 살아가는 여성정신장애인의 경우 모성의 욕구와 권리는 상대적으로 무시되어 왔다. 오히려 정신질환의 병리적 특성과 자녀에게 미칠 수 있는 잠재적 위험에 대한 편향된 관심으로 정신장애인의 임신과 출산, 양육의 욕구는 가치 절하되고, 사회적 편견과 차별의 대상이 되었다.

---

1) 우리말에서 모성과 관련된 용어는 '어머니 노릇'이나 '어머니' 등으로 한정된다. 영문 용어는 motherhood, mothering, maternity, maternal practices, maternal role 등으로 다양하다. 이 중 가장 자주 사용되는 것이 motherhood와 mothering인데, 전자는 어머니가 된다는 것, 어머니로서의 경험, 어머니로서의 시기 등을, 후자는 어머니로서 하는 활동과 일을 뜻한다(노영주, 1998). 본 연구에서 모성에 대한 일반적 정의는 이 두 용어의 의미를 합한 것으로 어머니 역할 수행을 통한 자녀양육경험과 함께 여성 스스로 형성하는 모성정체성을 묶어 이르는 것이다.

2) 본 연구에서 정신장애는 정신질환의 개념과 동등한 것으로 본다. 일반적으로 '정신질환'은 현재 질병이 진행되는 것을 말하고 '정신장애'는 진행과정뿐 아니라 결과까지를 포함한다(문인숙, 양옥경, 1991). 그러나 정신질환의 진행과정을 볼 때 정신질환과 정신장애의 경계는 뚜렷하지 않다. 글에서 사회역사적 측면의 통합적 접근이 필요한 경우 정신장애의 개념을 주로 사용하나, 증상과 의료적 측면의 설명에는 정신질환의 개념을 사용함으로써 글의 문맥이 허용하는 범위 내에서 두 용어를 모두 사용하고자 한다.

역사적으로 볼 때 탈시설화 이전의 시기에 여성정신장애인의 성적 능력과 임신, 출산의 재생산 능력은 감추어져 있었고, 무시되었다. 여성으로서의 성적 정체성이 거부되었고, 재생산의 자유를 박탈당하면서 여성이 아니라 정신질환자였던 이들은 '무성적 존재(almost genderless)'일 뿐이었다(Chesler, 1997; Miller, 1997). 그러나 탈시설화의 극적 전환은 지역사회정신보건사업을 확산시켰고, 지역사회로부터 격리되었던 정신장애인이 지역 안에서 그들의 삶을 유지하고 성인의 한 사람으로서 사회적 역할을 수행함으로써 사회 속에 통합되어 살아갈 수 있도록(양옥경, 1996) 실천적, 정책적 관점을 변화시켰다. 이는 그동안 간과되었던 정신장애인의 다양한 삶의 영역과 발달과업에까지 지역사회의 역할을 확대시켰고, 여성정신장애인의 결혼과 출산, 양육의 욕구에도 관심을 기울이게 하였다.

현재 미국의 경우 매해 전체 인구의 22%에서 정신장애가 발생하고 있으며(Nicholson et al., 2001), 전체 여성 인구의 31%가 정신질환의 기준에 해당한다. 또한 이들 여성의 65% 이상이 자녀를 출산, 양육하고 있으며(Bybee et al., 2003), 정신질환이 없는 여성과 비슷한 정도의 임신, 출산, 양육의 동기를 갖고 있는 것으로 나타났다(Cook, 2000). 나아가 이들은 아동의 보호, 교육에 필요한 적합한 양육기술 및 정보에 관심을 갖고, 바람직한 부모가 되고자 하는 욕구를 표현하는 등(Oyserman, et al., 2002; Mowbray, et al., 1995) 사회적 역할로서 부모 역할 및 양육 활동에 중요한 가치를 두고 있었다.

우리나라의 경우 최근의 정신질환실태역학조사(보건복지부, 2006)에 따르면 알코올 및 니코틴 사용장애를 제외한 주요 정신질환의 1년 이환율은 전체 8.3%(약 260만 명)이며, 이 중 여성 11.2%(약

176만 명), 남성 5.5%(약 87만 명)로 여성이 거의 2배 이상 많은 것으로 조사됐다. 이 가운데 결혼 혹은 이혼, 별거, 사별에 해당하는 여성 비율이 전체 조사대상자의 84%를 차지하고 있어 많은 여성정신장애인에게 있어 결혼과 관련된 임신, 출산, 양육의 이슈가 주요한 삶의 과업이 될 것임은 미루어 짐작할 수 있다.

특히 정신장애의 특성상 여성이 남성보다 늦게 발병하기 때문에 정신장애가 발병하기 전에 결혼을 하고, 자녀를 가질 가능성까지 고려한다면 이후 여성정신장애인의 출산, 양육의 욕구는 더욱 확대될 것으로 보인다. 더불어 이러한 성인 여성으로서의 정상적 발달 과업의 수행에 있어 확대가족의 지속적 지원이 요구되며, 이로 인해 가족들의 보호부담 또한 증가된다. 또한 정신질환의 영향으로 심리 정서적으로 불안정하고, 일상적, 사회적 기능수행이 어려워질 경우 자녀양육의 과업을 수행하기가 어려워지고, 특히 극단적인 경우 심리사회적 지지체계가 확보되지 않은 상황에서 아동 학대와 방임의 위험을 증가시킬 수 있다(Mullick, et al., 2001). 따라서 여성정신장애인의 모성경험에 대한 관심과 지지는 정신장애인 개인뿐 아니라 정신장애인 가족 및 자녀의 정신건강 증진, 정신장애의 예방적 측면에서도 중요하다.

특히 여성정신장애인이 주된 삶의 과제의 하나로서 모성 역할을 수행하고, 이를 통한 모성정체성을 획득해 가는 과정은 사회적 맥락에서의 역할을 강조함으로써 '사회적 역할의 가치화(social role valorization)'라는 정상화 원리(나카조노 야스오, 1996: 성명옥 역 2004)의 실현을 가능케 한다. '사회적 역할의 가치화'란 사회에서 가치가 박탈될 위기에 있는 사람들을 위하여 가치가 내재화된 사회적

보통 사람처럼 살기, 엄마로 살기

역할을 창조하고, 지원하며, 방어해 주는 것이다(Wolfensberger, 1983; 이성규, 2000 재인용). 이러한 사회적 역할은 반드시 사회통념상 그럴듯한 것뿐만 아니라 부모로서의 역할, 자식으로서의 역할, 남편과 아내로서의 역할 등 다양할 수 있다(이성규, 2000).

따라서 여성정신장애인의 사회통합을 목표로 한 정상화(normalization)의 과정 안에 이들 여성들이 사회 안에서 자신의 역할을 찾고 수행함으로써 자신감을 회복하고 스스로 자신의 역량을 강화해 나가는 과정의 하나로 모성경험을 살펴보는 것은 의미 있는 일이다. 물론 사회적 역할에 있어 취업과 기타 다양한 사회적 활동을 통해 보다 적극적 형태로 여성의 사회적 역량과 자기 정체성을 강화해 나갈 수 있겠으나, 개인에게 가치 있는 역할과 의미 있는 사회참여의 기회를 고려할 때 모성 역할의 수행과 경험에 대한 중요성 역시 간과할 수 없다. 실제 여성정신장애인은 취업이나 사회적 활동뿐 아니라 부모로서 자신의 정체성을 규정하고, 부모 역할을 수행하는 것을 정상화된 삶의 경험에 있어 중요한 부분으로 간주하고 있다(Nicholson, et al., 1998a). 또한 부모로서의 역할을 통해 지역사회와 활발히 접촉하고, 관계를 맺으며, 이를 통해 보다 적극적인 정상성(normalcy)을 추구(Sands, 1995)하는 것으로 나타났다.

그러나 우리나라 정신보건서비스의 수혜자는 대다수가 성인남성이며[3] 서비스 내용에 있어 취업 전 훈련, 보호 작업장, 직업재활서

---

3) 2006년 6월 현재 정신의료기관, 정신요양시설, 정신보건센터, 사회복귀시설 등 우리나라 정신보건시설 수는 모두 1,432개소이며, 이 중 정신보건센터 및 사회복귀시설 등 지역사회를 기반으로 하는 서비스 기관은 252개소이다(보건복지부, 2007). 정신보건시설 및 기타 부랑인 시설, 미신고시설 등에 입원, 입소된 정신질환자 수는 모두 68,991명이며, 이 중 남성이 40,166명(64.7%)으로 여성에 비해 높은 비율을 차지하고 있고(유병률에 있어 여성이 남성의 2배임을 고려할 때 상대적으로 높은 비율로 볼 수 있다.). 연령별로는 30~40세가

비스 등에 우선순위를 두고 있다(보건사회연구원, 2005). 여성정신장애인의 경우 일반 남성과 여성인구뿐 아니라 남성정신장애인과 비교할 때 취업의 기회가 상대적으로 제한적임을 생각할 때 이러한 편향된 서비스 전략은 여성정신장애인의 고유하고 개별화된 욕구에 적합한 것으로 보기 어렵다. 또한 급증하는 여성정신장애인의 모성 관련 욕구, 즉 결혼, 출산, 양육 등의 욕구에 적합한 서비스 전략은 극히 일부에 불과한 것으로 평가된다. 이는 지역사회에서 이루어지는 정신사회재활서비스가 이러한 정신장애인의 개별적 특성과 성적 차이 및 환경적, 사회적 차이에 따른 욕구에 민감하게 대처하지 못하는 현실을 반영한다. 특히 그동안 지역사회정신보건 현장에서 여성정신장애인의 욕구와 정책적 지원 및 권리에 대한 관심이 상대적으로 주목받지 못하고 배제되어 왔음을 보여 주는 것이다.

이에 대한 비판으로 여성정신장애인의 고유한 욕구 및 개별화된 서비스 개입의 필요성이 증가하였고, 실제적인 개입의 토대를 마련하기 위해 정신장애인의 모성과 정신질환과 관련된 복합적인 욕구와 특성에 대한 연구들이 활발히 진행되고 있다(Fox, 1999; McLennan & Ganguli, 1999; Mowbray et al., 1995; Sands, 1995).

1990년대 이후 서구를 중심으로 시작된 여성정신장애인의 모성경험에 대한 연구는 연구대상 및 연구의 초점을 중심으로 크게 두 가지 흐름으로 나누어 볼 수 있다.

첫째는 주로 전통적인 모성경험의 중심주제로 여성정신장애인 양육특성과 부담을 다룬 연구이다. 어머니 역할 수행을 중심으로 한 모성의 기능적 측면에 초점을 둔 연구로 여성정신장애인의 양육

56.1%를 차지하고 있다(보건사회연구원, 2005).

결과가 자녀의 심리사회적 성장과 발달에 미치는 영향을 주로 다루었다. 정신장애인 자녀를 대상으로 심리 정서적 특성을 밝히는 연구(Hinden et al., 2002; Tanner, 2000)와 자녀를 양육하고 있는 정신장애인의 양육특성과 이러한 양육특성을 매개로 부모의 정신장애가 자녀에게 미치는 영향을 밝히는 연구((Blanch et al., 1998; Hinden et al., 2005)가 대표적이다.

두 번째 흐름은 여성정신장애인에게 초점을 두고, 모성경험의 부정적, 긍정적 측면과 함께 모성경험에 영향을 미치는 사회문화적 요인과 배경을 다룬 연구이다. 초기의 개별적이고 병리적인 관점에서 벗어나 점차 여성정신장애인 자신의 주관적 관점을 통해 모성 역할의 수행 경험을 이해하고, 모성정체성 형성과정과 그 의미를 어떻게 정의하는지를 밝히고 있다(Mowbray et al., 2000; Nicholson, 1994).

국내에서는 이러한 여성정신장애인의 모성경험과 관련한 연구가 미흡한 편이며, 대부분 정신장애가 있는 부모의 양육태도가 자녀의 심리정서적 적응에 미치는 영향과 정신장애인 자녀의 정신병리의 위험성에 대한 고찰을 통하여 이에 대한 예방적 개입의 필요성을 제기하는 연구들(박주홍, 2005; 박미영, 2005; 김미경, 2001; 이정범, 조수철, 1998; 이성헌 외 1998)이다. 자녀가 있는 여성정신장애인을 대상으로 한 국내 연구에는 김정진(2000)과 황보영(2003)의 연구가 있다. 김정진은 자녀가 있는 정신장애인의 양육 관련 변인으로 양육 스트레스와 여성 자신의 심리사회적 특성을 조사하고 이러한 특성이 자녀의 사회적 역량감에 미치는 영향을 조사하였다. 또한 황보영(2003)의 연구는 정신질환이 있는 부모의 비일관된 양육태도가 자녀의 욕구충족에 부정적 영향을 미침을 밝히고 있다.

이러한 국내외 연구동향의 공통점은 우선 정신장애인의 모성경험에 있어 병리적이고 잠재된 위험에 초점을 두고 있다는 점이다. 대부분의 연구들이 양육에 부정적 영향을 미치는 요인, 심리정서적 어려움에 초점을 둠으로써 정신장애인 혹은 그 자녀의 강점과 능력보다 문제와 병리에 초점을 두고 있다. 또한 이러한 연구들은 대부분 연구자의 관점에서 여성정신장애인과 그 자녀들의 특성, 경험을 연구하고 있다. 이는 모성경험이 개인적 경험인 동시에 사회적으로 형성되고, 이를 인식하는 주관적 인식체계를 통해 규정되는 (노영주, 2000) 특성을 고려할 때 결과적으로 극히 제한적인 관점만을 제시하는 것이다. 경험 당사자로서의 여성정신장애인이 자신의 관점에서 그들 스스로의 목소리를 통해 드러낼 수 있는 현상의 심층적이고 포괄적인 깊이를 포착하지 못하는 한계점을 가진다.

이에 기존의 병리적이고 제한적인 관점에서 벗어나 여성정신장애인의 모성경험을 보다 깊이 있고 총체적으로 고찰하고, 여성정신장애인의 관점에서 여성 자신의 모성경험을 탐색할 수 있는 연구의 필요성이 제기되었다. 일부 연구결과물은 이러한 관점을 통해 여성정신장애인의 모성경험에 있어 병리적 영향과 위험뿐 아니라 자기 성장과 회복의 긍정적 측면을 중시하여 왔다. Mowbray와 동료들은 조사를 통해 자녀와의 긴밀함, 부모 역할이 여성정신장애인의 긍정적 자기 인식 및 자기 성장에 밀접한 관련이 있음을 밝혔다 (Mowbray et al., 1995). 또한 Nicholson 등의 연구는 여성정신장애인의 삶에 있어 어머니 노릇이 장애의 정상화 과정에 긍정적 영향을 미친다고 보았다(Nicholson et al., 1998 a, b; Sands, 1995). 이는 정신장애가 여성의 모성경험에 영향을 미치는 측면뿐 아니라

보통 사람처럼 살기, 엄마로 살기

모성경험이 오히려 정신장애에 영향을 미칠 수 있음을 보여 주는 연구결과이다.

이처럼 여성정신장애인이 스스로 정상적 발달욕구를 충족하고, 지역에서의 사회통합을 돕기 위해 여성 고유의 경험 중 매우 중요한 의미를 가지는 모성경험을 여성 자신의 관점에서, 그들의 목소리를 통하여 보다 깊이 이해하는 탐색적 작업이 요구된다. 무엇보다 여성정신장애인이 경험하는 다양한 심리사회적 장벽이나 문제에도 불구하고 긍정적 측면에서의 자녀양육의 경험은 무엇이며, 단순한 양육자로서의 역할이 아니라 이를 통해 어머니 됨, 어머니 노릇에 대한 자기 인식과 정체성을 형성해 가는 모성경험은 어떻게 나타나는지를 살펴볼 필요가 있다. 또한 이러한 모성경험이 어떠한 과정을 통하여 사회적 역할을 가치화하고, 궁극적인 사회통합의 과정에 진입해 나가는지를 탐색해 보아야 할 것이다. 이는 여성정신장애인 스스로 자신감을 회복하고, 역량을 강화할 수 있는 실천적 제언의 토대가 된다는 측면에서 의미 있는 일이다.

이에 본 연구를 통해 여성정신장애인의 모성경험을 구체적이고 심층적으로 살펴봄으로써 그 경험의 의미와 본질을 이해하고자 한다. 특히 그동안 지역사회정신보건 현장에서 상대적으로 배제되어 온 여성정신장애인의 젠더 특성에 보다 초점을 두고 사회문화적 맥락 하에서 젠더와 정신장애라는 이중적 특성을 함께 고려하고자 한다.

이를 위해 사회현상의 본질에 대한 이해를 제공하는 탈실증주의적 접근방법, 즉 질적 연구방법이 매우 적절하고 유용하게 활용될 수 있다. 질적 연구방법은 인간경험의 복잡한 현상을 이해하고, 실제로 어떤 삶을 살고 있는 사람들의 시각으로부터 '살아 있는 경험'에 대한 이해를 얻음과 동시에 그들의 삶으로부터 어떤 의미를 도출하고자 하는 경우에 적절한 연구방법이다(Padget, 1998; 유태균 역, 2001). 특히 현상이나 현상 그 자체가 나타내는 본질을 검토하고 기술하는 데 초점을 둔 현상학적 방법을 통해 여성정신장애인의 모성경험을 이해하고자 한다. 현상학적 연구방법은 현상의 본질을 직관적으로 포착하는 데 기초한 학문이며, 경험적 일반화에 기초한 학문이 아니다. 따라서 여성정신장애인의 삶의 다양한 측면 가운데 모성경험에 대한 연구가 부족한 현실에서 여성정신장애인 스스로의 목소리를 통하여 그들의 경험과 생각을 그들의 언어와 표현으로 들어 보고 이를 통해 드러나는 현상의 본질과 의미를 발견해 내는 데 적합한 방법이다. 무엇보다 우리 사회 안에서 상대적으로 배제된 집단의 경험을 밝히고, 사회문화적 맥락과 성별 차이에 대한 민감성을 높일 수 있다는 장점을 갖고 있다. 이에 현상학적 방법을 통해 여성정신장애인의 모성경험과 그 경험의 본질을 이해하고 이를 통해 지역정신보건서비스 전략 안에서 이들 여성정신장애인 고유의 특성과 욕구에 적합한 보다 실천적이고 효과적인 사회복지 실천의 개입전략을 모색하고자 한다.

제2절 연구목적

본 연구의 목적은 여성정신장애인의 모성경험을 여성 자신의 관점에서, 그들의 목소리를 통하여 보다 깊이 있게 이해하는 데 있

보통 사람처럼 살기, 엄마로 살기

다. '여성의 관점에서 본다는 것'은 삶의 실재를 구성하는 여성의 존재와 경험을 드러냄으로써, 부재하는 것처럼 보이는 주체로서의 여성과 그 경험을 부각시키는 것을 의미한다(윤택림, 2001). 즉, 경험의 당사자인 여성의 사회적 맥락과 이에 따른 경험의 의미를 보다 다차원적으로 조망하고, 해석하는 것이다.

이러한 연구목적을 달성하기 위한 연구 질문은 '여성정신장애인의 모성경험의 본질과 그 경험의 의미는 무엇인가'이다.

보다 구체적인 하위질문들은 다음과 같다.

첫째, 여성정신장애인의 어머니 역할 수행경험은 어떠한가?

둘째, 여성정신장애인은 언제, 어떤 계기를 통해 스스로 어머니임을 인식하는가? 또한 그 경험은 어떠한가?

셋째, 모성경험을 통해 달라진 점은 무엇인가?

넷째, 정신질환과 모성경험은 상호 영향을 미치는가? 어떠한 영향이 있는가?

다섯째, 사회적으로 규정된 모성관에 대한 여성정신장애인의 태도와 경험은 어떠한가?

제2장

문헌고찰

제1절 여성정신장애의 이해

1. 정신장애에 대한 관점

정신장애는 발병원인만큼 이에 대한 접근방법 역시 매우 다양하다. 정신장애의 발병원인, 특성, 치료적 모델에 따라 달라지나 크게 두 가지 관점으로 나누어 볼 수 있다.

우선, 전통적으로 정신장애, 혹은 정신질환을 정의하는 지배적 패러다임으로 알려져 온 의료적 관점은 정신장애를 일종의 질환으로 보고, 개인의 속성에서 그 원인을 찾는다. 정신질환의 발병원인을 보다 실재론적 관점에서 본다. 즉, 정신질환은 환경의 자극에 대응하는 정신신체의 조절체계에 이상이 생긴 것이다. 따라서 정신의학을 통해 정상으로부터의 변이를 나타내는 증상을 포착하여 다시 정상상태로 복구시키는데 관심을 둔다(남상희, 2004).

결국 의료적 접근은 관심의 초점이 개인의 증상이 진단 기준에 적합한지의 여부에 있다. 그러나 현재 정신장애를 분류, 진단하는 분류체계의 신뢰성에 대한 의문이 제기되고 있는 가운데 일정 기준을 통한 분류만으로 정신질환을 진단하는 것은 정신질환은 곧 비정상이라는 낙인을 부여할 수 있다(남상희, 2004).

또한 과거 일탈 혹은 광기로 간주되던 정신질환은 '의료화(medicalization)' 과정을 통해 하나의 '질환'이 되었다(Mcpherson, 2004). 질환의 원인은 뇌의 이상 혹은 개인의 행동에 원인이 있기 때문에 지극히 '개인화'되고, 의료전문가들의 역할이 지배적이고 강력해졌다.

이러한 과정 안에서 한 개인은 오직 증상을 통해 보이고, 질병으로 존재하면서 탈인간화되고 자신의 삶에서 탈맥락화된다(Carpenter, 2002).

그러나 의료모델의 한계는 의료화에만 머물지 않는다. 의료모델은 정신의학의 발전을 통해 정신질환의 치료를 가능하게 하고, 복잡한 정신질환의 특성에 대한 체계적이고 과학적인 설명을 제공한다는 장점을 가진다. 다만 의료화의 결과로 정신장애를 개인의 문제 혹은 개인의 책임으로 환원하여, 정신장애인에 대한 억압이나 편견, 차별이나 통제를 발생시킨다는 측면에서 문제가 발생한다. 즉, 개인의 책임을 강조하면서 정신장애인에 대한 윤리적, 사회적 낙인을 심화한다는 것이 사회적 관점에 의해 제기된 비판이다.

사회적 관점은 정신장애의 원인과 결과를 사회문화적 맥락 속에서 찾는다. 질환의 개념보다 다양한 사회문화적 요인과의 상호작용을 중시하는 관점이다. 정신장애의 원인과 치료, 결과를 일종의 사회적 결과물 또는 구성물로 보는 이러한 관점은 사회통제 및 사회규범의 성격, 전문지식과 전문집단의 등장에 따라서 사회적으로 달리 정의된다(Mcpherson, 2004; 남상희, 2004 재인용).

이러한 관점은 사회인과론 접근(social causation approach), 사회반응론 접근(social reaction approach) 등으로 나누어 볼 수 있다(Pilgrim & Rogers, 1999; Miles, 1988).

사회인과론 접근은 몇 가지 주요한 정신장애를 일정한 역사적, 사회적 맥락 안에서 변화하는 개념으로 이해하면서 특히 정신건강과 사회경제적 배경 간의 관계를 설명하였다. 한 가지 이상의 원인에 의해 발병하는 질환의 개념을 정신장애에 적용하였고, 정신장애의 원인을 빈곤과 인종, 사회적 지위, 성별 등 사회경제적 취약

요인 때문인 것으로 보고 있다. 즉, 사회적 계층, 지위, 경제 수준, 인종, 성별과 같은 사회문화적 요인이 정신건강에 영향을 미치고 이들 요인의 취약함으로 인한 구체적인 사회적 불이익이 정신장애의 주요 원인이자 결과라는 것이다(Pilgrim & Rogers, 1999). 이러한 관점에서 빈곤과 낮은 교육 수준, 이혼, 별거 등의 생활사적 사건이 주요한 정신장애의 원인 또는 재발에 영향을 미치며, 개개인의 사회적 지지망 부족, 고용상태의 불안정, 낮은 지위 등이 정신건강에 있어 잠재적 위험요소가 된다.

한편 정신장애의 원인을 인간의 신체적, 생리적 이상이 아닌 사회적 반응에 의해 규정되는 것이라고 보는 사회반응론 접근(social reaction approach)은 낙인과 일탈을 통해 정신장애를 설명하였다. 이는 환자 역할을 유지하고, 낙인찍는 과정을 통해 정신장애가 발생한다고 보는 낙인이론(labelling theory)(Pilgrim & Rogers, 1999)과 정신장애를 일탈과 연결시켜 사회적 규범 및 법규 위반의 한 형태로 간주하는 논의가 포함된다. Scheff는 역할 위반(role-breaking)을 정신장애로 간주하면서 정신질환으로 낙인이 되면 그러한 낙인이 개개인에게 가장 중요한 특성으로 지속된다고 보았다(Miles, 1988). 또한 Szazs는 정신장애란 '근본적으로 규범의 위반과 사회적 역할의 결렬'로 보면서 질병(illness)이 아닌 '생활에의 문제(problem in living)'로 보아(문인숙, 양옥경, 1991) 정신장애를 사회문화적 규범과 일탈을 통해 설명하였다.

이처럼 정신장애에 있어 사회적 관점은 사회경제적 제 요소와 정신건강 간의 상호작용뿐 아니라 사회문화적으로 형성된 고정관념과 반응에 따라 정신장애를 설명하고, 사회적 역할기대에 근거한 삶의 맥락을 통해 정신장애를 이해하고자 한다. 결국 정신장애는 사회적 불평등 구조를 통해 확대, 재생산되고, 정신장애의 해결 및 개입에 있어 개개인의 심리사회적 적응뿐 아니라 사회구조적 개선 및 자원의 확충이 요구된다. 시민사회의 발전과 탈시설화의 흐름 속에서 정신보건 영역 안에서 이러한 사회적 접근에 대한 관심은 더욱 확대되고 있다. 특히 이러한 사회적 관점은 여성에 대한 성별고정관념과 사회적 불평등 구조의 영향, 사회적 역할기대의 규범 등을 파악하는 데 필요한 이론적 틀을 제시하고, 이를 통해 여성 정신장애인의 특성과 욕구를 이해하는 데 보다 적극적으로 기여하고 있다.

2. 여성정신장애를 설명하는 관점

사회적으로 형성되는 성으로서의 젠더(gender)는 개개인의 정체성을 설명하는 중요한 요인이며, 사회적 삶의 다양한 측면에 영향을 미친다. 사회적 관계에서 남성과 여성으로 성 역할이 구분되면서 성은 타고나는 것이 아니라 만들어지고 생산되는 것이다. 이러한 성별분업의 고정관념은 오늘날 여성들의 사회참여가 활발해지고, 양성평등의 기회가 강조됨에도 불구하고 노동시장에 있어 여성의 차별로 존재하고, 집안일과 노동에 있어 여성과 남성의 역할모델로 분명히 남아 있다. 뿐만 아니라 노동시장과 사회복지 정책 및 서비스 제공의 각 영역에서 강력하게 영향을 미치고 있다(Pilgrim & Rogers, 1997).

특히 정신보건 영역에서 이러한 고정관념은 정신장애의 진단에서부터 특성에까지 뚜렷한 남녀차이로 나타난다. 이는 단지 의료적, 생물학적 원인만으로 설명하기 어렵고, 여성의 경우 성별분업의 고정관념에 기인한 사회적 배제, 차별의 영향을 직·간접적으로 경험하고 있다. 이러한 성차와 사회문화적 배경은 여성의 정신건강을 남성에 비해 취약하게 만든다(Weber, et al., 1997; Bondi & Burman, 2001 재인용). 따라서 여성의 정신건강을 이해하기 위해서는 이러한 성별 차이와 인식에 영향을 미치는 상황적 맥락과 사회적 주류가치가 함께 고려되어야 한다.

그럼에도 전통적으로 정신질환의 정의는 대부분 건강과 반대의 개념으로 문제와 디스트레스, 결핍의 관점에서 결정되어 왔다. 따라서 여성정신질환의 설명에 있어서 남성과의 차이를 설명해 왔던 이론은 대부분 생물학적, 심리적 차이에 초점을 둔 것이다. 여성의 호르몬 변화를 주요한 원인으로 보아 여성들의 우울증이나 불안장애 등을 진단한 예가 이에 해당한다. 그러나 이러한 설명은 우울증과 불안장애의 진단에는 유용하였으나 다른 정신장애의 원인과 특성을 설명하는 데는 제한적이며 지나치게 생물학적, 의료적 원인에만 초점을 둠으로써 환원적이라는 비판을 받고 있다(Wright & Owen, 2001).

이에 대응하여 나타난 여성주의적 관점은 여성에 대한 정신의학과 사회구조의 통제에 관심을 두고 있다. 이는 가부장제 사회에서의 여성에 대한 억압이 정신보건 분야의 가부장적 통제를 통해 드러나는 것으로 대부분 남성인 정신과 의사가 여성적 성향과 여성적 역할에 대해 보다 쉽게 병리적으로 진단을 내린다는 관점이다.

또한 정신의학이 여성들이 일상생활에서 경험하는 불행감, 심리적 부적응 등을 지나치게 의료화한다고 본다(Wright & Owen, 2001). 정신의학이 여성을 사회적으로 통제하며, 이러한 여성에 대한 사회적 통제는 사회적 역할을 제한하고, 더욱 쉽게 정신질환의 낙인을 부여한다는 것이다. 특히 사회적 구조의 이면에 존재하는 가부장적 억압이 여성정신장애의 기원이 된다고 보았다(Transella, 1998).

이는 사회적 관계 속에서 여성의 제한된 역할과 사회적 차별을 설명하는 데 기여한다. 그러나 이러한 여성주의적 관점은 실제적인 실천적 함의를 제공하는 데 어려움이 따른다. 또한 정신질환의 경험이 단순히 외부의 통제에만 기인하는 것으로 보기 어렵다는 비판도 뒤따른다(Allen, 1986; Wright & Owen, 2001 재인용).

이에 사회맥락적 요인을 포괄하면서 개별적인 여성 각자의 삶의 다양성을 포괄하는 이론적 관점이 요구된다. Pilgrim과 Rogers(1999)는 젠더 관점을 유지하면서 사회적 맥락을 고려하여 정신장애의 개념적 지도를 분석하였다. 사회적 개념 틀 안에서 구조적 기능주의로부터 파생된 사회적 역할의 이론화를 통해 여성과 남성의 정신장애를 설명한다. 즉, 여성과 남성은 사회 내에서 요구하는 정상적 기대에 따라 행동이 조절되며, 여성의 역할이 정신질환의 진단에 더 쉽게 영향을 받는다는 것이다.

우선, 여성의 정신장애는 여성들이 다양한 삶의 조건에서 겪는 스트레스와 관련된다. 특히 성별 역할구분에 의해 사회적으로 고정되어 있는 사적 영역에서의 여성들의 역할이 남성의 공적 역할보다 보상의 기회가 적고, 가치 저하되어 있으며, 스트레스에 취약하기 때문에 여성이 정신장애에 보다 취약하다고 본다(Schaffer, 1980).

또한 사회의 변화 과정에서 결혼 또는 아동양육과 가사활동, 취업활동 등 다중역할을 담당하게 됨으로써 다양한 스트레스를 경험하고, 정신장애를 야기하는 부정적인 생활 사건들에 맞닥뜨린다. 특히 사회적으로 여성이 남성에 비해 노동시장 진출이 제한되어 있고 사회적 지위와 권력에 있어 낮은 위치에 놓여 있기 때문에 이러한 스트레스에 대응할 수 있는 자원, 지지체계에 있어 취약한 상황에 놓여 있다. 이러한 취약한 사회경제적 지위가 여성의 정신장애 발병을 높이는 원인이 되는 것이다(Sachs – Ericsson & Ciario, 2000).

이처럼 여성들의 정신장애는 개인내적인 문제 이외에 사회문화적 맥락 안에서 상호 작용하여 나타난다. 따라서 여성의 정신장애를 이해하는 데는 보다 통합적이고 전체적인 시각이 요구된다. 특히 정신보건의 이론뿐 아니라 실천과 정책적 측면에서 젠더에 따른 차이와 특성에 대한 관점을 더욱 분명히 해야 할 필요가 있다. 여성정신장애인의 발병과 욕구에 보다 많은 관심이 요구되며, 보호와 치료에 있어 성별차이에 대한 이해를 바탕으로 젠더적 측면보다 민감한 프로그램을 개발하고, 예방책을 개선함으로써 남성과 여성정신장애인 모두를 위한 실질적이고 통합적인 재활과 회복의 기회를 제공할 수 있을 것이다.

3. 여성정신장애의 특성 및 욕구

여성과 남성의 성별 구분과 성적 편견은 실제 정신장애의 진단 및 발병, 치료적 개입 등 다양한 측면에 작용하고 있다.

보통 사람처럼 살기, 엄마로 살기

일반적으로 남성보다 여성이 정신질환의 발병률이 2, 3배 높은 것으로 알려졌다(Fox, 1980; Gove, 1972; Gove & Tudor, 1973; Sachs − Ericsson & Ciarlo, 2000 재인용). 그러나 이는 진단이나 측정방법, 진단 범위의 포괄 정도에 따라 차이를 드러낸다. 세계은행(The World Bank)과 세계보건기구(WHO)의 발표에 따르면 여성들이 경험하는 신경정신증적 장애 중 약 30%가 우울증으로 인한 것이며, 남성은 12.6%로 절반에 못 미친다. 한편 알코올중독 및 약물중독은 남성의 신경정신증적 장애 중 31%에 이르며, 여성의 경우 단지 7%에 불과하다(Tansella, 1998). 정신분열증은 발병률에 있어 드러나는 남녀 간 차이는 없으나 발병 시기 및 증상의 발현 정도에 있어 차이가 나타난다. 대부분의 경우 남성이 여성보다 일찍 발병하며, 여성의 경우에 병의 경과 및 이후의 성적, 사회적 기능에 있어 보다 높은 기능과 긍정적인 적응을 나타냈다(Kohen, 2001; Riecher − Rossler & Hafner, 2000).

우리나라의 경우에도 비슷한 양상을 나타낸다. 평생유병률에 있어 남자가 여자에 비해 1.7배가량 높게 나타나지만 이는 알코올과 니코틴 사용장애를 포함한 것으로 이를 제외한 주요 정신질환의 유병률에 있어 여성이 남성보다 2배 정도 많은 것으로 조사되었다(보건복지부, 2006).

이러한 남녀 간의 유병률 차이는 실제 정신장애의 분류기준 또는 조사방법의 차이에 따라 달리 나타난다. 그러나 학자에 따라 젠더 차이로 인해 정신질환의 평가와 측정에 편견이 작용하고 있음을 지적한다(Goldman & Ravid 1980; Sachs − Ericsson & Ciarlo, 2000 재인용). 즉, 비록 정신장애가 증상과 행동의 광범위한 기준을 포함하고 있지만, 남성이 대부분인 전문가에 따라 진단이 다르게 내려지고, 측정방법에 따라 수시로 정신장애의 진단이 달라진다는 것이다. 특정한 진단은 여성에게서 더 많이 나타나고, 때로 도움을 구하는 행동이 여성적 속성으로 받아들여지면서 여성정신장애의 출현이 더 많이 보고된다는 것이다(Wright & Owen, 2001).

특히, 사회 환경적으로 여성의 정신질환, 특히 우울증은 젠더 사회화와 관련되어 있다(Pilgrim & Rogers,1999). 이는 사춘기 이전부터 여성으로 길들여지면서 사회적 활동보다 가정에서의 역할을 중시하였고, 결국 성인기에 여성의 사회적 지위가 빈약해지면서 여성의 사회적 역할이 축소되는 것이 우울증의 발현에 영향을 미친다는 것이다. 즉, 남성과 여성이라는 이른 사회화는 성에 적합한 행동을 요구하고, 남성과 여성이 자신의 질환을 표현하고, 도움을 구하는 행동(Help-seeking behavior)에 영향을 미친다. 연구자들(Pilgrim & Rogers,1999)은 여성은 자신의 질환을 내면화하도록 강화되고 남성은 드러내서 보이도록 강화된다고 보았다. 여성의 내면화는 우울증, 불안, 자살사고와 같은 정신적 어려움을 야기하고, 반면에 남성의 외현화는 반사회적 행동, 약물남용, 자살 시행 등을 이끌어 낸다는 것이다.

또한 정신분열증 및 주요 우울증 등의 만성 정신장애에 있어 약물복용과 알코올중독의 이중진단이 전체 환자 가운데 14%에 이르고 있으며 남성에 비해 여성의 경우 이러한 이중진단이 더 높은 비율로 나타나고 있다(Grella, 1997; Rueda-Riedle, 2001 재인용). 이러한 약물중독은 그 자체로 심리적 불안과 수치심, 죄책감 등을 일으키고, 사회적 기능을 약화시킬 뿐 아니라 이차적인 성적, 신체적 폭력의 희생화를 가속화한다. 또한 여성에 보다 일반적인 주요 우울증의 발병은 약물중독을 촉진할 수 있고, 다양한 신체적, 성적 폭력에 의한 트라우마는 여성을 약물에 의존하게 한다. 따라서 이러한 약물중독은 다른 정신장애 및 심리사회적 스트레스와 상호 관련이 있고, 특히 이들 질환이 동반되어 나타나는 경우도 많다(Gearon et al., 2003).

정신장애의 개념을 병리적 개념에 제한하지 않고 사회문화적 개념으로 고려하였을 때 여성정신장애인은 가부장제 사회에서 경험하는 '여성'의 굴레와 심리 정서적 디스트레스 및 사회적 기능 약화를 일으키는 '정신장애'의 이중 부담을 안고, 이중적 소외를 경험하고 있다. 특히 여성의 사회적 고립과 빈곤, 생활의 불안정은 여성정신장애인의 취약성을 야기한다. 이는 사회적 영역 안에서 노동기회와 모성경험의 제한뿐 아니라 신체적, 성적 학대로 인한 희생이 증가하고, 약물중독과 AIDS 감염의 확산, 노숙 등 2차적인 위험에 쉽게 노출되어 있는 데서 나타난다.

많은 연구에서 여성정신장애인이 심각한 삶의 경험 특히 신체적, 성적 폭력에 높은 비율로 노출되어 있음을 보고하고 있다(Kessler, et al., 1995; Solomon & Davidson, 1997; Goodman, et al., 2001 재인용). Mueser와 동료들의 연구에 따르면 여성정신장애인의 64%가 성적 폭력을 경험하였으며, 37%가 무기를 동반한 신체적 폭력을 경험하였다고 보고하였다. 또한 입원한 여성의 75% 이상이 신체적, 성적 폭력을 경험하였고, 약물중독 치료를 받고 있는 여성의 50~57%가 학대를 당한 경험이 있다고 밝혔다. 이러한 신체적, 성적 폭력, 학대의 경험은 여성 정신건강의 위험을 촉진하고, PTSD,

우울, 불안 등 심리정서적 디스트레스를 증가시킨다(Kohen, 2001).

이처럼 여성정신장애인은 특정 진단에 취약한 특성을 보이고 있을 뿐 아니라 이중진단 및 폭력과 감염 등 2, 3중의 위험에 노출되어 있다. 게다가 성차별적 사회구조 안에서 더 많은 스트레스에 취약한 상황이다. 여성과 남성 정신분열증 환자를 비교한 연구에서 여성들이 남성보다 높은 정도의 심리사회적 기능을 유지하고 있음에도 불구하고, 여성의 사회적 맥락은 더 낮은 삶의 질을 촉진한다(Kulkarni, 1997). 또한 정신질환의 발병은 여성이 결혼과 아동양육, 직업 등의 사회적 기회를 상실할 수 있는 생애사적 위험에 처하도록 한다. 특히 여성정신장애인은 학대 관계의 배우자를 만날 확률이 더 높고 배우자 관계에서의 갈등이 삶의 질을 약화시킨다(Mowbray et al., 1997). 또한 자녀가 있는 여성정신장애인의 경우 증상의 악화와 입원치료 등으로 아동양육에 있어 양육권을 박탈당할 위험이 높고, 보호와 지지를 제공할 지지자원 또한 충분하지 못한 실정이다(Miller & Finnerty, 1996).

따라서 여성정신장애인의 특성과 욕구에 보다 민감한 여성중심적 접근이 요구된다. 특히 인종과 문화에 따른 차별, 성차별, 경제적 불이익, 지리적 고립 등은 중요한 정신질환의 발병요인이고, 이러한 요인 간에 상호 긴밀한 영향이 있음을 볼 때 이에 대한 서비스 대책이 보다 안전하고, 실제적으로 마련되어야 할 것이다(Pilgrim & Rogers, 1999; Liz Bondi & Eric Burman, 2001). 그럼에도 기존의 정신보건서비스 전략은 이러한 여성정신장애인의 취약성을 충분히 고려하지 못하고, 개별화된 욕구에 근거하여 보다 통합적이고, 적극적인 형태로 마련되지 못했다. 따라서 여성정신장애인의 다양한 사회환경적 취약성과 전 생애주기의 발달과업을 통해 나타나는 다양한 삶의 욕구들을 충족시킬 수 있는 통합적인 서비스 전략의 수립이 시급하다.

 제2절 여성정신장애인의 모성경험

1. 정신장애인과 모성

가. 모성의 개념과 관련 쟁점

모성의 사전적 의미는 '여성이 어머니로서 지니는 본능적인 성질', '어머니로서의 기능'을 뜻한다. 이에 모성과 관련된 우리말 용어는 '어머니 노릇'이나 '어머니' 등이며, 영문 용어 중 가장 자주 사용되는 것이 'motherhood'와 'mothering' 등이 있다. 'motherhood'는 어머니가 된다는 것, 어머니로서의 경험, 어머니가 되는 상태 또는 자격(the quality or state of being a mother)을 의미하고, 특히 주로 모성으로 번역되면서 임신, 출산, 수유 같은 생물학적 요소뿐만 아니라 양육 및 이데올로기라는 사회적 요소까지 포함하는 복합적인 개념(Gorden, 1976; 이연정, 1995 재인용)으로 확대 정의되고 있다. 'mothering'은 주로 '어머니 노릇'으로 해석되면서 어머니가 자녀의 욕구를 충족시키고, 책임감 있는 양육 기능을 수행하면서 행하는 다양한 정신적, 육체적 활동 및 기능을 중심으로 한 개념이다(Miller, 2005). 본 연구에서 모성경험은 어머니 역할 수행을 통한 자녀양육경험과 함께 여성 스스로 형성하는 모성정체성과 관련한 고유의 경험, 여성적 체험의 의미 등을 포함하는 개념으로 본다.

이와 같이 다양한 개념을 포괄하는 모성은 대개 다음과 같은 요소들을 중심으로 개념화된다(심영희 외, 1999; 노영주, 1998; 김현우, 1997).

첫째, 생물학적 요소와 관련된 개념으로 임신, 출산, 수유 등 어머니의 재생산 기능에 근거하여 모성을 설명하는 관점이다. 이는 모성에 관한 전통적 시각으로 여성의 재생산과 모성적 보호를 중시하면서 모성을 여성의 고유한 권리이자 의무로 간주한다. 그러나 이러한 생물학적 모성은 자녀와의 관계에서 희생적 모성애를 강조하는 모성신화의 근거가 되고, 출산과 수유라는 여성의 생물학적 기능을 근거로 자녀양육과 보호활동에 대한 일차적인 책임을 여성에게 할당하면서 성별분업을 구조화하는 데 기여한다.

둘째, 자녀양육 또는 보살핌의 사회적 역할 기능과 관련된 개념이다. 이는 개개인이 가족관계 속에서 의식적, 무의식적으로 정체성을 형성하면서 성 역할을 내면화하게 되는 심리학적 측면과 연관되는 것이다. 이는 사회적 관계 속에서 내면화된 어머니 역할의 수행을 통해 드러나며, 남성적 특징보다 양육과 보호에 있어 여성적 특징이 더 강조되면서 어머니 역할의 중요성이 확대된다. 특히 이러한 어머니 역할 수행은 성인기 여성의 발달과업에 있어 중요한 이슈이며, 양육의 일차적 책임을 여성에게 부과하게 된다.

셋째, 모성정체성을 형성하고 규정하는 사회적 가치와 규범의 측면이다. 모성은 일련의 여성적 가치와 그와 관련된 행동 규정을 통

보통 사람처럼 살기, 엄마로 살기

해 성인기 여성의 정체성을 형성한다. 정체성은 사회적 존재로서의 자신에 대한 정의라고 할 수 있는데, 이것은 여성의 관점에서 여성의 삶을 조망하는 데 사용되는 핵심적인 개념이다. 성인 여성의 정체성은 자신이 누구이며 무엇을 할 것인가에 대한 감각을 형성하는 과정인 동시에, 여성성의 이상에 비추어 자신을 판단하는 과정이다(McMahon, 1995; 노영주, 1998 재인용). 여성들은 다양한 정체성을 가지고 있으며, 모성정체성은 다양한 정체성 중의 하나이면서 여성들에게 강력한 영향력을 행사하는 정체성이다. 따라서 성인 여성의 정체성이라는 관점에서 제기되는 질문들은 모성경험이 여성들에게 의미하는 바를 총체적으로 파악할 수 있도록 한다.

따라서 모성은 임신, 출산, 수유 등의 생물학적 요소뿐 아니라 양육 및 사회적 가치와 규정, 이데올로기라는 사회적 요소까지 포함하는 복합적 개념이며, 사회적 구성물이다(심영희 외, 1999). 사회적 구성물로서의 모성은 각 사회의 역사적, 문화적 조건에 따라 다르게 정의되고, 변화된다(Cowdery & Knudson-Martin, 2005). 그러나 모성경험은 성인 여성의 생애사를 통해 중요한 발달과업 중 하나이며, 여성으로서, 혹은 성인으로서의 자신을 규정하는 데 있어 핵심적 정체성을 형성한다(Mercer, 1986; Pacquiaok 1994; Shea, 2002 재인용). 또한 모성경험은 여성에게 매우 중요한 개인적, 사회적, 생물학적 전환을 통해 형성된다(Smith, 1999). 이는 부모가 되는 전환이 발생하는 순간 개개인의 내면에 재조직화가 요구되며 이를 적극적으로 해결해 내야 하는 발달론적 과업이기도 하다. 이러한 전환을 통해 여성은 삶에 있어 자기 자신에 대한 이미지와 가치, 우선순위, 삶의 목적 등이 변화하게 된다(Shea, 2002). 따라서 이러한 발달론적 과업에 적극적으로 적응해 나가는 것이 건강한 여성의 정체성을 형성하는 데 핵심이 된다는 것이다.

이처럼 모성의 개념이 다양한 요소를 통해 파악될 수 있는 포괄적 개념임에도 기존의 연구들은 모성경험을 어머니로서의 양육경험, 즉 양육에 근거한 어머니 역할의 수행과 동일시하는 경향이 있다. 그러나 모성경험을 단순히 양육경험의 만족, 또는 그 의미만으로 한정하였을 때 모성경험의 본질을 이해하는 데 한계가 있다. 왜냐하면 모성경험을 양육경험뿐 아니라 어머니 역할 수행에 따른 만족과 과업에 한정 지을 경우 이는 어머니로서 여성의 경험과 의미에 초점을 두기보다 모성경험이 자녀의 발달에 어떠한 영향을 미치는가에 더 관심을 두는 결과를 낳기 때문이다(노영주, 1998). 따라서 양육경험은 모성경험의 한 구성요소로 간주하였을 때 보다 타당하고 유용하며, 모성경험은 어머니 역할 수행을 통해 일상적으로 경험하는 것과 여성의 성인정체성, 사회적 존재로서의 자신에 대한 관점에도 영향을 미치는 여성 고유의 경험과 체험을 포함하는 것이다.

한편 이러한 모성 개념을 보다 총체적으로 이해하고 사회적 맥락을 고려하는 데 있어 모성을 둘러싼 다양한 논의에 관심을 기울일 필요가 있다. 이는 모성을 생물학적 기능이라는 차원에서만 파악하여 그것을 자연스러운 것 혹은 불가피한 것으로 파악하는 수준에 머무르거나, 아예 논의의 대상으로 취급하지 않았던 기존의 관행을 비판하면서 시대적 흐름에 맞춘 대안적 시각을 모색하고자 하는 시도이다(심영희 외, 1999). 특히 1970년대 이후 여성주의자들을 중심으로 모성을 둘러싼 체계적이고 비판적인 논의가 주도되 있다. 이러한 모성을 둘러싼 이론적 접근은 크게 2가지 입장으로 분류된다. 이는 모성을 여성 억압의 원인으로 간주하고, 비판적인 태도를 취하는 입장과 모성에 대한 재평가를 통해 본래의 가치를 회복하고자 하는 모성 옹호의 입장이다(김경화, 2003; 김경애, 1999).

우선, 모성에 대한 비판적 입장은 모성이 여성을 억압한다는 것이다. 모성이란 생리적으로 여성들이 임신하고 출산하고 수유하는 것과 사회적으로 아이를 양육하는 것이지만 이에 그치지 않고 모성 이데올로기를 통해 어머니 노릇을 강요하고 있음을 주장한다(Gorden, 1976; Glen, 1994; 김경애, 1999 재인용). 모성 이데올로기란 '여성의 위치는 가정이며, 가정에서 여성의 임무는 가족구성원을 돌보고, 이들에게 정서적 안정을 제공하는 것'이라는 사회적 통념을 일컫는다(이연정, 1995). 대부분의 여성주의자들은 우리 사회가 모성이라는 용어를 통해 여성의 역할을 규정하고 통제하면서, 모성을 강조하고 미화하는 모성신화를 확산시켜 왔고, 모성신화는 여성과 모성을 동일시하는 모성 이데올로기를 강화하고, 이를 통해 기존의 가부장적 질서에 여성이 순응케 한다고 비판하였다. 이러한 고정된 모성 역할은 여성을 어머니 또는 잠재적인 어머니로 보기 때문에 노동시장에서 부차적인 지위를 차지하고, 성별 고정관념으로 인한 불평등 구조를 강화시킨다. 또한 모든 여성이 본능적인 모성을 갖고 있다고 보는 사회적 통념은 여성에게 모성을 통해서만 여성으로서의 자기 정체성을 확보할 수 있다는 인식을 심어 주며, 여성을 가족이라는 영역에 국한시킴으로써 여성을 고립시킨다.

한편 Rich는 여성들의 생물학적, 체험적인 모성의 경험은 보람 있는 것이지만 모성을 남성의 통제하에 두려는 제도로서의 모성이 여성에게 억압적이라고 주장하면서(1995), 모성의 본질을 새롭게 해석하려는 시각을 제시하였다. 이러한 모성의 긍정적 측면을 재평가하려는 시각은 지금까지의 모성론이 지나치게 부정적 측면에만 집착한 나머지 모성의 진정한 가치를 간과하고 있다고 주장하였다.

Rich는 모성 개념을 여성들이 재생산과 자녀들에 대해 갖는 잠재적인 관계를 의미하는 '체험으로서의 모성'과 여성의 이러한 잠재력을 남성의 통제하에 두려는 '제도로서의 모성'으로 구별하였다. 생물학적 모성에서 여성의 긍정적 본질을 체험하는 여성의 개별적 경험과 이를 왜곡하는 가부장적 모성 제도는 구분되어야 함을 주장하였다. 또한 Gilligan은 여성은 남성과 다르게 자아감과 도덕성을 타인에 대한 책임감과 돌봄을 통해 발달시키고, 그 자체로 '창조적인 에너지'를 소유하고 있다고 보았다(1982). 이러한 여성의 '보살핌' 역할은 도덕적 윤리를 내면화하면서 남성들과는 다른 관계적 관점을 갖게 한다. 이러한 입장의 공통점은 여성에게 있어 모성이라는 고유한 본질이 있으며, 여성이 모성을 통하여 자기 정체성을 재발견하고, 성장을 경험하는 체험적 속성이 있는데, 이러한 체험적 속성이 가부장제에 의해서 억압되고 있기 때문에 억압구조의 개선을 통해 모성의 회복을 도모하는 것이 진정한 여성해방이라는 주장이다(신경아, 1998).

이러한 모성을 둘러싼 여성주의자들의 논쟁은 비판론과 옹호론으로 나뉘어서 거부와 찬양이라는 대립적 구도로 나타난다. 비판론자들은 모성의 억압적 측면에 초점을 맞추어 모성에 함축되어 있는 긍정적 잠재력을 부인하였고, 반대로 옹호론자는 모성의 도덕적, 잠재적 가치를 주목하여 여성들이 처한 현실적 어려움을 간과

보통 사람처럼 살기, 엄마로 살기

하는 결과를 초래했다. 모성 논쟁을 둘러싼 이러한 긴장과 갈등은 모성 역할 수행에 따른 양가적 경험을 반영하고 있다. 따라서 모성경험의 올바른 이해를 위해서는 모성제도 속에 숨어 있는 억압적 측면을 간과하지 않으면서 모성경험 속에 내재한 긍정적 잠재력을 함께 탐구하여야 할 것이다. 특히, 사회문화적 맥락 안에서 모성의 발현은 자기 성장과 개발이라는 성취적 측면뿐 아니라 사회적으로 고립되면서 일차적으로 수행해야 하는 책임감이라는 억압적 측면으로 동시에 이해하여야 할 것이다(Hoffnung, 1992; Oyserman et al., 2004 재인용).

한편 이러한 모성에 대한 관념이나 행동규범이 모든 여성에게 동일한 영향력을 갖는 것은 아니다. 여성들은 자신의 동기, 욕구, 필요에 따라 그러한 규범을 수용할 수도 있고, 거부할 수도 있으며, 재정의할 수도 있다. 왜냐하면 개별 여성은 자신이 놓여 있는 상황이나 자신의 경험을 이해하기 위해 사회적 관념이나 규범이 제공하는 의미를 활용하지만, 사회적 관념이나 규범을 일방적으로 수용하는 수동적 존재가 아니기 때문이다(노영주, 1998). 오히려 여성은 자신들이 처한 사회문화적 특수 상황에서 개인적 동기, 욕구, 가치, 심리사회적 조건에 따라 모성경험의 의미를 변화시켜 갈 것이다. 특히 '여성'과 '정신장애'라는 두 가지 '역할'과 '정체성'으로 '이중 차별' 또는 그 이상의 '다중적 부담'을 안고 있는 여성장애인의 모성은 일반적인 모성관으로 파악될 수 없다.

기존의 모성 관련 연구는 대부분 일반 여성들을 중심으로 진행되어 왔으며, 모성을 설명하는 구성요소와 이론적 논쟁을 주제로 하는 다양한 연구결과가 제시되고 있다. 일반 여성을 대상으로 한 모성경험의 본격적 논의는 이연정(1994)의 연구가 있으며, 1990년대 중반을 기점으로 모성에 대한 경험적 연구들(신경아, 1997; 김은실, 1996; 윤택림, 1996; 김지혜, 1995; 변혜정, 1992)이 등장하기 시작했다. 이러한 연구들은 여성을 어머니로서만 규정하고자 하는 사회적 통념이 여성의 삶을 어떻게 형태 짓는지를 밝히고 있으며, 여성의 삶을 총체적으로 이해하는 데 모성이 핵심적인 쟁점임을 보여 주었다(노영주, 1998). 또한 모성연구의 경험적 연구를 토대로 모성경험의 일반적이고 공통적인 특성뿐 아니라 사회적, 역사적 맥락과 여성의 생애과정을 통해 개별화된 모성경험의 특수성들을 살피는 연구들(이정화, 2004; 노영주, 2001; 손승아, 2000; 한경혜, 노영주, 2000; 김경애, 1999)이 축적되고 있다. 모성경험의 생애사적 연구물로 손승아(2000)의 연구는 첫 임신과 출산과정을 거치면서 영아를 키우고 있는 어머니들의 체험을 통해 정체성 재확립과 여성성의 극대화, 성숙한 인간되어감의 과정으로서의 모성경험의 의미를 도출해 냈다. 또한 한경혜, 노영주의 연구(2000)는 중년 여성의 정체성 전환을 통해 '성인 여성으로서의 나'에 대한 새로운 인식을 발견해 가는 모성경험의 변화를 발견해 냈다. 이처럼 일반 여성의 모성경험에 대한 다양한 맥락적 관심은 여성 고유의 특성과 욕구로서 모성경험에 대한 보다 깊이 있는 이해를 가능하게 한다.

한편 모성연구의 다양한 경험적 결과들이 축적되면서 일반 여성뿐 아니라 빈곤과 장애, 이혼 등 이차적 차별과 부담을 안고 있는 여성들의 모성경험에 대한 관심도 점차 증가하고 있다. 이러한 연구는 이혼과 빈곤이라는 사회문화적 맥락과 모성의 상호작용을 연구함으로써 다양한 삶의 경험 속에서 공통적으로 존재하는 모성경험의 의미를 파악하고자 한다(노영주, 2001; 김경애, 1999). 특히 여성장애인은 사회적 편견과 차별로 인하여 다양한 부담과 어려움을 경험하지만 모성 역할의 수행을 통해 자아의 심리적 장애를 극복하고자 함을 보여 주고 있다(김정우, 이미옥, 2000). 이들 연구는 사회문화적 역경 속에서 '흔들리면서 여전히 지속되고 있는'(김경애, 1999) 모성의 근본적인 핵심을 다루고 있다.

여성정신장애인 역시 여성으로서의 재생산과 양육, 사회적 활동에의 욕구와 모성경험의 수행을 통해 성인 여성으로서의 자기 정체성을 획득하고, 가치 있는 사회적 역할을 수행하고자 한다. 이는 기존의 모성 연구에서 드러난 경험의 내용과 크게 다르지 않다. 그러나 사실상 정신질환으로 인한 '환자 역할(sick role)'은 여성정신장애인에게 또 다른 낙인을 부여함으로써 출산과 양육을 통한 모성의 책임과 정상적 역할을 포기하도록 강요(Bronwen & Allen, 2005)하고 있다. 따라서 이러한 여성정신장애인의 모성경험을 접근하는 데 있어 기존의 논의에서 공통적으로 드러나는 여성 일반의 경험뿐 아니라 정신장애의 경험 당사자로서 이들이 경험하는 생활세계 내에서 드러나는 여성정신장애인 모성경험의 보편성과 특수성을 보다 통합적으로 탐색하여야 할 것이다.

나. 정신장애인과 모성

빈곤과 사회적 스트레스, 사회적 지지의 부족뿐 아니라 어머니의 정신적, 신체적 장애와 질환은 모성경험에 직접적 영향을 미치는 조건이다. 특히 부모의 정신질환은 부모됨과 그 결과에 매우 위험한 영향을 미치는 조건으로 알려져 왔다(Cummings & Davis, 1994). 일반적 범주의 '정상'에서 일탈한 여성정신장애인의 출산과 양육은 질환의 병리적 특성으로 자녀에게 미치는 부정적 결과와 증상에 의한 영아 살해와 같은 극단적인 위험에 주목하면서 부정적으로 인식되었고, 사회적 낙인을 확산시켰다(Montgomery, 2005).

성적 정체성이 거부되던 시기에 여성정신장애인은 재생산의 자유를 박탈당하고, 양육권을 보장받지 못했다. 모든 여성이 잠재적으로 모성의 본능을 갖고 있다는 모성신화조차 여성정신장애인의 모성권은 논외로 둔다. 이는 '정상'과 '비정상'을 구분하는 우리 사회의 차별적 인식이 성적 차원에서뿐 아니라 인종 및 계층, 장애 유무 등을 통해 사회 전반에 침투한 결과이다.

자녀가 있는 여성정신장애인의 경우 일상적 생활의 유지와 관리에 있어 어려움이 발생하고 건강이 회복될 때까지 '환자 역할(sick role)'을 수행하면서 자녀양육의 책임과 모성 역할을 포기하기도 한다. 따라서 여성정신장애인은 노동시장 진출을 통한 공적 영역에서의 역할뿐 아니라 전통적인 여성의 역할 또한 수행할 기회가 제한되어 있다. 여성정신장애인은 '무성적 존재(almost genderless)'일 뿐 아니라 사회적으로 '역할 없는 존재(roleless)'인 셈이다(Bronwen & Allen, 2005).

결국 여성정신장애인에게 있어 자신의 정체성을 형성하고, 삶의 정상화를 실현해 나가는 데 요구되는 것은 가치 있고, 정상화된 사회적 역할이다. 모성을 둘러싼 다양한 논쟁에도 불구하고 우리 사회에서 여전히 중요한 삶의 과업으로 인식되고 있고, 특히 많은

보통 사람처럼 살기, 엄마로 살기

여성에게 있어 모성의 의미는 자기 정체성 형성에 있어 지대한 영향을 미치는 경험이다(Miller, 2005). 여성정신장애인에게 있어 모성 역할의 포기는 자존감을 낮추고, 실패에 대한 부정적 자기 인식을 강화함으로써 불안과 우울, 대인관계에서의 위축을 강화시킴으로써 정신장애에 있어 기능 손상을 더욱 심화시킨다(Bronwen & Allen, 2005). 따라서 여성정신장애인의 모성경험은 그 자체의 성공과 실패의 결과뿐만 아니라 존재와 과정만으로도 충분히 의미 있는 생애사적 과업이며, 궁극적 사회통합을 위한 재활과 회복의 과정이다.

최근의 탈시설화를 통한 지역사회 정신보건사업의 극적 전환은 여성정신장애인의 성적 활동과 재생산 능력을 재평가하고, 사회적 역할 회복을 통한 정상화의 가치에 주목하게 하였다. 여성정신장애인도 일반 여성들과 다르지 않은 정도의 모성에 대한 태도, 희망, 기대를 갖고 있는 '성적 존재'로서의 욕구를 지니고 있음을 확인하는 연구들이 확산되었다. 대부분의 연구들이 여성정신장애인 대부분이 자녀를 자신과 연결된 존재, '삶의 의미'로 보고 있으며, 모성경험을 통해 자기 성장과 정상성의 가치를 회복하고 있다고(Tardy, 2000; Mowbray, et al., 1995: Sands, 1995) 보고하고 있다. 반대로, 모성의 의무가 스트레스가 되고 모성부담은 재발의 원인이 되기도 한다(Oyserman et al., 2004 재인용). 이러한 긍정적, 부정적 경험을 통해 여성정신장애인은 모성경험을 자신의 삶에서 가장 중요한 과업으로 받아들이면서 극복을 통한 회복의 과정으로 받아들이고 있는 것이다.

2. 정신장애인의 모성경험에 대한 선행연구

1990년대 이후 서구를 중심으로 여성정신장애인의 모성경험에 대한 관심이 확산되어 왔으나, 매우 제한적으로 이루어져 왔음은 주지의 사실이다. 대부분의 연구가 정신장애인의 양육이 아동에게 미치는 잠재적 위험에 초점을 두고 있거나, 부모-자녀 관계에 정신질환이 미치는 영향을 다루고 있다. 이는 일반적인 모성연구에 나타난 경향과 무관하지 않으며, 전통적으로 모성경험을 어머니의 역할 수행으로 파악하면서, 어머니로서의 경험을 자녀의 발달에 영향을 미치는 기능적 측면으로 제한하는 관점에 근거하는 것이다. 이에 여성정신장애인의 모성경험에 대한 연구 역시 대부분 양육경험과 어머니 역할 수행에 집중되어 왔다. 이는 어머니로서의 여성정신장애인의 자기 인식과 정체성 확립, 모성경험의 의미 등을 배제한 관점으로 당사자인 여성의 관점에서 모성경험을 조망하지 못한 한계를 가진다.

이에 자녀에 초점을 두는 경향에서 벗어나 여성의 경험에 초점을 맞추는 해석이 강조되었고, 자녀에서 어머니로 연구의 초점을 전환하면서, 그동안 간과되어 왔던 어머니로서의 여성들의 경험을 드러내고 부각시키는 관점이 제시되고 있다. 이는 대부분 모성경험에 대한 기술적 연구와 함께 여성의 경험에 대한 분석적 관심이 중시되고, 개별 여성들이 경험하는 다양한 사회문화적 맥락을 함께 고려하고자 하는 연구가 시도되면서(노영주, 2000; 신경아, 1998; 이연정, 1995)확산되었다.

여성정신장애인 모성경험에 대한 기존의 연구 경향을 개괄하면 연구 초점에 따라 크게 두 가지 흐름으로 구분할 수 있다. 이는 주로 여성정신장애인 양육특성과 부담을 중심으로 자녀와의 관계를 주로 다룬 연구와 여성정신장애인의 관점에서 모성정체성의 형성과 모성경험의 의미를 다룬 연구로 나눌 수 있다.

전자의 흐름은 전통적으로 모성경험에 있어 중심 연구주제로 다루어져 온 어머니 역할 수행을 중심으로 한 기능적 측면의 모성으로 자녀를 대상으로 하거나, 자녀가 아닌 어머니를 대상으로 한 연구인 경우에도 결과적으로 자녀에게 미치는 영향에 관심을 둔 연구물이 주를 이룬다. 후자의 흐름은 비교적 최근의 모성경험 연구의 경향으로 여성의 관점에서 당사자의 경험의 의미를 보다 상황적 맥락 속에서 찾아가는 연구물이다. 사실상 전자에 비해 후자의 연구물은 상대적으로 적은 편이나 질적 연구의 방법론을 통해 점차 증가해 가는 추세에 있다. 이러한 흐름을 정신질환과 모성의 관계에서 비교하자면 전자의 흐름은 정신질환이 모성에 미치는 영향으로 볼 수 있는 반면 후자의 흐름은 모성의 경험이 정신질환에 미치는 영향을 상호 순환적으로 분석하는 경향으로 볼 수 있다.

가. 여성정신장애인의 양육특성과 영향에 관한 연구

부모와 자녀의 관계는 서로에게 영향을 주고받으며 변화하는 역동적 관계이며(Holden, 1997; 박미영, 2006 재인용), 부모의 감정적 지지와 친밀하고 신뢰성 있는 역할 등 기능적 요인과 사회경제적 상태, 가족 내 정신질환 등의 구조적 요인이 자녀에게 미치는 영향 또한 중요하다. 특히 부모의 정신병리는 자녀양육의 질을 결정하는 중요한 요인으로 부모 역할에 혼란을 야기하여 자녀의 발달에 부정적 영향을 미치게 되고, 자녀의 정신병리 및 행동문제의 발생위험을 증가시킨다(이성헌 외, 1998). 이에 여성정신장애인의 양육은 일반적으로 불충분하고, 부적절하며 잠재적인 위험을 안고 있는 것으로 인식되어 왔다(Jacobson & Miller, 1999; Ackerson, 2003 재인용). 뿐만 아니라 아동 학대의 위험이 높을 것이라는 인식이 여성정신장애인의 양육에 따른 위험에 더 많은 관심을 기울이도록 한다. 많은 연구에서 '대부분의 여성정신장애인이 아동을 학대하지 않으며, 대부분의 학대 여성 역시 정신질환자가 아님'(Kurmar, 1997: Seeman, 2004 재인용)을 확인할 수 있음에도 여전히 아동 학대의 중요한 변수로 부모의 정신질환이 고려되고 있는 것이 현실이다.

또한 여성정신장애인의 양육에 있어 고려되는 또 다른 위험은 정신질환의 유전과 관련된 두려움이다. 일반적으로 부모가 정신질환이 있는 경우 아동기 정신질환의 발병은 30~50%에 이르며, 특히 정신분열병 여성의 자녀들은 정신장애의 고위험집단으로 유전적 취약성(genetic vulnerability)을 가지고 있다고 보고된다(Seeman, 1996; 김정진, 2004 재인용). 부모의 정신질환이 자녀의 심리적 위험을 증가시키고 있다는 경험적 증거 역시 다양하다. 아이들은 부모의 정신질환으로 인해 두려움, 분노, 수치심 등의 감정을 일으키고 (Blanch et al., 1998), 다양한 사회적 역할의 적응 문제, 행동상의 어려움, 정신적 어려움이 가중된다(Hinden et al., 2005; Tanner, 2000). 또한 정서적 발달상의 어려움을 겪게 되며, 정상적 가족을 갖지 못했다는 상실감을 경험하고, 많은 경우 부모를 돌보거나 성

보통 사람처럼 살기, 엄마로 살기

인아이 역할을 담당한다(Worsham et al., 1997; Orel et al., 2003 재인용).

그러나 부모의 정신질환이 아동에게 미치는 위험은 단순히 질환과 부적응 간의 단순한 인과관계를 통해 설명되지 않는다. 이러한 정신장애인 자녀들의 심리정서적 역기능은 정신질환으로 인한 일차적 결과이기보다 정신질환으로 이환된 후 이차적으로 발생하는 역기능적 가족관계가 자녀의 정신병리의 위험을 증진시키며, 효과적인 양육기술과 지식의 부족 때문에 나타나는 2차적 결과이다(Nicholson et al., 1998a).

Thomas와 Kalucy(2003)는 정신질환이 있는 부모들이 가족들의 요구와 자신들이 겪고 있는 질환의 증상으로 고통을 겪으면서, 동기부여의 결여 등으로 자녀와의 제한된 상호작용과 빈약한 관계를 형성함으로써 자녀에게 부정적인 영향을 줄 수 있다고 하였다. 또한 일부 연구자들은 정신분열증, 우울증, 약물중독 등의 특정 진단명에 따른 양육특성을 조사하였다. 예를 들면 우울한 어머니가 자녀에 대해 더 부정적인 반응을 보이며, 아동을 덜 격려하고, 더욱 처벌적인 양육태도를 보인다고 하였다. 기분장애나 불안장애 여성들은 감정적으로 철수되고 위축된 양육태도를 보이고, 사회적 활동에 있어 제한적으로 참여하며, 활동상의 위축 등을 나타내는 경향이 있다(Brutte & Drake, 2002). 또한 정신분열병 환자의 망상 증상은 아동의 행동과 반응에 대한 부모의 해석이 왜곡될 수 있으며, 아동의 행동통제와 한계 설정에 어려움을 겪게 한다(Kumar, 1997; Seeman, 2004 재인용). 이러한 정신분열병 부모의 행동특성으로 이들의 자녀들은 정상부모의 자녀와 비교했을 때 산만하고, 반항적이며 공격적 언어의 사용이 많은 것으로 평가되었다(Janes et al, 1983; 이성헌 외 1998 재인용).

그러나 이러한 연구결과는 어머니의 역기능을 단순히 질환의 결과로 설명하고 있으며, 양육특성을 결정짓는 다양한 사회문화적 맥락을 고려하지 못하는 한계가 있다. 이에 최근에는 정신장애 어머니의 양육특성에 미치는 영향으로 개인적 측면뿐 아니라 사회적 지지의 결핍이나 낙인으로 인한 사회적 요인에 대한 연구가 증가하고 있다(Mowbray et al., 2000; Bassett et al.,1999). 이러한 요인들은 비교적 광범위한 사회문화적 맥락하에서 여성정신장애인의 양육특성에 다양한 영향을 미치고 있다.

여성정신장애인의 양육행동에 부정적 영향을 미치는 요인은 낮은 사회경제적 지위로 직업 및 재정 부담, 저학력 등이며, 사회적 지지망의 부족 역시 중요한 스트레스 요인으로 지적된다. 낮은 교육 수준과 사회경제적 지위는 부모의 양육효능감을 감소시키고, 여성정신장애인의 경우 사회적으로 더욱 고립되고 사회적 지지 및 자원의 이용에 있어 제한이 있기 때문에 부적절한 양육행동이 강화됨으로써 자녀에게 부정적 영향을 미치게 된다(Oyserman et al., 1994). 특히 부족한 사회적 지지망과 증상의 악화로 인한 입원 등이 주요한 스트레스 요인이 된다(Mowbray et al., 2000). 이러한 요인은 결국 부모 양육 기술의 손상과 결혼 관계의 갈등, 사회적 고립, 실직과 빈곤 등의 문제를 발생시킴으로써 결과적으로 부모로서의 역할 수행을 어렵게 한다는 것이다(Hearle & McGrath, 1999).

이러한 연구결과는 국내 연구에서도 유사하게 나타난다. 황보영(2003)은 정신질환이 있는 부모의 비일관된 양육태도가 이들 자녀의 심리정서적 욕구에 부정적 영향을 미치며, 특히 정신장애인의 양육태도가 혼란스럽고 약물 부작용으로 인한 진정작용 등으로 자녀와의 일상적 의사소통을 방해한다고 지적하였다. 김정진(2002)은 정신장애 어머니의 자녀양육에 대하여 정신질환 자체보다 가족을 둘러싸고 있는 사회적 환경과 스트레스, 지지적 자원, 부부관계 등이 양육에 더 많은 영향을 미치므로 여성정신장애인 개인의 책임으로 맡겨 둘 것이 아니라 사회적 지지, 남편의 협력과 같은 양육에 필요한 자원이 지원되어야 한다고 주장하였다.

한편 Ackerson(2003)은 여성정신장애인, 특히 양육경험을 하는 여성정신장애인의 취약성을 설명하면서 양육기술과 역할에 따른 스트레스가 존재하나, 이는 적절한 지원과 부모로서의 역할에 대한 기술에 대한 정보 부족 때문이므로, 효과적인 양육기술과 발달에 대한 기술, 지식을 통해 이러한 여성정신장애인의 양육활동을 지원할 수 있다고 하였다. 따라서 부모의 정신장애가 아동에 있어 가족의 스트레스와 갈등에 더 많은 노출을 일으키고 이는 결국 정서적, 행동적 문제를 일으킬 가능성이 있으나, 이러한 부정적 영향은 부모의 디스트레스를 줄이고, 지지적 개입의 확충을 통해 보다 긍정적인 변화를 이끌 수 있는 것이다(Tebere, J., et al., 2001).

이처럼 최근의 연구에서는 기존의 병리적이고 문제중심적 시각에서 벗어나 아동의 적응적 측면에 주목하면서, 정신장애 자체보다 장애로 인한 이차적 손상과 사회환경적 요인 간의 상호작용에 관심을 갖기 시작하였다. 특히 부모의 정신질환뿐 아니라 빈곤, 이혼, 학대, 방임의 역경 상황에서 성공적인 심리사회적 적응을 성취해 온 아동의 보호요인과 적응 유연성(resilience)을 규명함으로써 역경으로 인한 영향력을 감소시키고, 기능적 적응을 돕고자 하는 시도들이 진행되고 있다(Place et al., 2002; Tebes et al., 2001).

Garley와 동료들은(1997) 정신장애인 자녀들을 대상으로 포커스집단을 활용한 질적 연구방법을 통해 자녀들이 부모의 정신장애를 이해하고, 관리하기 위한 노력을 적극적으로 시도하고 있으며, 재발 증상을 미리 인식함으로써 문제가 되는 상황에 대처하는 긍정적 대처기능이 있음을 보고하였다. 이는 아동의 적응유연성을 증진시키고, 부모의 질환으로 인한 취약한 환경으로부터 스스로를 보호할 수 있는 중요한 보호요인으로 나타났다. 또한 Tebes 등은(2001) 부모의 정신장애로 인한 디스트레스 상황에서 성공적인 적응을 해온 아동들을 조사한 결과 가족의 경제적 자원과 사회지지망의 확보, 부모의 긍정적 역할수행, 스트레스 대처능력 등이 중요한 보호요인임을 보고하였다.

이상의 연구결과는 여성정신장애인의 양육환경에 영향을 미치는 다양한 요인을 제시하고 있으며, 특히 취약요인과 보호요인을 파악하여 임상적 실천에 있어 보다 유용한 지침을 마련할 수 있도록 한다. 또한 부모 자녀 관계의 상호작용의 맥락에서 결과적으로 아동에게 미치는 영향과 이의 예방, 보호를 위해 전략적 개입방법을 제시하고 있다는 점에서 유용하다.

나. 여성정신장애인의 모성경험과 의미에 관한 연구

여성정신장애인의 모성경험과 관련한 연구들은 초기의 개별적이고 병리적인 측면에 초점을 두던 경향에서 벗어나 점차 사회맥락

보통 사람처럼 살기, 엄마로 살기

적 상황과의 상호연관을 살펴보는 방향으로 변화하기 시작하였다. 또한 그동안 연구자 중심으로 진행되어 온 연구경향에서 벗어나 여성정신장애인 자신의 목소리로 모성경험의 고통과 불안, 기대, 환상 등을 이해하고자 하는 시도들이 나타나기 시작했다.

여성정신장애인은 대부분 다른 여성들처럼 아이를 출산하고 양육하며, 스스로 자신의 삶에서 중요한 이슈로 어머니 역할을 중시하고 있다(Mowbray et al., 1995). 이러한 관점은 여성정신장애인의 모성에 대한 권리를 인식하면서, 이에 대한 모성의 구체적 실현을 지원하기 위해 여성의 경험을 보다 실제적으로 이해하기 위한 시도로 나타났다. 또한 일부 연구를 통해 여성정신장애인은 모성경험을 정상화의 경험으로 인식하고(Nicholson et al., 1998), 중요한 생활상의 역할에 있어 일상생활 기술 및 사회기술의 개발을 돕고, 삶에 있어 새로운 의미를 창조하고(Zemencuk et al., 1994) 있음을 보고하였다.

정상화의 원리가 정신장애인의 삶에서 중요한 가치로 요구되는 가운데(Pickens, 1999) 여성정신장애인에게 있어 모성경험의 실현은 그 자체로 가치 있는 사회적 역할의 수행을 통한 '정상화'의 실현 과정으로 인식되고 있다. 여성정신장애인에게 있어 성공적인 모성경험은 곧 '정상화된 삶'의 한 표현이 되고 있는 것이다(Krumm & Becker, 2006).

이러한 정상화의 추구는 여성정신장애인의 관점에서 모성경험의 의미를 밝히는 연구들에서 다양하게 드러나며, 모성경험의 긍정적 측면을 강조한다. 여성들은 자기 삶의 중심으로 모성을 위치지우고 있으며, 부모됨의 경험은 '스스로를 성인처럼 느낄 수 있도록 한 유일한 시간'(Schwab et al., 1991)으로 인식된다. Mowbray와 동료들은 조사(1995)를 통해 어머니 역할을 수행하는 여성정신장애인의 81%가 부모로의 전환을 긍정적 변화로 보면서 아동에 대한 긍정적 감정을 표현하고 있음을 밝히고 있다. 또한 대부분의 여성정신장애인은 부모됨의 과정이 긍정적 자기 인식 및 자기 성장에 있어 중요하다고 보고하였다. Sands(1995)는 여성정신장애인이 자신의 양육문제와 관련하여 스스로 어머니 역할의 의미에 대해 삶의 중심으로 생각하고 있었고, 자녀가 '존재 그 자체'로 중요한 의미가 있음을 밝혔다. 또한 여성정신장애인은 아동양육과 부모됨의 의미를 통해 정상성을 경험한다고 보고하였다. 유사하게 Joseph과 동료의 연구(1999) 및 Diaz–Caneja와 Johnson(2004)의 연구 역시 여성정신장애인이 모성경험을 통해 자기 존중감을 증진시키고, 충만감을 느끼며, 회복과 안정감의 유지를 위한 동기를 부여하고 있음을 밝히고 있다. 결국 모성경험은 여성정신장애인의 성인정체성을 형성하는 중요한 계기가 되고, 개별 여성들의 삶의 의미를 제공함으로써 성공적 회복과 재활, 사회통합에 있어 긍정적으로 기여하고 있는 것이다.

한편, Zemencuk과 동료들은(1995) 여성정신장애인의 양육 역할 기능을 조사한 결과 대부분 아동과의 관계에서 큰 어려움이 없는 것으로 평가하였고, 질환에 대한 적절한 관리가 이루어지고 있다고 보고하였다. 이들 여성들은 비록 다양한 상황적 도전이 있음에도 불구하고 비교적 어머니 역할에 대한 만족감이 높은 것으로 나타났다. 그러나 동시에 부모양육과 관련하여 경제적 어려움과 양육기술의 부족, 자신의 증상으로 인해 아동에게 미칠 부정적 영향에 대한 걱정 등이 주요한 스트레스로 작용하고 있다(Mowbray et al., 1995). 여성정신장애인에게 있어 모성이 매우 중요한 삶의 과업이며, 기능임에도 불구하고 아동의 욕구에 적절히 대응하지 못하거나, 양육기술의 부족으로 효능감이 저하되고, 다양한 양육과업에 적절히 대처하지 못하는 등 모성 역할의 수행에 있어 많은 어려움들이 제기되고 있는 것이다(McPherson, 2004; Miller, 1997).

여성정신장애인은 일상적인 양육환경에서 '역할 긴장(role strain)'이 있고, 이는 우선적으로 정신질환의 관리와 양육활동에서 주로 나타난다. 예를 들어 증상이 나타나거나 심해졌을 경우 아동의 행동을 관리하고, 조절하기가 어렵고, 입원으로 인한 자녀와의 단절에 대처할 사회적 자원이 부족할 경우 이러한 긴장은 가중된다. 이때 어머니들은 양육과 정신질환의 관리에 따른 이중 부담에 의해 스스로 죄책감과 스트레스에 시달리게 된다. 또한 서구의 경우 양육권 상실의 두려움이 입원을 거부하고, 치료에 집중할 수 없게 하는 중요한 요인으로 작용하고, 재발의 원인이 되기도 한다.

결국 여성정신장애인의 약물중독과 성적, 폭력적 학대, 별거 혹은 이혼으로 인해 혼자 아이를 키워야 하는 어려움, 빈곤, 양육권의 상실에 대한 걱정, 사회적 지지체계의 부족 등이 모성 역할의 수행에 있어 어려움을 가중시킨다(Montgomery, 2005). 연구결과 사례관리자와 주요한 정책결정자와의 접촉경험에서 여성들이 경험하는 전문가들의 편견과 낙인으로 인해 서비스 이용에 어려움이 있음이 보고되었다. Dipple과 동료들은(2002) 연구결과 여성정신장애인은 자녀와의 긴밀한 접촉이 자주 발생하고, 사회적 관계 안에서 가족 및 동료, 친구 등의 친밀한 관계가 있을 때 어머니로서의 자

신의 정체성을 긍정적으로 평가하는 것으로 보고하였다. 이는 사회
적 관계망과 자녀와의 지속적 관계형성이 여성정신장애인의 긍정
적 정체성에 중요한 요인임을 보여 주는 결과이다. 그러나 이러한
사회적 지지망의 활용에 있어 여성정신장애인은 양가적 태도를 보
인다. Sands(1995)는 여성정신장애인이 자신의 증상을 축소하려는
경향을 보이고, 양육 지원을 위해 전문가의 협조를 받는 데는 부
정적이었는데 이는 기존의 아동복지체계에 대한 불신과 분노뿐 아
니라 질환으로 인한 아동양육권 상실의 두려움 때문이었다. 또한
지역 내 원조전문가의 서비스 원조과정에서 여성정신장애인이 경
험하는 전문가 집단에 의한 편견과 왜곡된 시선 역시 이러한 불신
을 가중시킨다.

여성정신장애인의 모성권에 대한 부정적 인식은 사실상 일반인
이나 가족성원, 친구뿐만 아니라 정신보건전문가들 사이에서도 강
하게 드러나고 있다(Dipple et al., 2002; Nicholson et al., 1998). 이
러한 분위기 속에서 여성정신장애인은 스스로 '나쁜 어머니'로 보
이는 것에 대한 두려움을 갖게 된다(Edward & Timmons, 2005). 많
은 연구결과 이러한 정신질환에 대한 광범위한 낙인이 모성경험에
역기능적으로 작용하고, 사회적으로 학대 및 방임 가능성에 대한
편견을 갖고 있음을 지적하였다. Nicholson과 동료(1998)들은 연구
를 통해 여성정신장애인은 임신과정부터 가족성원들과 서비스 제
공자로부터 부정적 반응을 접하게 되고, 지역사회로부터 지속적으
로 아동 학대의 가능성을 의심받고 점검당하고 있음을 지적하였다.

이러한 연구결과는 사실상 여성정신장애인을 대상으로 모성경험
에 대한 긍정적, 부정적 측면을 탐색하고 있으며, 정신장애를 가진

부모들이 사회적으로 그들의 경험을 어떻게 형성해 가는지, 이러한 경험이 여성 자신에게 어떠한 영향을 미치는지 개괄적인 이해를 돕고 있다.

그러나 이러한 여성정신장애인의 모성경험은 대부분 서구사회 중심으로 이루어진 것이며, 부분적으로 여성정신장애인 자신의 관점에서 이러한 모성경험에의 탐색이 시도되고 있으나 여전히 제한적인 것 또한 사실이다. 특히 가부장적 유교문화의 전통과 서구의 합리주의 사고방식의 혼재로 다양한 가치와 문화가 영향을 미치는 우리나라의 사회문화적 맥락 안에서 여성정신장애인의 모성경험은 어떻게 나타나는지에 대한 연구는 거의 전무한 현실이다. 또한 여성 자신의 관점에서, 그들의 목소리를 통하여 그 경험의 본질을 이해하는 연구는 매우 부족하다. 이러한 인식 하에서 본 연구는 우리나라 여성정신장애인의 모성경험과 의미, 그 경험의 본질을 여성 자신의 인식체계를 통해 보다 깊이 있게 이해하고자 한다. 무엇보다 여성정신장애인이 심리 내적 혹은 사회문화적으로 다양한 장벽이나 어려움에도 불구하고 획득하는 긍정적 모성경험의 의미와 단순한 양육자로서의 역할뿐 아니라 이를 통해 어머니 됨, 어머니 노릇에 대한 자기 인식과 정체성을 형성해 가는 모성경험은 어떻게 나타나는지 그 경험의 본질을 기술하고 분석하고자 하였다.

제3장

연구방법 및 절차

제1절 연구방법

　본 연구는 여성정신장애인의 모성경험을 보다 깊이 이해하고자 질적 연구의 전통 가운데 하나인 현상학적 연구방법을 수행하였다.

　질적 연구방법은 연구대상이 자신의 사회세계와 행위에 대해 어떤 의미를 부여하고 상황을 정의하고, 그에 따라서 행위 하는지를 그들의 관점에서 이해하고자 한다(김영천, 2006). 연구대상의 경험세계와 의미세계의 고유성과 연속성을 있는 그대로 인정하고 그것의 의미를 당사자들의 주관적 세계 속에서 해석하고자 하는(조용환, 1999) 것이다. 따라서 인간경험의 복잡한 현상을 이해하고, 실제로 어떤 삶을 살고 있는 사람들의 시각으로부터 '살아 있는 경험'에 대한 이해를 얻음과 동시에 그들의 삶으로부터 어떤 의미를 도출하고자 하는 경우에 적절한 방법이다(Padget, 1998; 유태균 역, 2001).

　따라서 본 연구는 여성정신장애인의 모성경험을 경험 당사자인 여성정신장애인의 언어로 드러나는 다양한 생각, 의미부여, 해석 등을 통해 보다 깊이 있게 이해하고, 그들의 삶의 현장에서 이러한 경험을 분리하지 않고 그 경험의 구체성과 특수성을 충분히 반영하고자 질적 연구방법을 채택했다. 특히 다양한 학문적 토대를 가진 질적 연구의 여러 연구전통 중에서 개념이나 현상에 대한 개인의 경험과 그 의미를 기술하고, 인간의 경험에서 의식의 구조를 탐색하는 데(Polkinghorn, 1989) 초점을 두고 있는 현상학적 연구방법을 선택하였다. 또한 여러 현상학적 분석방법 가운데 연구 참여자의 상황적 독특성과 개별적 구조를 보다 구체적으로 드러낼 수 있는 Giorgi(1985)의 분석방법을 활용하였다.

1. 현상학 연구

현상학은 의식의 본질적 구조에 대한 과학이며, 현상의 본질을 직관적으로 포착하는 데 기초한 학문이다(Polkinghorn, 1983). 주어진 현상의 발생적, 구성적 근원을 탐구하는 학문으로서, 인식 주체가 경험하는 의식 작용을 탐구하는 철학적 방법론에 그 바탕을 둔다(신경림 외, 2004). Husserl에서 시작된 주류 현상학은 주관적 경험의 추구가 아니라 주관적 경험을 관통하는 현상의 본질을 보는 것을 목적으로 한다(Crotty, 2001). 따라서 현상학적 연구의 가장 기본적인 입장은 '사태 자체로', 혹은 '사물 그 자체로 돌아가라(go to the things themselves)'는 것이다 (Husserl, 1970; 한전숙 1995 재인용).

이러한 현상학적 연구방법의 주요한 특징은 우선 기술(description)에 있다. 이는 '사물 그 자체로 돌아가라'는 인식을 통해 말하고 있는 인식 이전의 세계로 복귀해야 한다는 것으로 실재(reality)는 기술해야 하는 것이지 구성하거나 설명하는 것이 아니다. 따라서 기술로 되돌아가는 것은 분석적인 반성 과정과 과학적 설명 과정을 모두 배제하고 '주어진 그대로'를 기술하는 것이다(Giorgi, 1997). 다시 말해 현상학은 보다 풍부한 기술을 통해 개념이나 현상, 내재된 의미를 이해함으로써, 어떤 현상에 관한 경험의 핵심을 이해하는 데 초점을 두고 있다(Moustakas, 1994).

따라서 현상학적 연구방법을 통해 여성정신장애인의 모성경험을 경험 당사자의 목소리를 통해 보다 깊이, 내면의 의미들을 드러낼 수 있을 것으로 기대된다. 모성경험은 인간 활동, 특히 여성에게 있어 매우 중요한 삶의 영역이며, 여성정신장애인이 경험하고 의미를 부여하는 살아 있는 경험이다. 따라서 경험의 실재를 있는 그대로 드러낼 수 있고, 그 현상이나 경험의 본질적 구조가 무엇인지를 발견해 가는 과정에서 보다 중립적이고 구체적이며, 철저한 설명이 요구된다. 이는 "현상의 토대가 먼저 폭로되지 않으면 현상에 대해 무엇이 이루어지는지 관계없이 진전이 있을 수 없다."는 Colaizzi(1978; 이은미, 2005 재인용)의 신념에 근거하는 것이다. 따라서 현상학적 연구를 통해 모성경험이라는 현상의 토대를 이루고 있는 근원적이고 본질적인 구조를 발견함으로써 여성정신장애인의 다양한 삶의 경험에 보다 다가갈 수 있을 것이다.

두 번째, 현상학적 연구방법의 중요한 특징 중 하나는 '현상학적 환원'(phenomenological reduction)이다. 이는 선험적 의식으로의 복귀를 의미하는 것으로 연구자의 이론적인 편견이나 선지식이 참여자의 기술내용에 들어가지 않도록 하는 것이다. 그것을 괄호 속에 넣는다는 것을 확신해야 할 뿐만 아니라 경험이 갖고 있는 본성을 미리 판단하지 않음으로써 '스스로가 그러하다고 보여 주는 것'을 단지 '스스로 보여 주는 대로', 그리고 '의미를 갖고 있는 그대로' 정확하게 기술할 수 있다(Giorgi, 1997). 따라서 현상학적 방법은 이미 연구자에게 세계에 대한 모든 선입견으로부터 '중립적인 위치에 설 것'을 요구하여 엄밀한 의미에서 학적 탐구의 영역인 '현상' 그 자체만을 고려할 수 있게 하는 유일한 절차라 할 수 있다

보통 사람처럼 살기, 엄마로 살기

(Moustakas, 1994).

　이러한 연구자의 선이해나 관점을 철저히 괄호 치기 하는 현상학적 태도는 '습관적인 사유의 방식을 뒤집어엎고 직접적인 봄이 지닌 순결무구함으로 되돌아가려는 결정적 노력'이다(Spiegelberg, 1992). 따라서 다양한 사회적 낙인과 편견에 의해 외부의 관찰자, 연구자에 의해 해석되어 온 정신장애인의 삶에 있어 여성정신장애인의 주관적, 내적 경험을 이해하는 데 있어 보다 유용한 연구방법이다. 이는 그동안 '정신장애'와 '여성'이라는 '이중 부담'을 안고 살아온 이들의 경험을 '정신장애'의 측면에서 혹은 '여성'의 측면에서 바라보는 이론적 편향을 극복할 수 있는 방법이기도 하다.

　세 번째 특징은 본질의 탐구인데, 본질은 '어떤 것이 그것이 되는 이유'이다. 이를 획득하기 위해서는 대상이 세계와 실제로 어떻게 관계를 맺는가가 중요하다. 이러한 관계를 밝혀 주는 기술과 그 체험된 관계의 본질 또는 구조를 이해하기 위해 '자유상상의 변형'(free imaginative variation)'이라는 과정이 필요하다. 현상학은 현상의 연구, 즉 대상들에 대한 의식의 본질적 구조에 대한 과학이며, 현상학에서 포착하려는 현상의 본질은 대상이 '무엇'인지보다는 '어떻게' 경험되는가와 관련되며 대상에 대한 경험이 어떻게 가능한가라는 물음에 답하는 것이다(Polkinghorn, 1983). 따라서 현상학적 연구는 살아 있는 경험을 지향하며, 그 경험의 의미를 포함하여 구조, 즉 현상의 본질을 밝히고 기술하는 것을 목적으로 한다(신경림 외, 2004).

　정신장애인의 삶의 경험이 다양하고, 모성을 구성하는 요소 또한 다양한 만큼 여성정신장애인의 모성경험에 있어 개별적 경험의 특수성이 고려되어야 할 것이다. 그러나 동시에 특정한 사람들이 현상을 경험하는 방식에 이미 주어져 있는 현상의 본질구조를 밝혀내는 노력이 또한 요구된다. 이를 통해 여성정신장애인의 실제적 욕구에 근거한 정신사회재활 서비스 프로그램의 제언이 가능하기 때문이다. 살아 있는 경험으로서의 모성경험의 이해에 있어 보다 본질적인 의미구조의 파악이 요구된다.

이처럼 현상학적 연구는 연구대상의 의미와 본질을 탐구함으로써 경험이나 현상을 깊이 있고 풍부하게 서술하고, 이를 해석해 낼 수 있게 한다. 따라서 여성정신장애인의 모성경험에 대한 보다 깊이 있는 이해와 충분한 정도의 통찰을 기대하는 본 연구에 적합한 연구방법이라 할 수 있겠다. 더욱이 현상학 연구는 지각과 판단의 모든 복합성을 가진 인간에 의해 경험되는 현상을 연구함으로써 경험의 개인적 의미를 파악하는 기술(description)을 통하여 대상자들의 실재에서 그들을 알고, 대상자를 도울 수 있다(김분한 외, 1999). 또한 이러한 연구는 현상의 본질을 밝히는 것과 현상이 존재하는 사회문화적 생활세계의 맥락을 함께 고려한다. 따라서 모성경험을 보다 포괄적으로 이해하고자 하는 본 연구의 관점과 일치한다.

한편 현재 정신장애인을 대상으로 하는 질적 연구방법 가운데 현상학적 연구방법이 활발히 검토되고 있다(Davidson, 2002). 양적 연구를 통한 의료모델의 관점이 주류를 이루는 가운데 정신장애인을 대상으로 하는 현상학적 연구방법들은 대부분 이러한 실증적 연구의 보조적 위치를 갖기도 한다. 그러나 보다 중요한 공헌은 이러한 정신질환의 체험 자체가 단순히 경험이 아니라 인간 의식 안에서 자신의 경험이 어떻게 받아들여지고 있느냐를 묻는 일련의

보통 사람처럼 살기, 엄마로 살기

정신적 과정을 통해 밝혀지기 때문에, 정신질환의 증상과 과정, 회복에 대한 개별 경험을 보다 풍부하게 설명하면서 새로운 이론적 지평의 확대를 가능하게 한다는 점이다(Rulf, 2003).

결국 살아 있는 인간 경험을 기술하는 것이며, 대상자의 실재에 접촉하는 총체적인 접근을 요구하는 현상학적 연구방법은 다양한 개인적 배경과 특성 아래 여성정신장애인의 모성경험과 그 경험에 연구 참여자들이 부여하는 의미의 인식세계를 맥락과 조건을 고려하여 풍부하게 기술하고 분석하는 데 유용하게 활용될 것이다. 현상학에서 본질이란 사물이나 현상의 경험의 본질이므로 현상이 무엇인지보다 주체가 어떻게 경험하는지를 알아보려는 것이 보다 중요하다. 따라서 생활세계 안에서 이루어지는 여성정신장애인의 모성경험을 현상학적 태도를 통해 살펴봄으로써 보다 깊이 있는 이해에 다가갈 수 있을 것이다.

2. Giorgi의 현상학 연구방법

현상학 연구과정의 일련의 절차는 학자마다 다양하게 제시되지만 현상의 확인, 연구의 구조화, 자료 수집 후 자료 분석의 과정을 거친다. 그러나 자료 분석의 방법에 있어 현상을 기술하는 방법상의 차이가 존재한다(김분한 외, 1999).

현상학적 연구방법의 자료 분석은 여러 학자들(van Manen, 1990; Giorgi, 1979; Colaizzi, 1978; Speigellberg, 1976; van Kaam, 1966)에 의해 제시되고 있는데, 연구하고자 하는 현상의 경험에 대한 본질

에 집중하고 대상자의 생활세계에서 자료를 수집하며, 개개인의 의식을 일반화하는 것이 아닌 상호주관성을 통하여 본질 구조를 파악하는 일련의 반성과정을 거쳐, 발견된 결과에 대해 현상학적 기술을 한다는 점에서는 서로 유사하다고 볼 수 있다(신경림, 2004).

본 연구에서는 연구대상자의 기술에 대한 심층연구를 통해 개별적이고 상황적 맥락 속에서 살아 있는 경험의 의미와 본질을 밝히는 데 초점을 두고 있는 Giorgi의 분석방법을 활용하였다. 현상학적 연구방법들은 공통적으로 모두 주제(Theme)를 기술한다는 점이 기술(description of reporting)상의 공통 속성이나, 분석의 절차와 기술구조에 있어 구별되는 특성을 보이고 있다. 현상학적 구조를 기술하기 위해 Giorgi에 의해 발전된 방법은 경험에 대한 개인적 기술로 출발한다(Polkinghorn, 1983). 다른 분석방법과 비교할 때 상황적, 구조적 진술에서 연구 참여자 개인의 독특성을 자세히 설명해 주고 있으며, 전체 연구 참여자의 경험을 일반적, 구조저 진술에서 통합하는 특성을 갖고 있다. Giorgi는 이러한 방법을 '경험적인 현상학적 분석'이라고 불렀다. 무엇보다 연구의 대상, 즉, 본질적 구조를 추구하는 현상이 되는 주제에 관한 기술이나 면접의 형태로 경험적이거나 객관적 자료를 수집하고, 이러한 연구대상자의 기술에 대한 심층 연구를 통해 살아 있는 경험의 의미를 보다 구체적으로 밝히는 데 초점을 두고 있다. 이는 Colaizzi 방법이 개인적 속성보다는 전체 연구 참여자의 공통적 속성을 도출해 내는 데 초점을 맞추는 것과 비교된다(김분한 외, 1999).

Giorgi(1985)는 '과학'을 '행동을 만들어 내는 지식'이라고 정의하고, 근본적으로 사회과학의 탐구대상인 인간 현상을 자연과학의 탐구대상인 자연현상과 존재론적으로 그 구조가 다르며 따라서 그에 대한 접근방법도 달라야 한다고 보았다. Giorgi는 Husserl과 Merleau-ponty의 방법을 따르는 '기술적 현상학자'로 인간 현상을 이해하는 데 있어 가장 중요한 것은 '기술(Description)'이며 '해석(Interpretation)'은 2차적인 것으로서 기술의 한 형태라고 보았다. 즉 해석 이전에 '바로 거기에 있는 것'을 먼저 보자는 입장이다(Giorgi, 1985).

Giorgi(1997)에 의하면 현상학 연구방법은 참여자의 체험에 대한 기술을 들을 준비와 개방적인 태도를 취하는 것으로 시작한다. 그 다음 참여자의 기술 속에서 다른 의미를 가진 진술을 구별하고 그 후 구별한 의미에 대해 학문적인 관점으로 전환된 기술을 통해 밝혀지는 본질적인 의미와 그 의미들의 관련성을 밝히고 구조를 통합하고자 한다. Giorgi는 '하나의 구조는 알게 되기보다는 그 속에서 살며 체험되는 관계의 망이다. 그래서 어떤 구조를 알게 되는 것은 체험하고 생각하는 세계의 바로 그 조직에 있게 되는 것'이라고 보았다. 즉, 구조는 일반적으로 경험의 개별적 '대상'이기보다 경험의 '방식'이다(Polkinghorn, 1983).

이에 Giorgi는 현상학적 연구방법의 4단계를 다음과 같이 설명하고 있다(Giorgi, 1985; 1997; 2003). 이러한 절차는 참여자의 기술문을 철저히 연구함으로써 생생한 경험의 의미를 밝히는 데 관심을 모으는 것으로 직관, 분석, 기술을 통하여 각 단계를 거치면서 참여자의 의미를 확인, 기술하도록 돕는다.

첫째, '전체를 인식'하는 것이다. 이 단계에서는 참여자가 진술한 전체 진술에 대한 일반적인 인식을 얻기 위해 전체 기술내용을 읽는 단계이다. 이 단계는 텍스트를 간단히 읽는 것과 기술자의 언어를 이해하는 능력이 주로 사용되는 단계이며, 전체를 잘 파악하기 위해 자유롭게 반복하여 읽어 가는 것이 필요하다. 텍스트를 읽은 후에 얻어지는 전체적인 느낌만으로는 의문이 생기지도 않고 설명이 되지도 않는다. 다만 의미단위(meaning units)를 구분해 내는 다음 단계를 위한 기초가 될 뿐이다. 이를 위해 녹음된 기록을 자세한 부분까지 필사를 하고 필사본을 여러 번 반복하여 읽는 단계가 요구된다. 특히 필사본을 작성할 때 면접 직후 바로 작성하는 것이 면접의 내용을 정확하게 기억하고, 분위기 및 감정적 변화 등을 자세히 기록하는 데 도움이 된다. 따라서 자료 수집과 분석이 동시에 이루어지도록 하고, 기록에 있어 내용뿐 아니라 다양한 느낌에 대한 메모를 자세히 기록하도록 한다.

둘째, 연구자의 학문적 주제에 합당한 현상을 '의미 단위로 구분'한다. 전체 텍스트를 동시에 분석하는 것은 불가능하기 때문에 그것을 처리 가능한 단위로 분해해야 한다. 일단 전체에 대한 인식이 파악되면 연구자는 처음으로 되돌아가서 학제적 관점으로부터 '의미 단위'를 구별하겠다는 구체적인 목적을 가지고 텍스트를 철저히 읽는다. 학제적 분석에 관심을 두고 있으므로 기준을 가지고 나누어야 한다. 사고를 시작하고 끝내는 단위, 즉 참여자의 말 그대로 자신의 경험을 표현한 기술의 단위를 중심으로 의미단위(natural meaning unit)를 규명한다. 분석의 결과로 나온 의미단위는 참여자의 말 그대로 규정한다. 컴퓨터 프로그램의 활용은 이러한 과정을 보다 일목요연하게 정리하고, 이후 반복된 점검에 유효하다.

셋째, 나누어진 의미단위를 조합하여 주제화시킨 후, 주제 안에

보통 사람처럼 살기, 엄마로 살기

담긴 의미단위들을 연구자의 자유로운 상상적 변형을 통해 '중심 의미를 학문적 용어'로 변경시킨다. 일단 의미단위의 윤곽을 잡으면 연구자가 참여자의 경험을 나타내는 요소가 될 수 있는 주제를 규명하고, 그 주제를 구체화하기 위해 중심의미(focal meaning)를 연구자의 언어로 표현한다. 이때 의미단위들을 반성과정과 상상력을 통하여 자유변형법을 활용하고, 이를 통해 가장 학문적인 표현으로 전환하고자 노력한다. 이렇게 학문적 표현으로 전환시키는 과정을 통해 일반적 범주에 도달하게 된다. 가능한 학문적 표현으로 전환하되 이미 확립되고 합의된 학문적 표현이 존재하지 않는 경우 현상학적 관점에 의해 개발된 상식의 언어를 사용하도록 한다.

넷째, '도출된 중심의미를 구조적으로 통합'한다. 이는 참여자의 '경험에 대한 구조를 도출'하기 위한 것이다. 연구자는 도출된 상황적 구조를 참여자의 경험을 고려하여 일관성 있는 진술로 통합해 낸다. 어떤 경우이든 분석의 마지막 단계는 연구자가 변형된 의미단위 속에 포함되어 있는 통찰력을 사건에 대한 학문적 구조의 일관성 있는 기술문으로 만들고 통합해 내는 단계이다. 이의 과정에서 다른 연구자와의 토의를 통해 보다 타당한 구조를 만들어 가는 노력이 요구된다. 이러한 구조는 크게 두 가지로 나뉜다. 우선 중심의미를 통합하여 각 참여자의 관점에서 파악된 살아 있는 경험의 의미인 상황적 구조적 기술(situated structural description)을 체계화한다. 경험적 사례 각각을 위한 상황적 또는 개별적인 구조를 기술하는 것이다.

다음으로 상황적 구조적 기술문을 통합하여 전체 참여자의 관점에서 파악된 살아 있는 경험의 의미인 일반적 구조적 기술(general structural description)을 만든다. 특정한 사례 전반에 걸쳐 근본적으로 변하지 않았던 특징을 간직함으로써 각각의 특별한 경우의 근본적인 일반성을 명확하게 규정한다. 이를 통해 개별적인 것에서부터 일반적인 것으로 나아가는 것이다. 이러한 과정은 현상의 본질 또는 모든 변형의 본질적인 주제를 드러내는 것이다. 이러한 변형들의 변하지 않는 주제로 가는 방법은 각각의 변형의 본질을 대조 확인하는 것이다.

 **연구설계**

1. 표집방법 및 연구 참여자 선정

현상학 연구에서 연구 참여자는 연구되는 현상을 경험한 개인들이다(Creswell, 1998). 또한 자신들의 의식적인 경험들을 명확하게 표현할 수 있어야 한다. 따라서 연구의 질을 담보하는 데 유용한 기준을 만족시키는 사례들을 포함하는 '기준 표집'(criterion sampling)이 적절하다(Creswell, 1998). 본 연구에서는 다음과 같은 기준에 따라 참여자를 표집하였다.

첫째, 정신보건센터, 사회복귀시설 등을 이용하고 있는 여성정신장애인이며, 10년 이상의 유병기간과 정신분열증, 분열정동형 장애의 진단에 해당하는 만성 정신장애인을 선정하였다. 이는 만성 정신장애인이 지역사회정신보건사업의 서비스 주 대상으로 지역사회

보통 사람처럼 살기, 엄마로 살기

내에서 생활하기 위한 집중적인 치료 및 재활서비스가 요구되기 때문이다(양옥경, 1996). 더욱이 최근의 정신약물치료의 발달로 이들 환자의 정신증적 증상이 지속적인 약물관리를 통해 호전되고 개선되어 감에 따라 지역사회 내에서 일정 정도 사회적 기능을 회복하고 유지하게 되었고, 다양한 형태의 정신사회재활서비스에의 요구가 증가하고 있기 때문이다.

둘째, 현재 자녀와 함께 거주하면서 자녀를 키우고 있는 여성정신장애인으로 입원하지 않은 상태에서 1년 이상 지역에서 거주하고 있는 사례를 선정하였다. 지역 거주기간을 제한한 이유는 자녀양육이라는 과업이 자녀와의 긴밀한 접촉과 생활공간의 공유를 통해 보다 분명하게 드러날 수 있는 경험이기 때문이다.

셋째, 자녀의 수는 크게 제한을 두지 않았으나 자녀의 연령은 적어도 7세 이상 16세 미만(유치원 과정부터 중학생 아동)이고, 자녀와의 동거 기간이 최소 3년 이상 함께 거주하며 보호, 양육한 경험이 있는 경우로 제한하였다. 자녀의 연령을 학령전기에 해당하는 7세 이상으로 제한한 이유는 학령전기 이전의 영유아기 시기의 아동의 경우 아동 양육에 있어 부모의 보호 부담과 양육 스트레스가 높아 모성경험에 있어 편향된 측면이 제기될 가능성이 높기 때문이다. 따라서 이전의 가정 내에서 이루어지던 부모 중심의 보호와 부담이 일단락되고, 자녀의 생활이 가정에서 유치원, 학교 등으로 확대됨으로써 복잡한 사회적 영향에 노출되는 시기에 새로운 부모의 과업이 발생하고, 사회적 서비스, 교육기관과 연계 맺기 시작한 시점부터 고려하고자 한다. 이 시기 이후의 모성경험은 사회적 접촉을 통해 보다 객관화된 인식을 가능하게 할 것이다. 또한 모성경험을 일시적, 단기의 경험으로 보기보다 과정을 통하여 축적되고, 상황적 맥락과 상호 작용하는 과정을 통해 변화해 가는 경험으로 보는 관점에(노영주, 1998) 따라 아동과 분리되지 않고 함께 생활한 기간이 3년 이상 충족되도록 하였다. 또한 자녀가 고등학교에 진학한 이후의 시기는 어느 정도 신체적, 심리적인 독립이 진행되면서 새로운 생애사적 과업이 요구되는 시기이므로 아동의 연령을 16세 미만으로 제한하였다.

넷째, 현상을 경험한 개인이면서 동시에 연구에 대한 자발적 동의를 얻은 참여자를 대상으로 하였다. 이는 참여자와의 집중적이고 반복된 면접을 수행해야 하는 현상학 연구의 특징 때문에 자발적 동의와 참여가 요구되기 때문이다. 또한 정신장애의 특성상 대인관계 및 의사소통의 어려움이 많은 경우 경험에 대한 깊이 있는 탐색이 어려울 것으로 생각되어 각 기관 사례담당자의 사전 선별을 통하여 기본적인 의사소통과 대인관계상의 어려움이 없는 참여자로 선정하였다.

질적 연구에서 표본추출은 적절성과 충분함이라는 두 가지 원리가 필요하다. 적절성은 연구에서 이론적인 필수조건에 따라서 연구에 대한 가장 좋은 정보를 제공해 줄 수 있는 참여자를 알아내고 선택하는 것이고, 충분함이란 연구 현상들에 대한 충분하고 풍부한 설명을 하기 위해서 자료가 포화상태에 도달하도록 수집하여야 한다는 것이다(Morse & Fields, 1997).

이를 위해 심층면접을 통해 참여자로부터 더 이상 새로운 자료가 나오지 않을 때까지 면접을 진행하였으며, 참여자에 따라 최소 3회에서 최대 5회까지 면접이 진행되었다. 연구에 참여한 대상자는 총 10명이었으나, 연구기간 동안 증상의 악화로 충분한 정도의 자료 수집이 어려운 참여자 2명은 제외되었다. 또한 2명의 참여자는 3회 이상의 면접을 진행하였으나, 정신분열증적 기준 이외에 불안장애와 기분장애 등의 진단 기준이 복합적으로 적용되어 제외하였다. 따라서 6명의 참여자만을 분석의 대상으로 하였다.

2. 연구 참여자의 특성

참여자들은 모두 대전지역에 거주하면서 지역사회정신보건기관, 즉 정신보건센터 및 사회복귀시설을 이용하는 여성정신장애인이었다. 모두 30대에서 40대 여성으로 정신분열증 및 분열정동형의 진단을 받은 여성들로 결혼 전에 발병하였다. 결혼 당시 정신과적 증상에 대해 배우자에게 알리지 않았거나, 실제보다 가벼운 우울증이나, 신경증 등으로 설명하였고, 배우자가 임의로 문제를 축소하여 해석하기도 하였다. 자녀의 연령은 7세에서 15세 사이였고, 특별한 신체적, 심리적 장애는 없으나 〈참여자 E〉의 경우 자녀가 중1 때 학업을 중단하고 집에서 검정고시를 준비하여 고등학교 입학 자격을 획득하였다. 대부분의 참여자는 자녀가 하나였으며, 〈참여자 F〉만 연년생으로 두 명의 자녀가 있었다. 모든 참여자가 결혼 생활을 유지하고 있었으며, 대부분 이혼 경험이 없고, 초혼이었으나 〈참여자 D〉는 현재의 남편과 이혼 후 다시 결합하였다. 남편의 직업은 대부분 일용직 건축업 또는 서비스업 등으로 경제적으로 어려운 편이었으며, 기초수급권 대상이거나 의료보호 혜택을 받고 있었다. 거의 모든 참여자들은 전업주부였으며, 〈참여자 D〉는 남편의 일을 시간제 형태로 돕고 있었다.

각 참여자들의 특성을 개별화하여 제시하면 다음과 같다.[4]

참여자 A 씨

45세의 여성으로 유치원에 다니는 아들(7세), 남편과 함께 살고 있다. 분열정동형 장애로 진단을 받았으며, 대학 재학 시절 대인관계 및 학교 적응의 어려움으로 발병하였다. 약물관리를 꾸준히 하면서 대학을 졸업하였고, 2년여 기간 동안 공무원으로 재직하였다. 증상의 악화로 퇴직 후 35세경 주변인의 소개로 남편을 만났으며, 우울증으로 약을 먹고 있다고 밝히고 결혼하였다. 그러나 남편의 경우 여성들이 일반적으로 나타내는 정도의 우울감을 가진 것으로 생각하여 질환에 대해 심각하게 보지 않았고, A씨의 증상과 감정 변화 등에 대해 잘 이해하지 못하는 편이다. 결혼 당시 자녀 출산에 대해 기대하지 않았으나, 뜻밖에 임신이 되어 놀랍기도 하고, 기쁘기도 하였다. 그러나 출산을 통해 마치 '죽음에 이를 것 같은' 두려움을 느꼈고, 산후우울증을 심각하게 겪었다. 이후 자녀가 성장함에 따라 이전의 두려움과 걱정이 해소되었고, 아이를 축복으로 받아들이고 있다.

---

4) 참여자의 개인정보와 익명성 보장을 위해 주요 인적사항을 수정하였다.

보통 사람처럼 살기, 엄마로 살기

참여자 B 씨

40세 여성으로 사범대학을 졸업하였으나 대학 재학 시절 정신분열병이 발병하였다. 졸업 후에 직장생활을 한 달 이상 유지하지 못하였고, 가까운 친척의 소개로 남편을 만났다. 처음 남편을 만났을 때는 약물복용을 하지 않은 상태로 증상관리도 안 되고, 결혼에 대한 동기 자체도 별로 없어 헤어졌다가 다시 만나 30세에 결혼하였다. 결혼 당시 약물복용을 통해 증상이 호전된 상태였으며, 남편은 B씨의 질환에 대해 모르는 채로 결혼하였다. 때문에 이후 증상이 재발하였을 때 부인의 달라진 모습에 충격을 받고, 배신감을 느껴 이혼을 결심하기도 하였다. 그러나 시댁에서 '아이 때문에라도' 이혼을 반대하여 결혼생활을 유지하였다. 결혼 후 남편의 지나친 성적 요구에 부담을 느꼈으며, 임신에 대한 두려움이 있었으나 피임은 하지 못하였고, 임신이 되자 성관계에 대한 결과로 어쩔 수 없는 것으로 받아들였다. 그러나 임신은 남편의 지나친 성요구에 대해 거부할 수 있는 명분이 되기도 하여, 임신에 대해 기쁨과 함께 부담을 느끼는 양가적 감정을 경험했다. 그러나 아이를 낳음으로써 '자신이 방황하지 않고, 남편과 헤어지지 않을 수 있었다.'고 생각한다. 현재 11세(초등 4년) 여아를 양육하고 있다.

참여자 C 씨

35세 여성으로 9세(초등 2년)의 딸을 키우고 있다. 중학교를 졸업하고 집에서 집안일을 돌보다 전자부품 공장에서 일을 하였다. 이때 허리를 다친 후부터 신체적으로 쇠약해지고, 정신적으로도 힘들어졌다고 하며, 성적인 환상, 욕구가 많은 편이었고, 결혼을 하지 못해서 정신분열병이 발병한 것으로 생각하고 있다. 결혼에 대한 강박적 집착과 성적 망상이 심해서 정신요양시설에 3년간 강제로 입원했다. 남편과 결혼하는 조건으로 퇴원하였으며, 25세경 결혼하고 바로 자녀를 출산하였다. 남편은 다리를 절고, 부모가 없는 고아로 두 번 만나고 바로 동거를 시작하였고, 술을 많이 마시고, 소심하며 고집이 세다. 현재 건설일용직으로 수입이 불안정하고 술과 노름 등의 문제로 C씨와 자주 다투는 편이다.

참여자 D 씨

49세 정신분열병 여성으로 15세(중3)의 아들을 키우고 있다. 여상을 졸업하고 종교적인 이유로 발병하여 수십 차례 입·퇴원을 반복했다. 질환이 회복되었다고 생각되어 약물치료를 중단한 동안 남편을 만났고, 서울에 직장이 있다는 이유만으로 결혼하였다. 결혼 후 아들을 출산하고 바로 재발하여 병원에 입원하였고, 그 후 잦은 재발로 오랫동안 가족과 떨어져 있었다. 피해망상, 종교망상으로 남편에게 이혼을 요구하여 아이가 7세 무렵 이혼하였고, 아이는 D씨가 맡아 키웠으나 다시 재발하여 병원에 입원하게 되자 남편이 아이에 대한 책임감으로 다시 결합하고자 하여 재혼하였다. 남편은 종교적 신념으로 결혼에 대한 의무를 다하고자 하는 책임감이 강하고, D씨가 입원해 있는 동안 아이 양육을 전담하였다. 3년 전 정신요양시설에서 퇴원한 후 현재까지 안정적으로 생활을 유지하고 있다. 장사를 하던 남편이 장사가 잘 안되자 세차 일을 하고 있으며,

보통 사람처럼 살기, 엄마로 살기

D씨가 하루 2, 3시간씩 남편 일을 돕고 있다.

참여자 E 씨

43세 정신분열병 여성으로 15세(중1 중퇴) 남아를 양육하고 있다. 전문대 재학 시절 발병하였고, 대학 시절 수련회에서 만난 남편과 결혼하였다. 당시 남편은 E씨보다 14살이 많은 나이였고, 시력이 점차 저하되는 상태에 있었다. E씨 역시 정신질환을 갖고 있었고, 스스로 자신이 헌신해서 도와주고 싶다는 마음에 적극적으로 나서서 결혼을 하였다. 남편은 시력을 상실하기 전까지 E씨와 함께 슈퍼마켓을 운영하며 비교적 여유 있게 생활하였고, 아들이 태어난 후 시력을 완전히 상실하자 안마시술소를 운영하고 있다. 어머니의 정신질환과 아버지의 장애로 학교 친구들 사이에서 따돌림을 당하던 아들이 출석일수 미달로 중1 때 학교를 그만두고 1년 동안 검정고시를 준비하여 고입 자격시험을 획득하였다.

참여자 F 씨

39세 정신분열병 여성으로 고등학교 졸업 후 부모의 소개로 만나 결혼하였고, 결혼 전부터 직장에서 이상한 소리를 하고, 다른 사람들에게 자꾸 물건을 갖다 주는 행동으로 정신과 치료를 받았다. 결혼할 때 남편에게 신경과 약을 먹는다고 하였으나 남편이 특별히 심각하게 생각하지 않고 결혼하였다. 결혼 후 실제 증상이 심각하다는 것을 알게 된 남편이 폭언과 폭행을 일삼았으나 자녀 둘이 초등학교에 입학할 무렵부터는 남편의 폭력이 많이 줄어들었

다고 하였다. 초등학교 5학년(12세)인 남아와 6학년(13세)인 여아를
키우고 있다.

3. 자료 수집

본 연구에서는 자료 수집 방법으로 심층면접법을 사용하였다. 면
접법은 질적 연구에서 가장 많이 이용되는 자료 수집 형태의 하나
이며 보고자 하는 중심 현상에 대한 분명한 목표를 가진 대화이다.
또한 경험자의 관점에서 그들의 세계를 이해하는 방법으로 자료를
수량의 형태가 아닌 진술문(statement) 형태로 전달한다(Padgett, 1998;
유태균 역, 2001).

현상학적 연구에서 자료 수집을 통해 가장 먼저 할 일은 정확한
기술이고, 상황 그 자체가 기술되어야 한다. 왜냐하면 인간의 의식
은 바로 이러한 경험의 기술을 통해서 드러나기 때문이다. Merleau-
Ponty는 '의미는 경험 속에 분석되지 않은 채로 살아 있고, 세상이
우리에게 어떻게 보이는가를 이해하기 위해서 가장 중요한 것이
언어'라고 보았다(이은미, 2006). 따라서 면접을 통해 연구 참여자
들의 언어와 개별 참여자들이 부여하는 경험의 의미와 인식을 파
악할 수 있다. 또한 보다 정확한 기술이 이루어지기 위해서 참여
자와 신뢰 관계를 구축하고 심층면접을 통하여 철저한 자료 수집
이 요구된다(신경림 외, 2004).

이에 더하여 면접 시 관찰, 면접 외 만남에서의 관찰, 참여자들
과 관련된 기록이나 문서를 살펴보았다. 참여자들이 면접 과정 동

보통 사람처럼 살기, 엄마로 살기

안 연구자에게 보낸 편지와 참여자들이 직접 작성한 일기, 수필 등을 검토하였고, 이는 연구주제와 관련된 분석에 있어 전체 맥락을 이해하고, 통합적 관점을 가질 수 있도록 활용되었다.

면접의 과정은 일종의 여행과 같은 것이다. 다만 이 여행은 연구자가 사전에 지도에 표시된 표적만을 따라가는 것이 아니라 참여자의 이동에 따라 자신의 지도를 그려 가는 여정이다(Blanchet & Gotman, 2006). 따라서 면접에 있어 구조화된 질문지를 사용하기보다 경험의 기본 구조를 밝힐 수 있는 방향만을 제시하는 비구조화된 면접방법을 선택하였다. 이러한 방법은 어떠한 선이해나 선가정을 가지지 않고자 하는 현상학적 태도에 적합한 것이다.

그러나 연구목적인 모성경험에 대한 지향을 잃지 않는 것이 중요하므로 연구주제를 드러낼 수 있는 면접지침을 만들어 가능한 한 면접 과정 중에 그 내용이 드러나도록 하였다. 이러한 면접지침안은 초기에 연구 참여자의 모성경험과 의미를 묻는 단순한 형태로 시작되었으나 점차 면접이 진행되어 참여자들의 의미와 경험들 가운데 되풀이되는 경험들이 나타나면서 모성 일반과 임신, 출산 경험, 양육경험, 정체성 인식 등의 주제에 따라 보다 구체화되었다. 따라서 본 연구의 면접은 비구조화된 면접으로 시작되었으나 점차 반복적으로 나타나는 중심 주제별로 초점화되어 반구조화 형태로 전환되었다(부록 1 참고).

면접은 연구 참여자를 선정하고 연구 참여 동의서(부록 2 참고)에 서명을 받은 후 사례별로 3~5회 시행되었다. 정신장애인에게 있어 면접의 진행은 신뢰관계 없이 진행되기 어려우므로 첫 번째 면접은 일차적인 신뢰형성에 중점을 두었다. 가능하면 참여자의 이야기를 듣고, 편안한 면접 환경을 조성하고자 하였으며, 연구에 대한 참여 동기를 격려하고 저항을 해소할 수 있도록 노력하였다. 또한 기본적인 인적 사항과 결혼, 양육 등에 대한 구체적인 정보를 수집하였다. 두 번째 면접에서 어머니가 되는 시기에서부터 자녀의 성장과 함께 역할을 수행해 온 경험들을 주로 시간적 맥락하에 질문하고, 각 경험에 대한 참여자의 생각과 감정, 행동의 결과 등을 질문하였다. 세 번째 면접은 이전까지의 면접 과정에서 참여자마다 특별히 의미를 두는 주제에 대해 더욱 초점화하여 질문하고, 경험에 대해 함께 공유하면서 드러난 주제에 대해 다시 점검해 보도록 하였다. 이어 사례에 따라 추가로 진행된 네 번째, 다섯 번째 면접은 이후 분석과정을 통해 확인이 필요하거나, 추가적인 설명을 듣고 보다 분명한 의미를 파악하기 위해 진행되었다.

면접장소는 주로 연구 참여자의 편의를 고려하여 그들이 이용하는 기관이나 자택에서 진행하였으며, 참여자가 동의하는 시간에 시행되었다. 면접시간은 1시간 30분에서 2시간 정도 소요되었다.

4. 자료의 분석과정

경험하는 주체에게 드러난 그대로 현상을 포착하는 것이 현상학적 연구의 핵심이다(Giorgi, 2003). 따라서 현상학적 분석의 관건은 드러난 그대로의 현상을 매개하는 언어나 자료를 가지고 경험의 의미를 보존한 채 본질을 파악해 내는 것이다. 이때 현상은 설명되는 것이 아니라 직관되는 것이다. 실재하는 것은 바로 그 주체에게 주어진 세계이자 현상이며, 주체가 그것에 관해 반성하거나 추론하고, 이론화하거나 말하기 전에 직접적으로 스스로 드러나는 것이다. Merleau－Ponty는 "실재하는 것은 설명되거나 형성되는 것이 아니라 기술되어야만 한다"고 말한다. 그것은 우리의 판단을 기다리지 않는다(Crotty, 2001). 따라서 자료의 분석과정은 이러한 경험의 실재를 '바로 그것'으로 기술하여 그것 없이는 그 현상일 수 없는 본질적 측면이나 성질을 드러낼 수 있는 핵심 단계이다.

본 연구에서는 앞서 밝힌 Giorgi의 기술적 현상학 방법(Discriptive Phenomenological Method)에 따른 자료 분석 절차를 따랐다.

우선 연구자는 Giorgi의 분석단계에 따라 녹음한 자료를 3번 이상 반복해서 들으면서 면접 내용을 전사(transcription)하였으며, 전사된 진술문을 2～3차례 반복하여 읽으면서 전체적인 윤곽을 잡고자 하였다. 이 단계에서 연구자는 참여자의 입장에서 감정이입을 시도하면서 참여자가 표현하고자 한 경험의 의미를 그대로 파악하기 위하여 연구자 자신의 편견과 지식을 배제하고자 노력하였다.

다음 단계로 여성정신장애인의 모성경험을 밝히기 위한 연구자의 관점에서 의미 전환이 이루어진 부분을 의미 단위로 파악하여 구분하였다. 의미단위를 구분하기 위한 과정으로 참여자가 진술한 내용을 다시 읽으면서 연구자의 학문적 관점으로 의미의 변경이 있는 곳에 밑줄을 그어 표시하였다(부록 3 참고).

다음으로 이러한 의미단위를 사례별로 정리한 후 6명의 전체 연구 참여자로부터 나온 의미단위를 서로 비교해 가면서 비교적 겹치는 내용의 의미단위나 지나치게 개별적인 상황에 근거한 의미단위를 제외하고 총 448개의 의미단위를 정리하였다. 이 과정에서 연구자는 여전히 현상학적 환원의 태도를 유지하되 사회복지학적 관점을 통해 의미단위 간 관련성을 찾아내고, 비교하며 동일한 의미를 나타내는 것끼리 모으고 요약하는 과정에서 학문적 용어로 전환하였다(부록 4 참고). 이때 기술된 내용에 대하여 이미 확립되고 확인된 학문적 용어가 존재하지 않을 경우에는 현상학적 관점에 의해 상식의 언어 혹은 참여자의 진술을 그대로 인용하여 전환하였다. 전체 참여자로부터 나온 의미단위 중에서 동일한 의미를 나타내는 것을 묶어서 분류하는 과정을 반복하면서 총 89개의 의미 요약을 도출하였다.

이어 연구자는 구성된 범주의 의미들을 원자료에 근거하여 참여자 간에 다시 비교하는 순환적 분석과정을 거치면서 의미요약을 포함하는 보다 상위의 개념인 26개의 하위 구성요소를 밝혀냈다. 이러한 하위 구성요소는 6명의 연구 참여자에게 공통적으로 해당하는 경험의 본질로 판단할 수 있다. 이를 근거로 연구자는 마지막 단계로 총 8개의 구성요소를 재편성하고 이를 참여자의 모성경험을 적절하게 표현해 줄 수 있는 맥락하에 재배열하였다. 이러한 구성요소 간의 관련성을 찾고 재배열하는 과정에서 나타나는 경험의 공통적 구조를 '본질'로 간주하였고, 본질을 파악하는 데 있어 '자유로운 상상적 변형'을 활용하였다. 이러한 구성요소의 전체 도출과정은 〈부록 5〉를 통해 제시하였다.

도출된 구성요소를 통해 연구자는 6명의 연구 참여자의 경험을 통해 드러나는 변하지 않는 본질이 무엇인지, 또한 보다 일반화된 차원에서 공통적으로 드러나는 본질이 무엇인지를 살펴보았다. 우선 도출된 구성요소별로 각 참여자의 구체적인 경험적 진술을 사례별 비교를 통해 서술하였다. 이는 Giorgi의 분석 특성 중 하나로 상황적 맥락하에서 개별 참여자의 경험을 보다 구체적으로 드러낼 수 있는 구조를 형성한다. 다음으로 각 참여 대상자들을 통합하는 공통적 경험을 보다 추상화된 수준에서 설명할 수 있는 일반적 구조를 제시하였다.

또한 이러한 분석과정을 돕기 위해 ATLAS. ti(Version 5.0)라는 질적 자료 분석 소프트웨어를 사용하였다. 질적 자료 분석 프로그램은 범주화 및 조직화가 쉽지 않은 비수량적 데이터 분석을 위해 개발된 시스템으로, 자료와 코드 체계 및 분류 기능을 갖추고 있다. 특히 ATLAS. ti 프로그램은 Muhr(2004)에 의해 개발된 것으로 텍스트, 그래픽, 오디오, 비디오 등으로 작성된 방대한 자료 분석에 유용한 프로그램이다(이은미, 2006). 또한 한글호환 기능이 있어 원문 활용이 가능하므로 인터뷰 내용의 필사본을 ATLAS. ti 자료로 전환하여 각 연구 참여자의 의미 단위에 기초하여 인터뷰 자료를 코드화하고, 사고 단위 간 관련성을 보는 작업을 지속적으로 반복함으로써 전체 자료를 구조화해 갈 수 있다. 이러한 프로그램의 사용으로 연구자는 원자료의 의미코드와 구성요소를 다양한 측면에서 연결하고, 새롭게 범주화하는 것이 용이하였다. 또한 자료 분석과정에 연구자의 메모를 본문 내용에 덧붙이고, 자료 간 관계를 여러 차례 살펴보는 과정을 통해 연구자 자신의 통찰과 민감성을 높여 나갈 수 있었다. 무엇보다 질적 연구의 분석과정에서 자료의 정리와 분류, 저장에 있어 수작업에 비해 편리하고 안전하며 이러한 작업을 진행하면서 불필요하게 소모되는 시간을 절약할 수 있다는 것이 이러한 컴퓨터 프로그램 사용의 가장 큰 장점이다.

5. 연구자의 선이해 및 윤리적 고려

질적 연구에서 연구자는 연구도구로서의 역할을 한다(Padgett, 1998; 유태균 역, 2001). 그만큼 질적 연구에서 연구자의 역할은 중요하다. 따라서 연구자 개인의 자질과 기술은 연구의 성패를 가르는 중요한 요인이 된다. 연구자에게 요구되는 다양한 자질과 기술의 항목이 있으나, 특히 현상학적 연구에 있어 연구자의 선이해나 편견이 반드시 점검되어야 한다. Agar(1980: 유태균 역, 2001)는 '편견을 가지고 있는지 여부가 중요한 것이 아니라 어떤 편견이 존재하며, 그러한 편견이 어떻게 작용하는지를 어떻게 보여 줄 수 있는가?'가 문제가 된다고 했다. 현상학 연구에서는 연구되는 주제에 관해 연구자가 어떠한 특정 믿음이나 가설, 태도를 가지고 있는지 자기가 가진 전제나 가정을 점검해 볼 것을 요구한다. 따라서 연구자 자신의 경험을 괄호 치기(breaking, 판단중지) 하고 경험의 그림을 획득하기 위해 통찰, 상상, 보편적 구조에 의존하라고 말한다(Creswell, 1998). 연구자가 정보제공자의 목소리를 통해 현상을 이해하려면 연구자 자신의 현상에 대해 인식된 생각을 괄호 치기 해야 하는 것이다.

이처럼 현상학 방법의 기본 철학은 현상학적 환원의 태도를 가정한다는 것이다. 그 첫 번째가 대상 및 사물에 대해 이미 세속적으로 습득된 연구자의 인식에 대한 판단을 중지시키기 위해 '괄호 치기'를 하는 것이다. 연구자는 분석 과정에서 이전의 경험이 발휘되어 연구 현상의 본질을 파악하는 데 장애가 되지 않도록 주의하였다. 이를 위해 연구자는 연구 과정 동안 사고와 감정을 끊임없이 반성적으로 고찰하는 메모(reflection note)를 지속적으로 기록하였다. 메모를 통해 드러난 논점들을 반복적으로 객관화함으로써 선행 경험과의 괄호 치기를 시도하였다.

두 번째는 '실존적 가정을 유지하는 것'이다. 이는 연구자에 의해 경험된 대상으로 판단하는 것이 아니라 연구자 앞에 실제로 존재하는 유일한 어떠한 대상으로, 즉 엄격한 의미에서 하나의 현상으로 받아들이라는 것이다(Giorgi, 1997). 생활세계 속에서 만났던 여성정신장애인을 본 연구자와의 관계에 의해 판단하지 말고, 그들 스스로 존재하는 방식을 하나의 현상으로 꿰뚫어 직관하고자 하였다.

본 연구자는 지역정신보건센터에서 다양한 정신장애인의 삶의 과정을 지켜보았고, 정신장애인의 사회통합을 위하여 개별화된 욕구에 적합한 포괄적 서비스 체계로서의 사례관리 서비스 접근에 많은 관심을 가졌다. 특히 다양한 증상과 기능 수준을 보이는 정신장애인의 재활 목표 수립에 있어 여성정신장애인의 개별화된 욕구와 개입이 필요하다는 인식을 갖고 있다.

이러한 맥락에서 본 연구자의 선이해를 살펴보면 첫째, 연구자 자신이 모성경험에 대한 가치와 의미를 높게 생각하며, 양육활동을 통해 모성을 경험한 여성정신장애인은 그렇지 않은 여성에 비해 보다 긍정적 삶의 경험을 갖고 있다는 것이다. 또한 양육을 통한 모성, 어머니 역할은 여성정신장애인의 심리사회적 기능을 촉진시키고, 자기 성장의 기회를 통해 사회활동을 활발하게 이끌고, 심리정서적 재활, 나아가 사회통합의 목적을 실현하는 데 긍정적일 것이라는 생각을 가지고 있다. 그러나 동시에 정신질환의 증상이 심할 경우, 사회적 기능이 약화된 경우 모성경험에 있어 자녀에게 위험하고 부정적인 영향을 미칠 수 있을 것을 가정하고 있다. 따라서 증상의 정도와 기능의 정도에 따라 모성경험의 긍정적, 부정적 의미에 영향을 미칠 것으로 본다.

둘째, 연구자는 여성정신장애인의 정신장애와 함께 여성이라는 젠더 요소가 모성경험에 영향을 미칠 것이라고 가정하였다. 이는 연구자 자신의 여성주의적 관점이 영향을 미친 것으로 정신장애인이자 여성이라는 특성 때문에 남성정신장애인이나 일반 여성과는 독특하게 구별되는 특성이 있을 것이고, 특히 여성정신장애인은 여성으로서의 경험적 불평등이나 차별에 의해 다중의 부담을 경험하고 있을 것이라는 가정을 가지고 있다. 그러나 연구자는 사회 안의 성별분업이나 성차별 의식에 비판적 인식을 가지고 있고, 가사 분담과 부부가 함께 참여하는 양육의 가치를 높게 보고 있는 반면, 실제적인 연구 참여자들의 인식은 보다 보수적일 것으로 본다. 이는 그동안 지역사회 현장에서 만났던 여성정신장애인의 모습을 통해 형성된 것으로 대부분의 여성정신장애인은 결혼과 임신, 아동양육 등에 있어 사회에서 요구하는 여성상에 맞추어 생활하는 것을 경험적으로 보아 왔기 때문이다.

셋째, 연구자 자신이 사회문화적 측면의 상호연관을 중시하는 가치를 가지고 있는 만큼 여성 개개인의 심리정서적 개별화에 있어 쉽게 사회구조적 영향에 기인하는 것이라는 가정을 가지고 있다.

연구과정에서 이러한 연구자의 선이해는 지속적으로 점검되었고, 연구자 스스로 끊임없는 반성과 성찰을 통해 참여자의 세계를 있는 그대로 이해하고자 하였다.

한편 질적 연구에 있어서 대상자들의 경험적 진술을 통해 대상

보통 사람처럼 살기, 엄마로 살기

자의 일상생활이 매우 총체적이고 자세하게 기술되기 때문에 대상자에 대한 윤리적 고려가 매우 중요하다. 따라서 연구를 진행하기에 앞서 연구 참여자의 윤리적 측면을 보호하기 위해 먼저 연구에 대한 정보들을 제공한 후 연구 참여자에 대한 동의를 얻어야 한다(Padgett, 1998; 유태균 역, 2001).

이에 연구자는 연구 참여자와 면접을 시작하기 전에 연구의 목적과 연구 전 과정을 설명한 뒤 자발적으로 연구 참여에 동의한 경우에만 연구 참여자로 선정하였다. 연구방법의 특성상 연구 기간 내내 지속적으로 자료 수집이 이루어질 것임을 설명하였고, 자료 수집이 종료될 때까지 연구에 참여해 주기를 권하였다. 그러나 어느 때라도 연구 참여자가 원하는 경우 연구 참여를 철회할 수 있음을 설명하였다. 또한 사생활 보호와 비밀유지를 위해 연구 과정에 있어 면접 내용과 텍스트상에서 참여자의 이름과 자녀의 이름은 익명으로 제시하였으며, 기타 정보에 대해서도 익명이 보장될 수 있도록 수정하였다. 그 밖에 면접 내용의 녹음 등에 대해 사전 동의를 구하고, 이에 대한 자료 보관 및 폐기에 대해서도 설명한 후 모두 동의가 된 후에 자료 수집을 시작하였다.

또한 면접 과정에서 연구 참여자들이 제시하는 다양한 주제 가운데, 아동과의 분리로 인한 상실, 발병요인과 관련된 사건, 가족 관계의 어려움, 남편과의 성적 갈등 등 감정적으로 매우 민감한 주제들이 다루어지는 경우 보다 세심한 주의를 기울이고자 하였다. 특히 자료 수집을 위한 연구과정상의 목표뿐 아니라 참여자의 심리정서적 디스트레스가 심하거나, 참여자가 요구하는 정보가 있을 경우 참여자의 동의를 얻은 후 담당 사례 관리자와 연계하여 필요한 서비스가 제공될 수 있도록 도움을 제공하였다.

6. 연구평가기준 - 질적 연구의 엄격성

Padgett(1998)은 질적 연구가 지식을 창출해 낼 수 있는 유용한 수단임을 입증해 내고, 다양한 연구자들이 질적 연구를 보다 적극적으로 활용할 수 있기 위해 연구의 엄격성을 추구하는 노력은 반드시 필요하다고(유태균, 2001 재인용) 강조하였다. 특히 사회복지 분야의 연구에서 연구결과의 궁극적 가치는 그 연구결과가 정책과 실천에 얼마나 기여할 수 있는지에 의해서 평가된다. 따라서 사회복지연구에서 엄격성이란 연구자가 지켜야 할 일종의 윤리적 책임이라고 할 수 있다(Myers & Thyer, 1997; Padgett, 1998 재인용).

이와 같이 질적 연구에 있어 엄격성의 확보는 매우 중요하다. 다만, 질적 연구가 철학적 배경이나 연구방법, 연구목적 등에 있어서 양적 연구와 다르기 때문에 연구를 평가하는 기준에 있어 양적 연구와는 구별되어야 한다. 이러한 질적 연구의 평가기준은 학자들마다 관점에 따라 다소 차이가 있으나 본 연구에서는 Lincoln과 Guba(1985)가 제시한 사실적 가치(true value), 적용가능성(applicability), 일관성(consistency), 중립성(neutrality) 등의 네 가지 평가기준을 적용하였다(이현주, 2005; 김현경, 2007).

첫째, 사실적 가치(true value)는 양적 연구의 내적 타당도인 신뢰성(credibility)이라 할 수 있다. 이는 연구의 발견이 얼마나 실재를 정확히 측정하였는가, 얼마나 실제를 반영하였는가를 의미한다. 즉,

현상을 얼마나 생생하고 충실하게 서술하였는가를 말한다. 이는 참여자에 의하여 또는 독자들로 하여금 경험에 대한 서술과 해석이 얼마나 자신의 경험으로 믿을 수 있는가를 측정하는 것이다. 따라서 연구에 있어서 사실적 가치의 반영을 위해 연구자는 지역정신보건센터 실무자 및 관련 전문 인력들과 지속적으로 연구결과에 대해 논의하고 그 결과를 반영하였다. 또한 참여자가 진술한 의미 단위의 구조들을 질적 연구의 경험이 있는 연구자와 관련 주제의 연구 경험이 있는 연구자들의 검토를 받아 반영하였다.

둘째, 적용성(Applicability)은 적합성이라는 개념으로 양적 연구에서 외적 타당도에 해당한다. 외적 타당도는 연구결과를 또 다른 상황에 적용할 수 있는가를 고려하는 것이다. 즉 그 연구결과의 일반성, 대표성을 말한다. 질적 연구에서 참여자와 장기간의 관계를 가지고 심층면접을 하게 되므로 광대한 양의 분석을 하게 되고, 표본의 수는 적다. 따라서 양적 연구에서의 일반화 기준을 질적 연구의 적용성 기준으로 따를 수 없다. 중요한 것은 참여자가 실세계에 대한 경험을 충분히 잘 묘사할 수 있고 제시할 수 있는가이며 그러한 가능성이 있는 사람이면 적합한 연구 참여자가 될 수 있다. 또한 연구결과는 연구가 이루어진 상황 밖에서도 적합한지 그리고 독자들이 연구결과를 읽고 자신들의 고유한 경험에 비추어 보았을 때 의미 있고, 적용력 있는 것으로 판단할지 여부를 두고 평가한다. 연구의 적용성을 고려하여 연구자는 참여자가 자신의 경험을 풍부하게 전달할 수 있는지에 초점을 두었다. 따라서 초기 10명의 참여자로 시작하여 6명의 참여자로 압축하는 과정은 이러한 적용성을 염두에 두고 보다 자신의 경험을 구체적으로 풍부하게 표현할 수 있는 능력이 있는 참여자를 선정하는 과정이었다.

셋째, 일관성(consistency) 평가는 양적 연구에서의 신뢰도를 말한다. 그러나 질적 연구는 감각을 통해 검증할 수 있는 현실 속의 사람들의 경험과 환경의 독특성을 강조하므로 공통적인 반복이 아니라 경험의 다양성을 강조한다. 같은 방법을 활용한 연구자가 같은 결과를 얻을 수 있을 때 충족되며, 연구자의 자료, 견해, 주어진 상황에 대해 반대적인 결론을 내리지 않는 비교되는 결론을 내려도 이 기준이 충족된다고 하였다. 이는 연구자에 의해 사용된 '분명한 자취(decision trail)'를 다른 연구자가 그대로 따라 비슷한 결론에 도달할 수 있을 때 일관성을 평가할 수 있다. 본 연구에서는 연구자가 자료에서 발견된 주제와 범주에 대한 분석적 사고를 위해 지속적 비교방법을 통해 자료의 일관성을 유지하였다. 또한 본 연구에서는 연구의 일관성 측면을 높이기 위해 연구의 중심의미가 발췌되고 구조가 어느 정도 도출되었을 때 관련 경험이 있는 연구자들의 지속적 자문을 받았다.

넷째, 중립성(neutrality)은 양적 연구의 객관성을 의미하는 것으로 연구과정과 결과에 있어서 모든 편견으로부터 해방을 의미한다. 따라서 연구 참여자에 대한 연구자 자신의 가정과 선이해를 검토해 보는 것은 연구 실행 전에 실행해야 할 중요한 중립성의 실천이다.

한편 Padgett(1998, 유태균 역, 2001)은 질적 연구의 엄격성을 높이기 위한 전략을 소개하고 있다. 그중 연구자가 연구과정을 통해 활용한 전략은 다음과 같다.

첫째, 장기간에 걸친 관계형성(prolonged engagement)이다. 질적 연구의 대표적 특성 가운데 하나로 질적 연구를 다른 연구들과 구

보통 사람처럼 살기, 엄마로 살기

별하면서 독특한 탐구 방법이 되게 만드는 특성이 바로 현장에서 장기간에 걸쳐 이루어지는 연구자와 연구대상 간의 관계이다. 장기간에 걸친 관계형성은 연구대상의 반응성(reactivity)과 연구자의 편견(research bias)을 줄이는 데 도움을 줄 수 있다. 또한 연구대상들이 어떤 사실을 숨기거나 거짓말을 하는 것을 막는 데 도움이 된다. 그러나 연구대상과의 장기간에 걸친 관계 형성에 있어 연구자가 지나치게 몰입되어 객관적인 관찰과 해석을 위해 어느 정도 필요한 거리를 유지하지 못하거나 너무 익숙해져서 중요성에 대한 민감도가 떨어질 수 있다. 이러한 단점은 연구자의 선이해에 대한 괄호 치기를 통하여 극복하고자 노력하였다.

둘째, 다원화(triangulation) 전략이다. 다원화란 마치 인간이 두 개의 눈을 사용하여 사물을 보는 것처럼 연구자가 다양한 정보 출처를 활용할 때 보다 명확하고 심층적인 관찰이 가능한 것이다. 이는 자료의 해석을 위하여 다양한 이론과 관점을 활용하여 이론 다원화(theory triangulation)를 활용할 수 있고, 간주관적 동의(intersubjective agreement)를 얻기 위해 한 연구에서 한 명 이상의 관찰자가 관찰하는 관찰자 다원화(observer triangulation), 한 가지 이상의 자료 출처(면접, 문서자료, 관찰자료 등)를 활용하는 자료 다원화(data triangulation)를 통해 획득할 수 있다. 이를 위해 연구 참여자의 담당사례관리자와의 협조하에 기관 이용과 관련한 사례기록, 과정기록 등을 참고하여 다양한 자료 다원화를 획득하였고, 면접 내용에 대해 사례관리자와 토의함으로써 간주관적 동의를 얻고자 하였다.

셋째, 동료집단의 조언 및 지지를 적극 활용하였다. 질적 연구자

에게 동료지지집단(peer support group)은 '생명의 줄'(life line)이라
고 불릴 만큼 사회 정서적 지지를 제공하며, 연구의 전 과정에 있
어 자신의 정직성을 유지할 수 있도록 하는 감시, 평가기제로서의
역할을 담당한다. 따라서 동료지지집단의 효과적 활용을 통하여 새
롭고 신선한 통찰력을 얻을 수 있고, 연구에 필요한 전문적 지식
을 높일 수도 있다. 이를 위해 연구대상자의 담당사례관리자들을
연구지지 집단으로 결성하여 지속적인 피드백과 상호 평가를 통하
여 연구 전 과정에 대한 점검과 지지를 획득하였고, 현상학적 연
구방법론의 경험이 있고, 여성정신장애인 관련 연구경험이 있는 연
구자들을 통해 지속적인 조언과 지지, 자문을 구했다.

　넷째, 연구 참여자를 통한 재확인을 통해 연구결과의 타당도를
높였다. 자료 수집을 거쳐 자료 분석단계로 들어서게 되면 질적 연
구자는 종종 자신의 해석과 분석을 통해 드러나는 구성요소 간 관
련성 여부를 확인하기 위해 다시 연구 참여자에게 돌아가 재확인
하여 올바른 방향으로 가고 있는지를 점검한다. 이는 연구자가 스
스로 편견에 빠지지 않도록 하는 방법이며, 연구 참여자와 신뢰관
계를 지속시킬 수 있는 방법이다. 연구 참여자를 통한 재확인 과
정에서 비밀보장에 대한 세심한 배려와 불분명한 의미의 확인, 시
각의 차이 등을 확인할 수 있었고, 연구자의 분석 과정과 결과에
대해 다시 한 번 점검할 수 있었다.

보통 사람처럼 살기, 엄마로 살기

제4장

연구결과

본 연구는 여성정신장애인의 모성경험을 참여자 자신의 관점에서 그들의 목소리를 통해 보다 깊이 이해하기 위한 것이다. 이를 위해 총 6명의 여성정신장애인의 심층면접자료를 분석한 결과 8개의 구성요소와 26개의 하위 구성요소들로 범주화하였다. 이에 참여자들의 경험으로부터 도출된 구성요소와 모성경험의 구조를 제시하였는데, 우선 각 참여자로부터 도출된 중심의미를 범주화한 후 사례 간 비교를 통해 각 대상자들의 구체적인 경험적 진술과 함께 상황적 구조를 도출하였다. 그 다음 단계로 각 참여 대상자들의 공통적 경험을 일반적 구조적 진술을 통해 이해하면서 전체 맥락에 따라 모성경험의 구조를 살펴보았다.

 제1절 여성정신장애인 모성경험의 상황적 의미구조

본 절에서는 〈표 1〉에 제시된 구성요소별 각 참여자들의 상황적 진술을 보다 자세하게 기술하고자 한다. 참여자의 개별적 경험을 주제와 중심의미를 통해 규명하고 통합하여 참여자의 관점에서 파악된 경험의 의미로서 상황적 구조를 제시하고, 이 과정에서 여성정신장애인의 모성경험의 맥락적 구조를 연구 참여자의 내러티브와 함께 제시하였다. 참여자의 생생한 진술은 총 8개의 구성요소와 26개의 하위 구성요소에 따라 전개되며 이를 통해 연구자는 참여자 개인의 경험에 따른 차이, 그리고 다른 개인과의 경험에 있어 유사성을 아울러 분석, 제시하였다.

보통 사람처럼 살기, 엄마로 살기

<그림 생략>

〈표 1〉 여성정신장애인 모성경험의 주요 구성요소

구성요소	하위 구성요소
결혼과 출산 과정 (이끌려 들어가기)	순응과 새로운 삶에의 기대(결혼의 과정과 의미)
	확실히 인정받기(임신의 의미)
	임신에 대한 양가적 반응
	출산의 두려움
재발과 가족의 희생 (혼란에 빠짐)	'헷가닥' 해서 엉망이 됨 (증상의 악화로 가족의 희생 따름)
	노심초사 쩔쩔맴(부적절한 양육태도의 강화)
	'마이너스적' 존재가 됨(가족 내 주도권 상실)
	정체성 불안과 자격지심
역할긴장과 부담 (이고 지고 가기)	태산 같은 걱정과 책임감(양육과 가사의 이중 부담)
	방문 잠그는 아이, 외면하는 남편 (가족 내 의사소통의 어려움)
	덤으로 살기(확대가족과의 갈등)
낙인과 소통의 어려움 (차가운 벽 앞에 서기)	사회적 소통의 어려움
지지체계의 지원 및 요구(도움닫기)	공식적 지지체계의 지원
	비공식적 지지체계의 지원
대처와 적응 (고군분투)	나와 다르게 정상으로 키우기
	알아서 크길 바람(자율적, 지지적 양육환경 제공)
	아파도 내가 키운다(정상화된 역할 추구)
	애가 크니 나도 큰다(아이의 성장과 역할 변화)
	부모의 역할 구분 명확해짐
	아는 만큼 도움 줌(질환에 대한 상호 인식과 반응)
어머니 됨의 인식 (버팀목 세우기)	아이는 당연한 의무
	버팀목이자 결속의 끈(자녀의 긍정적 역할)
	어머니는 가정의 중심돌(모성의 사회적 규범 따르기)
사회적 인정과 자아 확장 (세상 속으로 나아가기)	죽음과 싸워 이김(사회적 인정과 성취)
	살아남음(생존과 지위 획득)
	더 빨리 정신 차림(성장과 재활의 동기)

1. 결혼과 출산 과정(이끌려 들어가기)

참여자들은 대부분 결혼 전 발병하여 정서적 혼란과 사회적 역할 수행에 있어 어려움을 겪었다. 이런 상황에서 결혼은 현재의 고통과 혼란에서 벗어날 수 있는 유일한 길이었으며, 참여자에 따라 결혼이 발병의 주요한 요인이 되어, 결혼을 통해 정신질환의 회복을 기대하면서 결혼에 대한 이상을 키워 왔다.

그럼에도 참여자들은 이상적 기대보다 주변의 요구에 따라 현실적 조건에 맞추어 결혼을 선택하였으며, 어느 정도 결혼을 통해 경제적, 사회적 안정을 얻었다. 그러나 결혼 과정에서 상대에 대한 충분한 이해가 없었고, 자신의 정신질환에 대해 알리지 않거나, 알리더라도 진단명이나 증상의 심각성 등을 막연하게 설명하였다. 이는 이후 결혼 과정 동안 부부간, 혹은 가족체계 간에 발생할 수 있는 다양한 갈등 상황에서 잠재적인 책임 요인이 되었으며, 더 큰 갈등을 야기하였다. 따라서 결혼 과정을 통해서 이미 변화와 위험의 가능성이 내재되어 있었다.

그러나 대부분의 참여자들은 결혼을 통해 상대적으로 위축되어 있던 사회적 지위를 확보하고, 안정을 추구하면서 결혼과 임신, 출산에 대한 일반적 사회규범을 그대로 따르고 있다. '결혼을 하면 아이는 당연히 낳아야 한다'는 생각으로 신체적, 정신적, 경제적 조건과 상관없이 임신을 당연시한다. 그러나 이에 대한 구체적 준비나 계획 없이 남편이나 시댁의 요구에 따라 혹은 스스로 '자신의 자리를 보다 확실히 하기 위하여' 임신을 기다린다.

준비 없이 맞는 임신은 다양한 심리적, 신체적 변화로 인해 새로

보통 사람처럼 살기, 엄마로 살기

운 위기로 다가온다. 특히 기형아 등의 문제를 예방하기 위해 정신
과 약물복용을 중단함에 따라 정신과적 증상이 더욱 악화되고, 사
회적 관계에서의 고립 역시 깊어지는 것을 볼 수 있다. 출산을 앞
두고 참여자들은 한 번도 경험해 보지 못한 사건에 대해 막연한
불안을 느끼면서, '아이가 잘못되어 죽을지도 모른다'는 극심한 공
포를 경험하기도 한다. 이러한 과정을 통해 출산을 하고 나서도
충분한 정도의 산후관리를 받을 수 없는 경우가 대부분이어서 신
체적, 심리적으로 약화되고 재발징후를 경험하기도 한다.

가. 순응과 새로운 삶에의 기대(결혼의 과정과 의미)

결혼에 대한 막연한 기대로 결혼 자체가 목표가 되었던 상황에
서 참여자들은 사회적 관계에서의 제한으로 주변의 사람들이 소개
해 주는 대로 배우자를 만났고, 자신의 기대와 이상보다 부모의
권유나, 나이, 배우자의 적극적 구애에 수동적으로 이끌려, 현실적
조건에 맞추어 결혼을 결심하였다.

> - 내가 그때 꽃피는 집(가제)에 다니고 있었는데 아는 회원 어머니가
> 소개를 해 줬어요, 서로 나이도 비슷하고 그때 내가 30대였는데, 나이도
> 있고 하니까 또 처음에 인상도 좋았어, 나는 대학을 나오고, 그때 남편은
> 고등학교밖에 안 나왔는데, 그래도 직장도 있고, 그래서 결혼까지 하게
> 됐지. <참여자 A>

> - 외사촌 오빠가 소개시켜 줘 가지고……, 남편하고는 대화도 자주 못
> 해 봤어요, 딱 만났는데, 처음에 만났을 때는 약을 안 먹은 상태였어요,
> 만났다가 안 만난 지가 한 1년 정도 있었어요, (다시) 만나자마자 바로
> 결혼을 했죠, 1년 정도 안 만나다가 다시 만나서 결혼을 하고, <참여자 B>

특히 〈참여자 C〉의 경우 연예인에 대한 관계 망상을 중심으로 증상이 발현되었고, 주변에서 '시집을 못 가서' 발병하였다고 하면서 결혼을 하면 모든 문제가 해결될 것이라는 기대를 갖고 있었다. 또한 가족들에 의해 강제 입원되어 있던 시기에 '결혼하면 퇴원시켜 준다'는 어머니의 조건에 다른 선택의 여지없이 결혼을 하였다. 남편의 장애 사실도 모르는 상태에서 사실상 집에서 쫓겨나듯 결혼하였고, 결혼을 통한 독립보다 가족으로부터 배제되고 소외되었다고 인식하고 있다.

> - 내가 시집을 못 가서 계속 아프고 그러니까, 결혼, 시집 못 가서 아프다는 걸 증명하려고 결혼을 하고 싶어 했지, 그래도 (꽃동네에 입원해 있을 때) 엄마가 이런 사람 있는데 그냥 결혼해라, 그러면 퇴원도 하고…… 그래서 남편 자취방에 찾아가서 같이 자고 살았는데,
> - 그전에는(남편이 다리를 전다는 사실을) 모르고 결혼했는데, 결혼하고 나니까 그렇게 걷더라고요, 말해 가지고 알았어요, 〈참여자 C〉

한편 결혼에 대한 현실적 고민 없이 결혼 자체에만 의미를 두면서 참여자 대부분이 결혼 상대자에게 자신의 정신질환에 대해 정확히 알리지 않거나, 알린다 하더라도 증상의 정도를 축소하는 경우가 많다. 더구나 배우자 역시 자신의 장애를 숨기거나, 알코올 문제와 직업의 불안정 등 다양한 문제를 안고 있음에도 상대에 대해 서로 잘 모르는 상태에서 결혼을 진행하였다.

> - 내가 우울증이라고 얘기하기는 했는데, 별로 심각하게 생각을 안 하고, 〈참여자 A〉

> - 몰랐죠, 몰라 가지고 전혀 제가 약 먹는 줄을 몰랐거든요, 그리고 얘기를 안 했었어요, 결혼할 때처럼 결혼할 때도 약을 먹는 줄 몰랐기 때문에 제가 환자인 줄 몰랐기 때문에, 〈참여자 B〉

　　－ 고발하려고까지 했대요, 왜냐하면 아픈 사람을 자기하고 결혼시켰기 때문에 그런 생각까지 먹었다고 그러더라고, 정상이 아닌 사람을 속여 가지고 나를 결혼을 시켰다. 〈참여자 D〉

한편 〈참여자 D〉의 경우 증상이 안정되면서 정상적 삶의 기대를 가지고 결혼을 시도한다. 그럼에도 결혼 상대자로서의 남편은 기대보다는 못한 배우자였고, 이러한 출발은 지속적으로 부부관계에 있어 내재적 갈등으로 작용한다. 특히 재발과 입원으로 인해 남편에게 의지하고, 도움을 받게 되면서 죄책감과 동시에 여전히 해소되지 않는 불만은 남편에 대한 양가적 감정을 일으킨다.

　　－ 결혼을 늦게 했어요, 처녀 때부터 병이 나 가지고 결혼도 그렇게 늦게 했는데, 괜찮아져서 결혼했다가…… 다 팔잔가 봐요, 결혼도, 애기 아빠도 그냥 고등학교 나와 가지고, 상업학교 나와 가지고 직장생활만 전전하다가 직장만 들어가면 부도나고, 들어가면 나오고, 나는 그때 시골에 있을 때 이 사람이 직장이 서울에 있으니까, 나도 다시 서울 살 수 있겠구나, 나도 그렇게 서울에 살겠구나 싶어 가지고 결혼을 했는데 이상하게 직업, 직장 운이 없더라고요, 그것도 다 운인가 봐요, 팔잔가 운인가.

또한 정신질환으로 인한 대인관계의 위축과 사회적 기능의 약화는 참여자들이 결혼과정에서 이상과 기대보다는 현실적 조건과 주변의 요구에 순응적으로 맞추어 배우자를 선택하도록 하였다.

　　－ 병이 나면서부터 사람이 이상해지더라고, 그전에는 굉장히 얌전하고 집에서도 막 조신하게 있다가 시집이나 가라고 그랬거든요, 밤낮으로 붙박혀 있었어요, 엄마가 엄해 가지고, 그때만 해도 나도 좀 뭐라 해야 되나, 영적으로 병이 있었다고 해야 하나? 그래서 엄마가 피차 흠 있는 사람끼리 살면 잘 살 거라고 그러시더라고요, 반대는 안 하시고, 〈참여자 E〉

- 결혼하기 전에는 조금씩 여기 다니다, 저기 다니다, 나도 제정신이 아니더라고, 그런 데로 안 가려고 그랬는데, 내가 고등학교를 못 배웠어요, 고등학교를 배웠으면 이런 일은 없을 거 같은데, 그 사람 안 만나도 다른 남자들도 만났는데, 우리 엄마가 반대하더라고요, 다리를 좀 전다고, 다리병신하고 결혼한 사람도 있는데, 다리 좀 전다고 그걸 반대하고 있어, 돈도 많이 번다는데. <참여자 F>

이처럼 참여자들은 결혼에 이르는 과정 동안 비교적 상황적 맥락에 수동적으로 순응하였으나, 결혼을 통해 보다 안정적이고 적극적인 모습을 되찾게 되고, 결혼의 의미를 재발견해 낸다. 참여자들은 결혼 후에 경제적으로 안정되고, 증상이 회복되었으며, 남편이 결혼 전의 실패를 보상해 주면서 구세주와 같이 자신의 인생을 새롭게 구원해 주었다고 생각한다.

- 결혼이라는 게 얼마나 어려웠어요, 결혼한다는 사실이 거의 포기도 많이 하고, 그러다가 결혼하니까 기분이 붕 떠서…… 결혼하니까 좋대요, 자유롭고, 놀러 다니고 막 어울려 다니고, 아 뭐 좋다, 만날 쓰고 놀러 다니고, 뭐 어울려 다니고 그런 데로 다녔어요, 외식도 막 하고. <참여자 A>

- 그(정신질환)로 인해서 다 밑바닥을 기게 된 거죠, 그래서 저는 제가 제 능력이 중학교 수준밖에 안 되는 것 같아요, 그래서 저는 어디 가서 돈을 번다는 거는 실패를 해 봤기 때문에 돈도 못 벌고, 지금의 제 남편이 저한테는 구세주나 마찬가지예요.
- 그리고 제가 굉장히 가난하게 컸어요, 가난하게 컸는데 남편하고 결혼을 했는데 전셋집도 있었고 돈도 꼬박꼬박 갖다 주고 그랬기 때문에 여유가 있었죠, 제가 마음의 여유가 있었고 안정이 됐었기 때문에. <참여자 B>

- 결혼을 하고는 완전히 (증상이) 다 없어졌어요, 예, 애기 낳고 없어졌어요, 다, 남편 만나고,
- 저는 살림살이 안 해 가고, 뭐 안 해 갔어요, 아이 아빠가 돈 벌어 가지고 사고, 돈도 별로 안 들어서 좋았어요, 결혼하니까 남편이 돈을 벌어 오고, 다 사고 하니까 좋아서. <참여자 C>

보통 사람처럼 살기, 엄마로 살기

- 제가 가끔씩 만약에 결혼을 못 하고 이 상태로 있었으면 하는 생각을 할 때 제가 환자가 아니라면 정상적인 사람이라면 결혼을 안 하고 혼자 있어도 사회생활을 하면서 살 수 있었겠지만 내가 이제 환자라고 생각을 하니까 갈 데가 없어지는 거예요, 만약에 결혼을 안 했다면 집에서 엄마 밑에서 있을 장소도 없고 또 누가 나를 거두어줄 것이며 무슨 돈으로 약을 먹을 것이며……, 모든 것이 저한테는 아이 아빠를 만남으로 인해서 새 인생이 시작된 거예요, 아이 아빠는 친구들도 많고 집에서 농사지으니까 먹을 것도 걱정 안 하고 대인관계도 좋고 모든 것이 다 사회적으로 다 살 수 있는 그런 복이잖아요,
복을 제가 걷어찬다는 거는 제가 여기서 그만둔다면 물러난다면 약값도 제대로 없어서 약도 제대로 못 먹겠죠, 옛날처럼 혼자서 고독하게 갈 데도 없어요, 지금은 그전에는 친정에서 받아 주겠지만 결혼한 사람을 누가 또 받아 주겠어요, 갈 데도 없고 비참한 생활을 하는 거죠 뭐, 고립돼 가지고 그런 생활을 다시 하는 거죠, 그런 거에 비하면 아이 아빠를 만나면서 새로운 인생이 저한테 시작된 건데, <참여자 D>

- 혼자 사는 것보다 여럿이 살잖아요, 혼자는 외로우니까 심심하잖아요, 여럿이 있는 집에서 살게 돼서 좋아요, <참여자 F>

이처럼 참여자들은 결혼을 통해 '사회적으로 살 수 있는 복'을 받았으며, 이는 곧 고립과 소외로부터 벗어나 정상화된 세계로 진입하는 계기가 된다. 그러나 이러한 결혼에 대한 의미부여는 과거 의존적 삶에서부터 독립하여 새로운 삶을 살게 되었다는 들뜬 기대로부터 나온 것이며, 결혼을 통한 다양한 삶의 과업과 배우자와의 관계 속에서 주체적인 자기 인식을 통해 보다 성숙한 사회적 역할을 수행해 나갈 수 있다는 자신감은 부족한 상태이다. 특히 <참여자 D>는 여전히 보호받고, 의존해야 하는 존재로 스스로를 인식하고 있다. 이는 이후 남편과 자녀와의 관계에서 수동적이고 의존적인 태도를 강화하며, 자기 정체성의 혼란을 야기한다.

나. 확실히 인정받기(임신의 의미)

결혼을 통해 안정과 구원을 얻고, 상대적으로 사회로부터 배제되어 왔던 경험이 결혼을 통해 사회적 인정을 획득하면서 참여자들은 점차 정상화된 사회적 역할 획득에 주목하게 된다. 특히 대표적인 여성의 사회적 역할로서 '좋은 어머니 되기'를 기대한다. 이는 사회적으로 '모성이 정상적인 성인 여성의 당연한 역할로 인식(심영희 외, 1999)'되면서 여성정신장애인 스스로 여성으로서의 자기 정체성을 획득해 가는 과정이기도 하다.

이에 참여자들은 신체적, 정신적, 경제적 조건에 대한 고려 없이 남편이나 시댁의 요구에 따라 임신을 기다린다. 〈참여자 A〉의 경우 결혼 후 약물복용의 부작용으로 임신이 어려울 것으로 짐작하다가 혹시 생길지도 모른다는 막연한 기대를 갖기도 하며, 특별한 계획이나 의도 없이 불임클리닉에 다녔다. 그러나 몇 번의 시도가 실패로 끝나자 오히려 심리적 디스트레스에 의해 증상이 악화되기도 하였다. 또한 〈참여자 B〉의 경우 임신에 대한 두려움으로 성관계를 거부하였으나 실제 피임은 하지 않는 등 계획 없이 임신을 맞이하게 된다. 가족계획을 세우는 경우에도 주도적으로 결정하지 못하고 남편의 결정에 일방적으로 따르는 모습을 나타냈다.

- 결혼 초에는 애를 갖고 싶더라고요. 남편도 괜히 애를 갖고 싶어 하고, 그래서 병원에도 다녀 봤어요. 배란에 맞춰서 촉진제도 몇 번 해 보고, 기분에 해 봤는데 안 되더라고요. 그러다 관뒀죠. 그때, 그러다가 기분이 영 너무 안 좋아서 병원에 가서 주사 맞고 안 좋았어요. 〈참여자 A〉

- 피임은 안 하고 제가 말로 거부를 한 거예요. 남편이 그게 쌓인 거예

보통 사람처럼 살기, 엄마로 살기

요, 스트레스가 성적으로 욕구가 쌓이다 보니까 관계를 못 갖고 있다가 하
면 임신이 될까 봐 저도 막 피한 거죠. <참여자 B>

- 아빠가 그런 걸(사주) 볼 줄 아니까, 요맘때쯤에 가져서 요맘때쯤에
나며는 애기가 어떻겠다. 그것까지 딱 계산을 해 가지고. <참여자 D>

- 그런 얘기도 안 하고 그냥 딱 둘만 낳으라고 하더라고요. 딱 정하더
라고요. 둘만 낳으라고. <참여자 F>

이처럼 참여자들은 임신 전 출산에 대해 자발적이고 신중한 결
정을 할 수 없었고, 아이의 수, 출생의 시기, 피임 등에 대한 부부
간 협의나 계획이 전혀 없는 상태에서 상황에 이끌려 부모가 되었
다. <참여자 D>와 <E>, <F>의 경우 가족계획의 미비로 원하지 않
는 유산 경험을 하기도 하였으며, <참여자 C>와 <F>는 출산 후
본인의 자유로운 동의 없이 원가족과 남편의 권유 혹은 강압에 의
해 가족계획시술을 받기도 하였다.

- (친정)엄마가 사정사정했어요. 아이 아빠한테 하나만 낳자고. 수술하
자고 전화로 사정사정했어요. 애기 낳고 서울 있을 때. <참여자 C>

- 결혼하자마자 금방 애가 생기니까 아이를 어떻게 낳아야 되겠다거나
그런 마음의 준비는 별로 못 하고. <참여자 D>

- 우리 애 전에 유산도 했는데, 입덧이 너무 심해서 병원에 가서 내가
살 수 없으니까 어떡해. 주변에서 다. 우리 남편이 빨리 병원에 가서 지
우라고.<참여자 E>

- 남편이 화를 내고 그러니까, 눈치를 살피고 그러니까 못 낳는 거지.
떼라고 화를 내더라고. 애 떼고 했어요(불임수술). 나보고 남편이 했으면
좋겠다 생각을 했는데. 우리 신랑이 시치미를 떼는 거예요. 니가 해라.
니가 해라. 그래서 내가 했지. <참여자 F>

그러나 한편으로 임신은 보다 분명한 사회적 역할을 부여한다. 〈참여자 C〉는 결혼을 통해 획득한 사회적 지위를 자녀의 출산을 통해 보다 확실하게 굳히기 위해 임신을 계획하였다. 〈참여자 F〉 역시 임신을 통해 주변체계와의 관계에서 보다 대우받는 경험을 하면서 임신에 대해 긍정적으로 받아들인다.

> - 가족계획은 맨 처음에는 둘이만 살려고 그랬어요. 근데 남편 친구들이 애기 낳은 부부들이 하나도 없더라고요. 그래서 나나 한번 낳아 보자, 그러면 내가 정말 결혼을 하고, 애도 낳고 그렇게 다른 부부들처럼 엄마도 되고 그러면 좋을 거 같아서, 또 남편이 다른 생각도 안 하고, 다른 사람들이 귀여워할 거고……. 〈참여자 C〉

> - 그냥 자식이 더 예뻐서 그러는 건가, 엄마가 되고 보니까 좋기도 하고, 남편도 함부로 안 하고 하니까, 더 낳고 싶은 생각이 들어요. 〈참여자 F〉

다. 임신에 대한 양가적 반응

임신에 대해 막연하게 기대하였던 〈참여자 A〉의 경우 임신 사실에 대해 인생에서 가장 기쁜 일로 받아들였으나 주변에서는 기쁘기보다 차분하지만 걱정스러운 반응을 보였다. 그럼에도 〈참여자 A〉는 의기양양해지는 한편 다른 여성들과 똑같이 해냈다는 성취감을 경험한다. 그에 비해 임신에 대해 두려움을 갖고 있거나 전혀 준비하지 못한 상태에서 아이를 갖게 된 〈참여자 B〉와 〈참여자 C〉, 〈D〉의 경우 주변의 반응과는 달리 기쁘기보다 담담하고, 특별한 감정의 변화를 경험하지 않았다. 이는 결혼과 임신에 대해 주체적 준비 없이 주변의 기대와 요구에 수동적으로 순응해 오던

보통 사람처럼 살기, 엄마로 살기

평소의 생활 태도와 연관되는 모습이기도 하다.

또한 임신기에 대부분의 여성들이 신체적, 심리적, 사회적으로 다양한 변화를 경험한다. 그러나 대부분의 참여자들은 우울감, 불안, 위축감 등 심리정서적 혼란을 경험하며, 주변을 배회하거나 망상으로 인해 평소 하지 않던 행동을 하는 등 일반 여성에 비해 더 많은 스트레스와 부적응을 경험하는 것으로 나타났다.

- 주변의 반응? 임신했을 때? 주변에서는 그냥 특별히 기뻐하지도 않고 뭐랄까 차분해진다고 할까 엄숙해진다고 할까, 좋다 나쁘다도 아니고 다 모두가 그랬어요, 다 그냥 숙연한 분위기라고 할까.
- 샴페인도 터뜨리고 그러면서…… 그전에는 나날이 좋더라고요, 너무 너무 기쁜…… 아무것도 전혀 없이, 그저 좋았어요, 너무 좋아 가지고 그런, 인생 중에서 생애 중에서 그렇게 기쁘고 즐겁고 행복했던 적이 없을 거라고 생각할 만큼 그랬어요. <참여자 A>

- 집안에 장손이고 그래서 집안에서는 굉장히 좋아했었어요, (중략) 한 달 동안 관계를 하고 난 후 큰애가 생기니까 섬뜩한 거죠, 기쁜 것보다 그렇게 하니까 임신이 됐구나, 그래서 임신이 됐구나.
- 임신을 해서 배가 부르고 TV를 켰는데 삼풍백화점 붕괴됐다고 사람들이 주부들이 흙더미에 깔려서 다 죽더라고요, 제가 이제 날씬한 몸이었다가 배가 더부룩해 가지고 주부처럼 몸이 불었을 상태였을 때 그런 사람들이 다 돌무더기에 깔려서 죽고, 무너져 가지고 막 사람 살려 아수라장된 거 TV에서 보면서 조금 놀랐고 그리고 밝지를 못했었어요, 좀 어두웠어요. <참여자 B>

- 임신했을 때 제가 태교를 잘못해서 아이가 이렇게 방방 뛰기도 하고 그러는데, 태교를 잘못해서 그런가 봐요, 임신해서 여기서 하는 체육활동 새벽에 해 갖고, 체육 그거 하러 다녔거든요, (운동하는 거) 예, 집에 못 있고, 남편 일하러 가면 따라가서 어디서 만나 갖고, 어떻게 일하나 궁금하더라고요, 그래서 남편 새벽에 가는 거 따라가서 어디서 모여서 일하는지 알았어요, 뒤밟아서. <참여자 C>

　－ 임신해서 즐겁고 기쁘고 그러지는 못했고, 조금 어둡고 운 적도 좀 많이 있었던 것 같아요. 〈참여자 D〉

　－ 엄청 먹었어요. 몸도 가뿐가뿐하고 더 건강했었어요. 임신했을 때, 그니까 30킬로가 찌지. 나는 뚱뚱한 사람들을 보면 도대체 뭘 먹어서 저렇게 뚱뚱한가 할 정도로 바싹 말랐었어요. 아빠하고 결혼하고서 잘 먹어서 그런지 살도 좀 찌고 그랬는데, 아이고 애기 가지고 그렇게 찌니까 겁나더라고요. 임신중독증 아닌가 싶고.
　－ 안 좋아했죠. 웬만하면 밖에를 안 나가고 배달만 후딱 갖다 오고, 사람들하고 어울리는 걸 별로 안 좋아했어요. 〈참여자 E〉

　－ 제가 임신해 갖고 막 돌아다닌 거예요. 그냥 무작정 나가요. 나가면 버스 타고 아무데서나 내리고, 걸어 다니고, 대전역에 가면 왜 있잖아요. 지나가는 사람들도 보고, 누가 나 안 데려가나, 저 사람이 나한테 뭐라고 말하나, 지금 생각하면 제정신이 아니었지. 돌아다녀서 태교를 잘못했어요. 돌아다니고, 저기 먹는 것도 제대로 못 먹어서 애기도 2,6킬로그램으로 쪼그맣게 낳았어요. 〈참여자 F〉

　　이러한 임신기의 심리적, 행동적 불안정은 약물관리의 중단과 관련된다. 참여자 모두 아이에게 미칠 부정적 영향을 고려하여 정신과 약물치료를 중단하였고, 이는 주치의와 의논하여 결정한 〈참여자 E〉 외에 모두 자의로 결정되었다. 이는 참여자의 병식에 따라 자신의 증상 정도를 인식하는 수준에 있어 차이가 나기 때문이기도 하나, 기본적으로 아이의 건강을 우선시하는 모성애적 인식 때문이다. 증상의 악화 또는 재발에 대한 우려보다 자녀의 건강과 안전에 더 많은 관심을 두는 모습은 임신기간 동안 산모와 태아의 건강을 위해 산부인과 검사와 검진은 정기적으로 하는 반면, 정신과 약물의 중단에 대한 대처노력은 거의 보이지 않는 것으로 확인된다.

　　－ 전혀 안 먹었어요. 그 소리를 들어 가지고 아이가 기형아 될까 봐,

보통 사람처럼 살기, 엄마로 살기

<참여자 A, B>

- 안 먹었어요. 혹시 애한테 안 좋을까 봐, 커피도 안 마셨어요. <참여
자 C>
- 안 먹었어요. 애기 낳고 재발했어요. <참여자 D>
- 의사 선생님하고 의논했었지, 절대 약 먹지 말라고. <참여자 E>
- 기형아 낳을 거 같아 가지고 내가 신중히 안 먹었지, 나는 음식을 안
가리거든요. <참여자 F>

- 자꾸 올라가더라고요. 2개월, 3개월 다달이 갔어요. 병원에서 8개월
됐을 때는 섹스하면 안 된다나 어쩐다나, 그러면은 애기가 잘못된다나 어
쩐다나, 그래서 안 했죠. <참여자 F>

라. 출산의 두려움

임신기의 예민한 심리적 변화는 출산을 앞두고 신체적 고통과
함께 심리적 두려움을 가중시킨다. 아이가 잘못될지도 모른다는 두
려움과 이전에 경험해 보지 못한 출산의 고통을 이겨 내야 한다는
심리적 스트레스로 인해 예민해지고, 우울해지는 경향을 보인다.
이는 임신 과정 동안 충분한 정도의 지지를 경험하지 못하였거나,
증상의 악화에 적절히 대처하지 못한 경우 더욱 심해지는 것으로
보인다.

- 임신 말에 소변이 너무 마렵고, 걸을 수도 없어서 말에 가서 정말 힘들
었어요. 산다는 것이 너무너무 힘들었어요. 마지막에 그래서 막 몸도 붓고,
- 혹시 아이가 다 됐는데 열 달이 다 됐고, 나올 때가 됐는데, 혹시나
아이가 잘못 나오지 않을까, 애가 낳다가 죽거나 그런 경우도 있고 그렇
잖아요.
- 아이가 죽어 가고 있다는 느낌이 들었어요. 왜 그랬는지 모르겠어요.
<참여자 A>

- 못 낳는다고 그랬어요, 병원에서 위험하다고, 그래도 응급으로 수술을
했으니까, 피주사도 맞고,
- 내일 수술이라면 오늘 볼링장에 갔는데 뭐가 철철 새는 거예요, 그래
서 화장실로 뛰어갔더니 양수가 터진 거예요, 그래서 애 낳기가 더 힘들
었죠, 애기 못 낳는다고 그랬어요, 엄마가 죽든지 애기가 죽든지, <참여
자 E>

- 그땐 정말 진저리 치고 그랬죠, 그때는 악몽이었죠, 거기서 수술하는
데 자기들끼리 응급으로 수술한 환자야, 응급으로 수술한 환자야 그러면
서 큰일 날 뻔했다고, 서약서 받고 수술 안 했으면 어떻게 될지 모른다
고, 통뼈에다가 골반이 휘었다나 어쨌다나, <참여자 E>

이러한 출산의 고통도 자녀와의 대면을 통해 긴밀한 정서적 유
대를 강화하면서 극복되기도 한다.

- 딱 낳고 나서요, 애기가 그렇게 생긴 건 줄 몰랐어요, 처음 보고 사랑
에 쏙 빠졌다니까요, 애기 보고, <참여자 C>

- 하느님의 은총이었던 거 같아요, 능력은 없지만 그래도 어떻게라도
낳아 놓고 보니, <참여자 D>

- 나오니까 아빠가 좋아하더라고요, 둘 다 다 좋아요, 나도 좋아하고 다
좋대요, 식구들 다 좋대요, 식구들이 모두 다, <참여자 F>

그러나 출산 후의 산후조리 과정 동안 적절한 보호와 지지를 받
지 못한 참여자의 경우 심리적 긴장과 스트레스가 강화되면서 재
발위험이 높아진다.

- 갑자기 아이가 확 나와 버리니까 걱정이 태산 같고, 무섭고 목숨을
건져야 돼, 죽는 사람도 있잖아요, 기르다가 죽는 사람도 있잖아요, 목숨
만 건지면 되겠는데 목숨을 건지느라고 산후우울증도 거치고, 몇 년을 막

보통 사람처럼 살기, 엄마로 살기

그랬어요. 산후우울증 저는 그게 심했어요. 오랫동안 심했어요. 몇 년간에 걸쳐서. 우울이 이제야 되는 거지. 괜찮은 거지. 처음에 몇 달간은 너무 힘들었고. <참여자 A>

- 엄마가 미역국도 끓이고, 밥하고 같이, 가져와서 떠 먹여 주고, 누워서 안 일어나니까, 누운 채로 막 먹이는 거예요. 수건 깔아 놓고, 그래 가지고, 많이 힘들게 했어요. 엄마를. <참여자 B>

- 젖꼭지 크게 만드는 기구를 샀는데, 어떻게 된 게 식구들이 오해를 해 갖고, 저를 막 오빠가, 저를 막 폭행하고 그랬어요. 임산부가 누워 있는데, 오빠가 들어와서 그거 샀다고 때렸어요. 맞아 갖고 충격이……,
- 산후 조리할 때 엄마는 그냥 보일러 열심히 때 준 거 그거 했대요. 엄마가 말해요.
- 제가 그때 가방에다 오줌도 싸 놓고, 제가요 산후 조리할 때 친정에서 했거든요. 오빠 없을 때 오빠가 집에 없을 때 엄마 가방에다 오줌을 싸 놓고. <참여자 C>

- 애기 낳고 재발했어요. 처녀 때 먹다가 끊다가 괜찮은 줄 알고 끊다가 결혼해서 애기 낳고 발병했어요. 아기 낳고 한 3개월인가 백일 때부터 그랬으니까, 잠을 못 자고 헛소리하고 그래가지고. <참여자 D>

- 애기 낳았을 때부터 안 좋다가 돌 때부터 시작하면 거의 1년에 한 번꼴로 들어갔다 나왔으니까,
- 그 시절 자체가 필름이 끊겼어. 기억이 지워진 건가, 너무 힘들어서 선생님한테 얘기했더니 기억 자체가 너무 힘들면 기억 자체가 없어진대요. <참여자 E>

이처럼 힘들게 결혼과정을 거치면서 안정을 되찾았던 여성정신장애인은 임신과 출산의 경험을 통해 자녀양육의 새로운 과업을 맞닥뜨리면서 새로운 고비를 맞게 된다. 임신과 출산의 과정에서 여성정신장애인은 보다 세심한 배려와 도움이 필요함에도 불구하고 가족성원들의 소극적 대처, 물적, 심리적 지원의 부족 등으로 인해 재발의 위험에 빠진다. 그러나 자녀의 출산은 힘겨운 고통에

도 불구하고 '목숨을 건지고' 살아야 하는 이유가 되고, '첫눈에 사랑에 빠지는' 모성애의 출발이 되었으며, '하느님의 은총'으로 어떻게든 키워야 한다는 책임감과 어머니로서의 자기 정체성을 형성하는 계기를 마련한다.

2. 재발과 가족의 희생(혼란에 빠짐)

결혼을 통해 안정과 변화의 다양한 삶의 측면을 경험한 참여자들은 실제적인 모성 역할의 수행에 있어 다시 혼란을 경험한다. 참여자들은 대부분 임신과 출산기에 약물치료를 중단하였고, 새로운 가족체계로의 진입에 따른 긴장과 갈등, 자녀양육의 부담으로 심리적 스트레스가 가중되면서 정신과적 증상이 악화되었다. 이에 따른 적절한 지지, 보호가 제공되지 못한 상황에서 증상의 악화는 '남편과 아이에게 부정적 영향을 미침'으로써 가족의 희생을 가져오고, '양육부담의 증가와 부적절한 양육태도의 강화'를 통해 참여자들의 심리적 긴장과 부담을 가중시킨다. 또한 치료를 위한 입원 등으로 발생한 '엄마의 빈자리'는 이후 가족 내에서의 '주도권을 상실'했다는 '정체성 불안과 자격지심'을 일으킨다.

가. '헷가닥' 해서 엉망이 됨(증상의 악화로 가족의 희생 따름)

출산 이후의 증상 악화는 가족체계의 위기 상황으로 안정상태의 유지를 어렵게 한다. 특히 아내의 정신질환에 대한 남편의 인지

보통 사람처럼 살기, 엄마로 살기

여부에 따라 가족들의 대처가 달라진다. 아내의 질환에 대해 증상의 심각성 정도와 상관없이 질환 자체의 존재를 알고 있었던 〈참여자 A〉의 남편은 증상의 악화에 대해 응급입원과 사례관리 서비스의 요청, 스트레스 상황으로부터 아내를 분리하는 등 적극적 대처를 통해 장기간의 입원을 예방할 수 있었다. 그러나 아내의 질환에 대해 전혀 몰랐던 〈참여자 B〉의 남편은 약물복용을 중단한 후 강박적 행동으로 집 안에 헌옷을 방 가득 모아 놓고, 살림을 전혀 못 하는 아내가 '헷가닥' 했다는 충격에 직장을 그만두고 보호와 감시의 이중적 대처행동으로 혼란을 겪는다. 정도의 차이는 있으나 〈참여자 D〉의 남편도 아내의 잦은 재발로 인해 발생한 경제적 손실에 대해 지속적으로 아내를 원망하기도 한다.

- 제가 주부생활을 못 할 정도로 저의 남편은 제가 하는 대로 따라오더라고요. 나는 그렇게 안 해 주길 바랐어요. 저의 남편은 저에게 다 맡기고 따라와요. 내가 돌았더래요. '헷가닥' 했다고 내가 '헷가닥' 했는데 어떻게 내가 정신을 차리고 진정을 하고 직장을 다니며 그럴 수 있겠냐고 그래요. 갈수록 더러워지면서 청소를 첫째로 못 하겠고 그리고 인제 밥하는 거, 남편 챙겨 주는 거 그것도 못 했어요. 그래서 결국은 남편이 15년 정도 다니던 직장을 그만두게 되었어요. 아이 아빠가 확 휩쓸려 오더라고요. 딸려 들어오더라고요. 남편이 내가 못 하면 본인이 알아서 해야 하는데 본인은 더 못 해요.
- 제가 같이 있는데도 그렇게 못 해 줬기 때문에 막 밥솥 때려 부수고 많이 그랬어요. 많이 힘들어하면서 환자인 줄 몰랐기 때문에 그런 행동을 많이 했고, 환자라는 걸 몰랐기 때문에 정상적인 사람이면서, 자기에 대해서 관심을 안 가져 준다, 피한다, 내가 눈도 못 마주치고 피하더라 말로 그러더라고요. 그런 모든 이상한 행동들이 환자기 때문에 나타나는 행동들이라고 전혀 느낌을 가질 수 없고 정상적인 사람으로서 저렇게 행동을 했기 때문에 화가 난 거예요. 〈참여자 B〉

- 약 안 먹었을 때 제 증상이 그랬어요. 알뜰살뜰 모은 게 아니라 다

부서지고, 파괴되고 아이는 아이대로 못 얻어먹고 저한테 부엌살림이 엉망으로 되면서 또 인제 제가 신경을 많이 못 썼어요. <참여자 C>

- 원망해요. 당신만 안 아팠으면 뭣도 하고 뭣도 하고, 다 해봤을 거 같은데, 아파서 뒤치다꺼리하느라고, 지금 이게 망했지 뭐냐고, 그렇게 투정할 때도 있어요. 그러면 나는 또 가만히 있어요. 가만히 있으면 또 그러면 또 풀어지고, 없어지고 그래요. 나중에 알게 됐는데, 원망은 없었는데, 가끔 가다 넋두리하더라고요. 그럼 왜 옛날 얘기를 왜 하시냐고 그러죠. <참여자 D>

또한 증상의 악화로 감정적 혼란과 일상생활기능이 저하되면서 자녀와의 관계에서 적절한 정서적 반응이 어려워지고, 아이의 질병 관리에 기능적으로 대처하지 못한다. 증상 악화로 인한 충동조절의 어려움으로 아이의 어린이집 교사에게 무리한 행동을 하는 등 양육과 사회적 관계에서 부정적 경험을 갖게 된다. 극단적으로 <참여자 B>의 경우 아이의 입학식에 눈에 띄는 이상한 복장으로 참석하여 남편으로부터 '엄마 노릇도 제대로 못한다'는 비난을 듣기도 한다. 이처럼 증상 악화는 그동안 유지되어 오던 역할 수행을 어렵게 하고, 가족기능에 부정적 영향을 미친다. 그럼에도 참여자들은 힘든 상황에서도 주어진 역할 수행에 의미를 두고 최선을 다하였다. 그러나 주변에서는 이를 인정해 주고 지지해 주지 않아 이차적인 상실감을 경험하였다.

- 담임선생님도 저한테 막 잔소리를 하더라고요. 저한테 엄마가 어떻게 그렇게 하냐고 얼굴 표정이 왜 그러냐고, 변하지도 않고 항상 그 모습으로 아이를 데리러 와서, 그리고 뭐 병원을 오래 보낸다느니, 우는 걸, 너무너무 딱하게도 그냥 보냈어요. (센터활동) 끝나고 나서 다 모임이 있으면 늦게 두고서 저녁 때 두고 찾으러 가서 그런 거 했는데 근데 너무 딱하더라고요. 미안하고,

보통 사람처럼 살기, 엄마로 살기

- 희생이 됐어, 처음에 아플 때, (아이가) 아픈데도 계속 보내고, 아픈데도 약을 계속 먹이면서 보내고 괜찮아지기는 했지만 그랬던 것도 있었고, <참여자 A>

- 입학식 날 헌바지를 입고 갔는데, 구멍이 뻥뻥 나고 페인트 자국 묻고, 청바진데 그런 거를 입고 간 거 같아요, 그니까 남편 말로는 제가 학교도 제대로 못 보냈다고, 엄마 노릇도 제대로 못했다고 그래요, 저는 나름대로 열심히 했는데, <참여자 B>

- 일곱 살 때 장소는 똑같았는데 선생님들이 몽땅 바뀌었어요, 그때도 제가 좀 아파갖고 방해를 좀 했죠, 선생님한테 실례를 하고, 생리를 하고 있었는데 냄새 풍기면서 이도 안 닦고, 아침에 나가서 아이가 안 간다고 그래서, 제가 엉겁결에 그렇게 해 갖고 신경이 날카로워져서 선생님들한테 얘기를 해야 되는데 갑자기 차에 올라 타 갖고 이상한 행동을 했어요, <참여자 C>

- 나는 병원에 입원하면 옛날에 안 했던 말들도 가슴속에 있던 거를 다 얘기하면서 딴사람이 돼요, 폭발을 하니까, 애가 엄마한테 충격을 받아 갖고, <참여자 D>

- 내가 때 되면 밥 주고 그래야 되는데 그런 생각은 안 들고, 자꾸 나가고 싶은 생각, 그런 생각밖에 안 들더라고요, 별로 집에 관심을 안 가지게 되지, 살림하는 생각도 안 나고 딴 생각을 했나 봐요, 엄청 힘들었어요, <참여자 F>

나. 노심초사 쩔쩔맴(부적절한 양육태도의 강화)

이처럼 증상의 악화로 인한 가족기능의 불안정은 참여자들의 양육 스트레스와 양육부담을 증가시킨다. 정신질환의 재발로 자녀와 초기에 분리되어 있었던 경험은 참여자로 하여금 의무를 다하지 못했다는 자책감을 일으킨다. 이러한 자책감 때문에 오히려 자녀와 지나치게 밀착되어 상호의존적 태도를 보이거나, 자녀가 엄마를 함부로 대하고, 무리한 요구를 해도 엄격하게 훈육하거나 통제하지 못하고 오히려 사과하거나, 끌려 다니는 모습을 보이는 등 부적절한 양육태도를 드러낸다. 또한 증상의 재발로 인한 심리적 불안정으로 신경이 날카로워진 상태에서 아이들에게 소리를 지르거나, 체벌을 가하는 등 폭력적이고 일관되지 않은 양육태도를 보이기도 한다.

- 제가 미안하다고 그래요. 엄마는 네가 잘못한 건 줄 걸 알고 그랬다고, 미안하다고 몰랐다고, 네가 그런 마음으로 그런 줄 몰랐다고 엄마가 인제 안 그런다. 〈참여자 A〉

- 아 미안하다고 그러죠, 제가 내가 니가 말한 거를 못 알아들었으니까, 인제 알아듣겠다, 잠시 방치해 둬요, 떨어져 있어요. 〈참여자 C〉

- 술은 엄마가 사 줘, 그러면 내가 사 줄게, 맥주, 애들이 지들끼리 살려니까 술을 마시면 누가 줘, 술을 안 팔지, 그러면 엄마가 사 줘, 알았어, 내가 사 줄게. 〈참여자 D〉

- 남편 비위 맞춰 주는 거하고, 애들 비위 맞춰 주는 거하고 그게 힘든 거 같아요, 살살 구슬려서 너 아빠한테 오면은 전화해, 오면은 엄마가 잘못했어도 잘했다고 얘기해라. 〈참여자 F〉

특히 〈참여자 A〉의 경우 모-자녀 관계가 밀착되어, 아이의 분리불안이 나타나고, 어머니 자신도 자녀의 안전에 지나친 걱정과 불안을 나타냈다. 또한 자녀의 행동에 대해 부모로서 적절히 통제하고, 훈육하는 데 어려움을 겪으면서 자녀의 폭력적 행동에 대한 고민을 나타내기도 하였다.

- 다른 사람이 야단치면 듣지도 않고, 제가 야단칠 때 울어요, 애가 혼나는 것도 잘 못하고, 엄청 서운해하고 제 목소리 톤이 달라져서 이렇게

보통 사람처럼 살기, 엄마로 살기

야단치는 것도 알아듣고, 싫어하고.
- 제가 안 보이면 울어요, 엄마가 안 보이면 자꾸 울어요, 엄마도 안 보
이고 집에서 멀고, 아마도 집에서 멀리 가고, 엄마도 안 보이는 데로 가
고, 그게 무서운가 봐요.
- 제가 자꾸 공부하는 날은 다 보내고, 야외로 나가는 날은 안 보내려
고 했어요, 불안해서요, 어디 가서 무슨 일이 생길까 잃어버릴까 봐, 그
런 일 많잖아요, 유치원, 어린이집에서 놀러 갔다가 한 아이가 실종돼 버
리고 그런 일 있잖아요, 무섭고, 저도 무섭고, 아이도 무서워하고 안 보
내려고.
- 성격이 좀 난폭해지지 않을까 걱정이에요, 제가 느리니까 좀 답답하
잖아요, 아니다 답답한 건 아니고 아침에 잠에서 잘 깨어나지 못하면 잠
이 많이 올 때가 있어요, 일어나지 못할 때 엄마를 때리면서, 그럼 제가
미안하다고 그래요, 엄마가 몰랐다고. <참여자 A>

〈참여자 B〉의 경우 증상의 재발 시 경제적 불안과 집착이 강해
지면서 딸의 친구에게 돈을 빌려 달라는 등의 행동으로 자녀의 주
변체계와 갈등이 있었고, 이로 인해 자녀와의 관계에서 어려움을
겪기도 하였다.

- 친구한테 네 엄마한테 한 200만 원만 빌릴 수 있을까? 그 이야기를
했어요, 그 다음에 그러더라고요, 그거 걔네 엄마가 알더라, 친구가 걔네
엄마한테 이야기를 했겠죠, 자기 엄마한테 걔네 엄마가 화난 목소리로 무
슨 200만 원이냐고 그러시더라, 걔가 저랑 안 놀아 주고 한번은 일찍
집에 간 적이 있어요, 만날 끝나면 셋이서 놀거든요.

또한 〈B〉의 양육태도 역시 매우 허용적이고, 자녀가 어머니와의
관계에서 의존적 태도를 보이고 있었다.

- 애는 엄마 엄마 하면서 엄마한테 모든 걸 의존하려고 하죠.
- 어려움이 닥치면 못 견딜 것 같은 불안감도 있어요, 얘는 형제도 없지
혼자지, 그리고 막 힘들 때마다 엄마가 환경변화부터 다 해 주지, 알아서

편하게, 지금까지 어렵게 커 본 적이 없어요, 그러면서 안타까운 마음이 있었어요, 쟤를 내가 때리기보다는 돈도 있고 한데 좀 더 넓은 환경에서 살게 해 주자, 그런 마음도 있었지,

〈참여자 C〉 역시 가족들의 요구와 질환의 증상에 대처하느라 힘들어하고, 자녀가 다칠지도 모른다는 불안이나 무력감, 양가감정, 분리불안, 초조 등과 같은 자녀와 관련된 정서적 문제를 경험한다. 항상 '노심초사' 자녀에 대한 걱정과 불안이 많다.

　- 위험한 장난을 칠 때도 걱정되고, 신호등 잘 건너는 것도 걱정되고, 길 건너는 것도 걱정돼요, 집에 있으면 그게 걱정돼요, 학교 보내 놓고 나서, 지금도 보고 오면요 걱정이 돼요, 옷도 안 걸치고 그냥 노는 거 보면 감기 걸릴까 봐 그냥 막 걱정이 돼,
　- 글씨 틀렸거나, 정답이 틀렸거나, 문제집에 그러면 제가 지우개로 지워 가지고 정답을 써 줘요, 잠이 안 와요, 안 써 주면,

〈참여자 D〉의 경우 잦은 재발로 인해 어머니와 오랜 시간 분리되어 있던 아들이 의존적이고 퇴행적 모습을 보임에도 불구하고 '안쓰럽고, 미안해서' 받아들일 수밖에 없다고 한다.

　- 만날 치다꺼리해요, 집에서도 엄마 이거 갖다 줘, 막 시켜요, 동생처럼 그러면 엄마가 동생이냐 그럴 때도 있고, 혼자 컸기 때문에 엄마가 친구 노릇, 누나 노릇, 동생 노릇 다 해줘야 된다니까요,
　- 지금은 아무것도 모르는 것 같아요, 어렸을 때 돌봐 주지 않아서 그런지 의타심도 강하고, 엄마 없으면 생활이 안 될 것 같은 생각을 하는지 지금도 그냥 어린 것만 같아요,

〈참여자 E〉의 경우 사업 등을 이유로 남편과 별거 중이며, 이에 더욱 자녀와 밀착된 관계를 보인다. 이들 부부는 별거 중임에도

아들을 중심으로 매우 긴밀한 정보와 정서적 교류를 보이고 있었으며, 특히 남편이 아들에 대한 기대가 매우 큰 편으로 이에 아들이 반항적 태도를 보이고 있었다. 부자간의 갈등에 있어 〈E〉의 경우 '중간자 역할'을 자처하며 갈등을 '조정'하고자 한다. 그러나 이러한 조정적 역할은 남편의 간섭과 통제에 대해 아들과 연합하여 일방적으로 남편을 속이는 모습으로 드러난다. 또한 출석일수 미달로 아들이 학업유예가 되면서 이들 부부에게 큰 충격이 되었으나, 적극적으로 대처하지 못하고 아이의 눈치를 보며, 자녀에게 수동적이며, 이끌려 다니는 태도를 드러낸다.

　- 엄마 나 어디 나가는데 만 원만, 어디 가는데 2만 원만 이런 식으로 해서 달라는 대로 줘야지 편하지 또 안 주면 쌩하고 벌써 달라, 대하는 태도가 나한테, 잘해 주면은 저도 또 고맙게 생각하고,
　- 학교 안 나가고 이러니까 속상하고 이러니까 떨어져서 살아야 된다고 너는 기숙사 학교에 가야 된다, 그것 땜에 둘이 엄청 싸웠어, 그거 땜에 기숙사 가라 안 간다, 하다못해 병원에라도 며칠 들어가 있으라는 둥, 아빠가 아무래도 정신적으로 문제가 있는 것 같다고, 그렇지 멀쩡하게 다니던 학교를 못 다니게 됐으니,
　- 아빠가 너무 저돌적이야, 예를 들어 도서관을 가야 되는데 안 갔다, 그럼 왜 안 갔어, 어쩌고저쩌고 하면 지금이라도 가, 아빠한테 전화소리도 듣기 싫대, 전화 오면 당연히 공부하라고 하니까, 그건 싫다고 그러더라고, 너 그렇게 떨어져 있는 것도 싫으면 어떡하냐고 했더니 그래도 싫은 건 어떡해, 둘이 같이 못살아, 성격이 그래서,
　- 중간에서 엄청 힘들었어요, 그거는 애가 별로 안 가고 싶어 하지, 엄마가 최곤데, 지금이 사춘기라 그런지 예민하기는 했어도 엄마하고 떨어져 있는 건 싫어하고, 만날 거짓말 치는 거야, 아빠한테, 갔냐 그러면 시간 딱 보고 예 갔어요, 그래야 집안에서 안 시끄럽지, 둘 다 강하니까, 내가 조정을 해야지 중간에서,
　- 전에 그만큼 유급당하면서 검정고시 칠 때까지 고생이 많았죠, 그때는, 애가 무슨 말을 못 하게 해요, 엄마는 그냥 엄마로서 그냥 가만히 있어야지 참견하고 말대답하고 그러면……,

〈참여자 F〉는 자신이 증상이 악화되면 자녀들을 '해코지'하면서 잦은 체벌을 하게 되고, 이런 태도로 인해 남편과의 관계가 악화되었다. 이러한 불안정한 태도는 아이들이 어머니와 친밀한 관계를 형성하기보다는 아버지와 보다 가까운 관계를 형성하면서 가족구조 내에서 〈F〉의 상대적 고립을 초래한다.

> ― 말 안 들을 때, 내가 신경이 곤두서 있을 때, 패고 싶고, 막 소리 지르면 소리를 지르지 말아야 되는데, 어제 같은 날은 소리가 막 나오더라고요.
> ― 아주 말 안 들을 때 그때는 매를 들려고 하지요. 아주 말 안들을 때, 신경이 곤두서 있을 때 막 답답하고 그런 심정이 생길 때 그때는 막대기 들려고, 이놈의 새끼들 하면서 막 가서 막대기, 자 같은 거 들고 가져와서 패려고, 그러면 또 애들한테 해코지하는 거예요, 이거 빨리 해라, 안하면 너는 내가 죽인다고 그러고, 내가 뭐 그런다고 그래요, 하지도 못하면서, 그런 짓도 못하면서 말로만 그러고, 죽인다고 그러고, 너 아빠한테 이르기만 해.
> ― 애들 막, 눈에 보이는 데서 애들 때리고 그러면 짜증내고 그러더라고요. 내가 회초리로 때리고 있으면, 짜증을 더 부려요, 그러니까 남편 없을 때 패죠, 그럼 혼나니까.

이처럼 증상의 악화로 인한 재발경험은 참여자들이 유지해 온 사회적 기능을 퇴행시키고, 정체성 혼란을 가중시킨다. 또한 자녀에 대한 체벌과 일관되지 않은 훈육, 부적절한 대처는 정신장애인 자녀에 대한 학대와 방임의 위험을 가중시키고, 증상의 악화에 대한 대처와 관리 여부에 따라 이러한 위험의 정도가 더욱 심각해짐을 보여 주고 있다. 그러나 이는 정신질환 자체의 결과이기보다 주변 지지체계의 부족과 증상관리의 부재 등이 상호 관련되어 나타나는 것이다.

다. '마이너스'적 존재가 됨(가족 내 주도권 상실)

어머니와 자녀 관계는 일상적 상호작용 관계이며, 이러한 상호작용은 쌍방의 의사소통을 통해서 서로에게 공유되는 의미를 축적해 나가는 과정이다. 초기 양육기의 대면적이고 직접적인 양육환경에 의해 모성경험이 축적됨에도 불구하고 참여자들의 대부분은 증상의 악화로 인해 자녀를 친정에 맡기거나 입원으로 인해 분리하여 양육한 경험을 갖고 있다. 이는 자녀뿐 아니라 참여자들에게도 영향을 미친다. 분리되었던 자녀가 어머니와 밀착되려고 하면 할수록, 참여자들 역시 분화를 촉진시키기보다 품 안으로 끌어들여 함께 공생적 유대, 연합을 강화해 나간다.

참여자들은 자녀에게 있어 떨어져 키웠기 때문에 특별히 문제가 드러나는 것은 아니지만, '그래도 엄마가 키운 것만 못하다.'는 사회적 규범에 충실히 따르고 있다. '아무래도 아빠는 세심하지 못해서', '언니가 워낙 잘해 주기는 했지만, 그래도 엄마가 아니니까' 등의 진술처럼 아이 양육에 있어 기본적 욕구 충족은 되었으나, 식습관, 의생활, 생활습관에서 엄마의 양육관과 차이가 날 때 자신이 키우지 못한 자책감에 아이에게 다시 미안한 마음을 갖게 된다.

> ― 어릴 때는요, 제가 못 먹였고, 둘은 대전에 와서 했어요, 그때까지 친정에 있었어요, 일곱 살 때 제가 병원에 입원하면서 고모네 집에 갔죠, 고모네 집에서 입학준비 다 해서 가방 사고, 옷도 사고 팬티도 사고, 고모가 다 챙겨서 입학 준비를 다 해서 입학 준비를 하고, 대전에 와서 입학을 한 거죠. <참여자 C>

> ― 아무래도 아빠는 세심하지 못해서 옛날에는 아빠가 어른 옷만 사줘 가지고 애긴데도, 어른 옷만 입으라고 그래 가지고, 키도 크다고 그래 가지고

어른 옷만 입혔나 봐요, 그런 걸 입고 학교 애들하고 어울리면 놀림받았다고 그런 얘기도 하더라고요. <참여자 D>

- 시댁에다 맡겼지, 애를, 내가 없고 하니까, 아빠는 또 혼자서 애를 못 키우니까, 시댁에서 많이 봐주셨어요, 그리고 애를 되게 예뻐해 주셨어요, 시아버님이, 퇴원하고 오면 좀 데리고 있다가 입원하면 데리고 갔다가, 거의 한 6년 동안의 반절은 시댁에서 있었던 거 같아요. <참여자 E>

- 애들한테 미안해요, 내가 잘 키웠어야 하는데, 다른 사람들한테 키우게 해서 미안해요, 그게 조금 자신감이 없죠. <참여자 F>

또한 엄마 없이 자란 아이들은 사회적 관계에서의 축소를 경험하는데 가족 내 관계형성과 유지에 있어 중심역할을 해 오던 엄마의 빈자리로 친척관계가 소원해지고, 단절되면서 그 밖의 사회적 관계 역시 축소되는 경향을 보인다. 이는 엄마의 빈자리를 더 크게 느끼게 하는 계기가 되며, 퇴원 후 참여자 자신의 자리를 지키고자 하는 의식을 강화한다.

- 사람들 속에서 부딪히면서 살았어야 되는데, 자기 아빠하고 둘이서만 지내고, 어떤 게 나빴냐면, 어렸을 때는 잘 컸는데, 내가 얘 키우면서 엄마랑 같이 있는 형성이 안 되고 아빠랑 둘이 사는 생활에만 젖어 있어 가지고, 아빠가 크면서도 계속 이모네 집도 가고, 큰아빠네 집도 가고, 이렇게 돌아다녔어야 얘가 성격 형성이 자연스럽게 그렇게 되는데……, 언니도 너 없으니까, 내가 애 보기도 싫더라, 네가 오니까, 네가 보배다, 네가 있으니까, 퇴원하니까 굽어다 보고, 좋아하지, 너 없으니까 가기가 싫고, 애 부르기가 싫고, 이 아빠 관계가 싫대,
- 친구들한테도 내색하기가 싫으니까 친구들 만나기도 좀 싫었을 때도 있었나 봐요, 따돌림당할 때도 있었나 봐요, 그런 걸 다 제쳐 가지고, <참여자 D>

또한 재발로 인한 병원 입원은 아동과의 분리를 야기하고, 아동

보통 사람처럼 살기, 엄마로 살기

의 보호와 양육을 남편이나 친척들이 부담하게 됨으로써 어머니 자녀 간의 초기 애착 형성에 어려움을 겪게 된다. 엄마와의 분리는 아동에게 심리적 위축과 우울감을 야기하고, 나이보다 조숙한 행동특성을 보이게 한다.

> – 너무 어른스럽다니까요, 겉늙었다니까요, 그러니까 벌써 다 산 어른처럼 행동이 그래요, 그러니까 내가 그런 얘기를 하면 얘네 아빠는 애기 같아 보이는 것보다는 낫지 않느냐고 그렇게 말해요, 그러면 또 나는 할 말이 없지만 애기가 애기답게, 그 나이면 그 나이답게 그렇게 살아야죠, 그냥 너무 빠른 것 같아 가지고. <참여자 D>

> – 그런 얘기 가끔 하더라고요, 엄마 없고 그러니까 죽고 싶었다고 그런 얘기 하더라고요, 사는 게 사는 것 같지가 않고, 내가 이걸 살아야 되나, 말아야 되나 그런 생각도 했다고 하더라고요, 병원에서 (나)와서 두 달인가 세 달인가 지났을 때 그런 이야기 하더라고요, 그래서 네가 잘 살아줘서 고맙다 그랬죠. <참여자 E>

이처럼 비워 둔 엄마의 자리는 참여자 개인의 심리적 위축뿐만 아니라 가족구조 내의 변화도 야기한다. 엄마의 빈자리를 대체하기 위해 역할을 새롭게 나누고, 적응해 온 가족체계가 다시 엄마가 돌아왔을 경우 참여자에게는 자신의 자리를 잃은 듯한 상실감을 제공한다. 게다가 그러한 상실감은 오랜 기간 아이들을 직접 돌보지 못했다는 자격지심 때문에 자기 목소리를 내는 것을 꺼리게 만들고, 자신의 욕구보다 타인의 욕구에 순응해야 된다는 암묵적 강제로 작용하여 권리와 역할의 대부분을 다른 가족성원들에게 이양하게 된다. 또한 더 많은 역할과 시도를 하고자 할 때 재발을 우려한 가족들의 저항이 발생한다.

- 남편이 돈 들어가는 거 싫어하고, 돈을 자꾸 달라고 한다고, 자기가 하고 싶은 대로 하도록 내버려 둬야……, 돈 관리를 저기가 다 해요, 제가 옛날에 헤프게 썼으니까 말을 못 하죠. <참여자 A>

- 저는 그런 마이너스적인 요소, 가정에서 제가 저능아라서 진짜 못 따라가 주고, 남편이 한 일이 뭐가 있냐고 그래도 사실 할 말도 없어요, 그래도 그런 말 들으면, 그런 거 때문에 많이 속상하죠. <참여자 B>

- 돈 관리를 아빠가 다 해요, 저는 타 쓰고, 많이 불편하죠, 자기 자신이 사고 싶은 것도 못 하고, 머리하는 것도 언니가 돈 줘 가지고 했어요, 언니가 아빠한테 타 쓰는 걸 사정을 다 알기 때문에 머리해야 되겠다, 너무 길다, 그래서 언니가 돈 줘 가지고 그러니까 타 쓰면 아무래도 아무리 부부지간이라도 좀 권리가 좀 없으니까, 조금 힘들어요, 그래도 그거 감안해야지요, 제가 옛날에 잘못했으니까, 그러면서 그냥 살아요.
- 내가 맘대로 막 주무르고, 내가 죽이 되든, 밥이 되든 막 막, 나 혼자만 직장 다니면서 그랬으면 좋겠는데, 안 내보내 줘요, 나가면 일 저지를까 봐 그런지 남하고 화통하는 걸 안 좋아해요.
- 저는 말발이 못 서요, 아팠기 때문에, 그런 행동으로 아팠기 때문에 말발이 못 서요, 주위 사람들한테도 마찬가지지. <참여자 D>

- 엄마가 키웠으면 학교 갈 때에도 학용품 같은 것도 잘 챙겨 주고, 책가방도 한 번 더 뒤져 보고 숟가락, 젓가락도 잘 있나, 만날 씻어서 주고 그랬을 텐데, 나 없으면 어떻게 했나 궁금하고, 그렇고, 이제 와서 물어보자니 그렇고, 지금도 가끔 책가방 뒤져 보면 책가방 안이 지저분하거든요, 책가방 안을 청소해 주고 그러거든요, 책가방 안에 학교에서 받은 유인물 같은 거도 아무렇게나 되어 있고, 그런데 그런 거 습관을 잘 들여줬을 텐데, 지금도 습관이 잘 안 들어 가지고 구겨 넣고 그런 것 같더라고요, 그런 게 좀 안타깝고……. <참여자 D>

- 어렸을 때부터 집에 있는 시간이 적어 가지고, 병원 들어갔다 오면 봐 주다 보니까 그러니까, 애가 머리가 크고 그러니까, 혼내지를 못하겠더라고요, 그게 좀 어려워요, 어렸을 때부터 치고받고 싸우고 그랬으면 어땠을까, 그러면 지금은 좀 괜찮았을까 싶은데요, 그냥 막판이에요.
- 인스턴트 음식을 많이 해 먹어서, 엄마 음식 솜씨가 그렇게 나쁜 편도 아닌데, 해 놓으면 먹기는 하는데, 맛이 트집을 잡아요, 자꾸 배가 아프대, 사 먹는 거를 좋아해요, 그게 좀 항상 마음이 아파요, 엄마가 없었

던 빈자리가 너무 크게 차이가 나는 거지, 입맛이 벌써, <참여자 E>

 - 생활비도 안 받고요, 돈을 못 맡기겠대요, 나한테, 돈을 너무 엉뚱한
데 쓰고 그런다고, 외상도 막 하고, 안 하려고 해도 자꾸 습관이 돼 가지
고 외상 하는 습관이 돼 가지고……,
다 자동이체 해 놨어요, 날아오는 게 없어요, 내 허락도 없이 지가 자동
이체 다 해 놨어, 나 정신병원 있을 때 다 해 놨더라고, <참여자 F>

라. 정체성 불안과 자격지심

이처럼 참여자들의 모성정체성은 증상의 악화로 인해 불안하고
흔들리면서 위기를 경험한다. 증상의 재발은 기존에 유지하던 역할
수행의 기능을 약화시키고, 부정적 양육 스트레스와 양육부담을 가
중시키면서 참여자들의 자존감을 약화시킨다. 이에 <참여자 B>의
경우 자신이 주변의 기대만큼 역할수행을 해내지 못하면서 남편이
떠날지도 모른다는 두려움과 남편과 아이를 위해서는 자신이 자리
를 비켜 줘야 한다는 양가적 태도를 보인다. 또한 <참여자 D>의
경우 이러한 정체성 불안의 원인이 바로 과거에 자신이 가족을 위
해 제대로 있어 주지 못했다는 후회와 현재의 안정된 삶이 ‘사상
누각’처럼 불안하다는 생각에 심리적 스트레스를 경험한다. 결국
빈자리를 채우기 위해 돌아왔으나 오히려 더 커진 빈자리에 방황
하게 된다.

 - 옛날 일을 잊어버리라고 그러는데, 근데 어떻게 잊어버려요, 어떻게
잊어버리고, 여기를 이만큼 온 그거를 잊어버리고, 아무리 잘해도 이만큼
해 온 가락이 있는데 어떻게 그렇게 되냐고요, 어떻게 갑자기 잘되냐고
요, 해 온 가닥을 무시할 수는 없는 거, <참여자 A>

- 이혼하면 집에서 모든 문제를 해결해 줄 테니까 나하고 헤어지고 그러면 빚 문제도 다 집에서 알아서 청산해 주겠죠, 저도 너무 힘들 때는 내가 아이 아빠하고 아이를 위해서 만약에 이혼을 한다면 이혼을 해 주고 싶은 생각이 가끔씩 들다가도 너무 지금까지 살아왔는데 끝까지 또 가야지 생각도 들고 저도 막 그래요.

- 어떻게 할지 모르겠어요, 내가 아픈 걸 알기 때문에 약을 평생 먹어야 된다는 걸 알고 나서는 만약에 아이 아빠가 다른 여자라도 있다면 피해 주고 싶은 심정이에요, 다른 여자도 없기 때문에 다행이지만, 아이 아빠가 만약에 다른 여자를 얻어서 산다면 아이는 잘 적응을 할 것 같아요, 엄마를 처음에는 울겠지만 내가 이해를 시켜 준다면 아이는 따라서 또 그렇게 할 수도 있을 것 같아요. <참여자 B>

- 후회도 되고, 옛날에 왜 그렇게 살았나 후회도 되지만 그때는 또 내 나름대로 남들이 병이라고는 하지만 나는 병이 아니라고 생각했거든요, 어쩔 수 없는 삶이라는 게 그냥 필잔가 싶어요 그냥. <참여자 C>

- 내가 옛날에 그렇게 살았기 때문에 잘못했기 때문에 후회하는 거죠, 그전 때만 그렇게 살지 않았더라면 애가 큰 아이가 되어 있을 텐데 하는 거죠, 저는 그냥 헛일만 하다가 가정만 내버렸구나, 가정만, 헛군데만 신경을 쓰다가, 삶이 헛공상만 하다가 살았으니까, 이제는 현실로 돌아와 잘 사는데 옛날에 그랬던 것이 지금 잘 삶으로써 보상을 받는 게 아니라 옛날에 내가 못했던 것이, 그렇게 살았던 것이 사상누각이나 마찬가지잖아요, 어렸을 때부터 애기를 잘 돌봐야 됐었는데, 하다가 그만두고 하다가 그만두고 그랬으니까 그냥 모래 위에 집짓는 거나 아닌가. <참여자 D>

- 어렸을 때부터는 제가 아파 가지고, 애를 돌보지를 못했어요, 그래 가지고 병원만 죽치고 있다가 와 보니까 그 길을 잡아 줘야 되는데, 소질이 없거나 그런 건 아닌데 우리가 받침을 못 해 주기 때문에, 뒷받침을 못 해 주기 때문에 조금만 해 주면 애가 할 앤데, 뒷받침을 못 해 주기 때문에 자기가 좀 힘든 가 보더라고요. <참여자 E>

- 미래가 무서워요, 내가 투자한 게 너무 없기 때문에, 결과가 어떻게 될지 불확실하니까, 지금까지 해 온 게 없기 때문에 앞으로도 그냥 기대할 것도 없고, 이렇게 그냥 계속 연속적으로 살아나갈 수밖에 없다는 결론박에 안 나요, 나는 근심이 많이 들어요, 살 때, 편안하지 못해요, 내가, 내가 없는 동안 자기들끼리 다 하고, 나는 뭐 없어도 되는 거 같고. <참여자 F>

보통 사람처럼 살기, 엄마로 살기

3. 역할긴장과 부담(이고 지고 가기)

일반적으로 역할은 주어진 사회적 위치에 대하여 규범적으로 정의되고 기대되는 일련의 행동체계이며, 어떤 특정한 지위에 대한 다양한 역할을 포함하는 것으로 인식된다. 결혼과 함께 참여자들은 자동적으로 아내의 지위를 획득하고, 지위에 따라 맡겨지는 행동이 아내의 역할이다. 동시에 시댁 식구와의 관계에서 며느리 역할이 주어지며, 친정 식구와의 관계에서 맺어진 딸로서의 역할도 여전히 유효하다. 이러한 다중 역할은 환자 역할과 동시에 이루어지는 것이나 참여자 자신과 주변체계에서 이러한 환자 역할에 대한 배려나 보호보다는 사회적 역할을 우선 수행할 것을 요구한다. 참여자 역시 이에 비판 없이 순응하고 있는데 이는 결혼을 통한 정상적 사회 역할로의 진입이라는 참여자들의 잠재된 동기를 드러내 보이는 것이다.

여기에 출산과 동시에 주어진 엄마 역할은 사실상 그간의 많은 역할들과 중첩되면서 치열하게 유지해 온 역할수행의 균형을 깨뜨리는 위험을 안고 있다. '양육과 가사의 이중 부담'이 가속화되고, 이는 '부모 역할에의 효능감과 자신감을 저하'시킨다. 또한 가족구성원의 확대는 구성원 간 욕구를 다양화하고, 갈등을 야기하며 이를 기능적으로 해결해 나갈 '가족 내 의사소통'에서 어려움이 발생한다. 특히 확대가족과의 관계 형성은 지지와 '갈등'을 동시에 내포하는 것이다.

가. 태산 같은 걱정과 책임감(양육과 가사의 이중 부담)

참여자들은 어머니 역할을 수용하면서 자녀의 양육에 대해 많은 부담감과 어려움을 호소하였다. '자녀의 존재 자체가 짐'으로 느껴지면서 한 번도 키워 본 경험이 없다는 '초보 엄마'로서의 두려움을 드러냈다. 특히 이러한 양육부담은 아이가 어릴수록 모-자녀 관계의 확립이 부족한 상황에서 전적으로 아이의 욕구에 엄마의 욕구를 맞춰줘야 한다는 부담으로 더 큰 어려움을 가중시킨다. 또한 사회적으로 규정된 좋은 엄마, 바람직한 어머니가 되고 싶다는 기대와 책임감으로 부담을 느끼지만 동시에 가사를 전담하는 주부로서의 부담이 더욱 무거운 짐으로 다가온다고 하였다.

- 아이에 대해서 아이를 쳐다보기만 해도 막 짐을 느끼는 거예요, 가슴 속에, 짐 하나를 안고 살아가는, 보기만 해도 그냥 안 보여야지 짐을 내려놓는 것 같고.
- 갑자기 아이가 확 나와 버리니까 걱정이 태산 같고, 무섭고 목숨을 건져야 돼.
- 어렸을 때는 너무너무 책임감이 커서 미칠 것 같았어요, 책임감 때문에 돌아 버리는 것 같았어요. <참여자 A>

- 처음에는 많이 좀 걱정도 되고 한편으로는 어떻게 키워야 되지? 이제 뭐 애기가 생겼는데 어떻게 앞으로 애를 위해서 어떻게 해야 되지, 내가 어떻게 해야 될지 이런저런 생각도 많이 들고 그런 불안함 같은 것도 좀 있었던 것 같아요. 혼자서 키우려니까 저도 키워 본 적이 없고 초보니까 무섭고 겁나고. <참여자 B>

- 어릴 때일수록 표현이 안 되니까 서로, 아이가 탈나도 말을 할 수도 없었고, 저는 그런 아이한테 어떻게 해 줘야 되는 건지도 잘 모르고 그러니까, 그런 게 견디다 못해 너무 어려웠어요. <참여자 C>

보통 사람처럼 살기, 엄마로 살기

또한 가사노동의 부담은 양육부담과 함께 참여자들의 심리적 부담을 가중시킨다. 특히 주변의 지지체계가 없을 경우 가사노동에 따른 부담은 더욱 강화되며, 증상이 악화되어 일상적 생활이 어렵거나 입원한 경우를 제외하면 대부분의 경우 남편의 지원이 없는 상태에서 전적으로 아이의 양육을 책임져 왔다. 또한 잘해내야 한다는 자기 기준이 높은 경우 현실적 기능 수준이 이에 따르지 못해 자존감을 저하시키는 원인이 되기도 한다. 또한 아이가 어릴수록 손이 더 많이 가고, 신체적 건강을 회복하지 못했거나 나이가 많은 경우 이중, 삼중의 고통을 겪게 된다. 또한 양육에 대한 부담은 어머니로서의 자기 인식이 강한 경우 당연히 수행해야 할 역할로 힘들더라도 받아들이는 데 비해 가사 부담은 끝나지 않는 노동으로 지속적인 부담과 스트레스로 작용한다.

- 애기를 나 혼자 키우기가 힘든데, 남편 돈 번다고 나가고 애기를 안 봐 줄 때 그럴 때 이혼하고 싶다고 생각해 본 적 있어요.
- 두통이 와요. 이 두통은 너무 바빠서, 신경 쓸 일이 너무 많아서 너무 너무 지루하고 답답했어요. 아이랑 둘이 집 지키고, 집안 살림 꾸려 나가고, 서로 공부하고, 남편 돈 벌러만 만날 나가고 들어오지도 않고, 너무 힘들었어요. 애랑 저랑 너무너무 피곤했어요.
- 나이를 많이 먹고 애기를 키운다는 게 너무너무 피곤해요. <참여자 A>

- 남편이랑 둘이 옷도 갈아입혀 주고 할 때가 힘들었던 거 같아요. 옷도 못 입을 때, 지가 혼자 못 입을 때, 그때가 최고 힘든 거 같았어요. <참여자 C>

- 애기만 없었어도 많이 힘들어도 견딜 만했을 텐데, 애기가 있으니까 둘이잖아요. 애기가 둘이잖아요. (웃음) 아빠까지 키워야 되는 거니까, 하여튼 많이 힘들어했어요. <참여자 E>

이처럼 참여자들은 자녀의 성장과 함께 아동의 발달과 성장을 위해 담당해야 하는 역할이 변화하고, 다양해지면서 자신감을 잃고, 실수에 따른 자책감과 열등감을 안게 된다. 또한 가족공동체의 유지는 다양한 생애사적 변화를 야기하는데 이사를 하거나 아이들이 진학을 하는 겨우 환경이 변화하게 되면 다시 적응해야 하는 어려움을 발생시킨다. 또한 아이의 장래를 생각하면 지금만큼 잘해낼 수 없다는 걱정과 두려움에 힘겹다. 특히 모성 역할 수행에 있어 모델이 되어 온 친정어머니나 시어머니처럼 자신이 아이를 잘 돌보지 못할 것이라는 걱정 등으로 부모로서의 자기효능감도 감소한다. 부모효능감은 자녀를 잘 양육하고 훈육하며 자녀의 문제가 생겨도 잘 해결할 수 있다는 부모로서의 자신의 능력에 대한 지각이며(D'Arcangelo, 2003), 자녀의 발달적 결과에 대해 부모 자신이 어느 정도 영향을 줄 수 있는가에 대한 기대이다(Sands, 1995). 많은 연구에서 부모효능감이 높을수록 아동의 사회적 심리적 적응에 긍정적인 영향을 미친다고 보았고, 부모효능감이 높을수록 자녀에게 따뜻하고 긍정적인 태도를 취하며, 자녀의 사회적 역량이 높은 것으로 나타났다(김정진, 2000). 그러나 참여자들은 자녀의 행동을 통제하고, 학습을 돕는 데 있어 심리적 위축과 효능감의 감소를 경험하면서 자녀의 문제가 자신의 부모로서의 능력 부족에 기인하는 것으로 보고 있다.

  - 보여 주시는데, 암담하더라고요, 기역을 썼는데 되게 어렵더라고요,
만날 이걸 어떻게 가르치나, 암담하더라고요, 기역을 노트에다 한 칸에다
쓰는데 이거를 어떻게 쓰나, 아, 되게 어렵더라고요, 공부하는 게 너무
어렵더라고요, 가르치려야 가르칠 수도 없고, 재미를 잃을까 봐, 학습에
대한 흥미를 잃고 너무 억지 공부를 할까 봐, 어떻게 할까 봐 걱정스럽기
도 하고, <참여자 A>

  - 그럴 때는 저도 힘드니까 막 짜증내고 그래서 어떻게 해 줘야 될지
고만 놀라고 하기도 뭐하고,
  - 평상시에서도 아이를 학교에 보내는데도 어쩔 때는 책가방을, 책을
그날 일요일 날, 월요일 날 쉬는 날이면 화요일 걸 챙겨 줘야 하는데 월
요일 것을 챙겨 줘 가지고 수업을 하나도 못 듣고 오게 하는 적도 있고
또 저녁에 책가방을 챙겨 놔야 하는데 아침에 챙겨 줘 가지고 알림장이
나 일기장을 한두 권씩 빠뜨리고 간다든지 좀 많이 그랬어요,
  - 이사하기 전만 해도 잘할 수 있을 것 같았어요, 막상 닥치니까 못 하
겠더라고요……,
  - TV, 라디오 같은 거 보고 들으니까 자꾸 깨우쳐지니까 나에 대한 그
런 후퇴되는 생각들, 집에서만 이렇게 아무것도 못 하고 있는 거 직장도
못 다니고 남들 하는 것도 못 하고 집에서만 있어야 되는 거, 그런 거에
대해서 남들이 하는 것만큼 못 하니까 못 하는 것에 대해서 굉장히 자신
이 없어지고 자신감이 없고 어떻게 이렇게 계속 살아갈 수 있을까 그런
생각도 많이 들고……,
  - 요즘에는 잠이 잘 안 오면서 이런저런 걱정이 많이 돼요, 내가 정말 그
전같이 이렇게 100% 나아질 수 있을까 그런 걱정도 되면서, <참여자 B>

  - 기르면서 힘든 게 영어도 못하니까 답답하고, 수학도 못하니까 답답
하고, 앞으로는 과학도 해야 하고, 음악도 모르니까 답답하고,
  - 지금은 그냥 학교 준비물만 챙겨 주고 학교에서 시간 보내고 오니까
밥해 주고 그런 걸로만 해결을 하고 끝나지만 애를 나중에 내가 정말 시
집갈 때까지 살아서 애를 뒷바라지해 주고 남들 하는 것만큼 따라갈 수
있을까, 이런저런 걱정도 많이 되고,
  - 애가 중학교 갈 생각까지 하고 그런 거 보고 두렵더라고요, 내가 뒷
바라지해 줄 수 있을까 불안하기도 하고 두렵기도 하고, 아이는 크는데

나는 정지된 상태에서 애를 어떻게 도와줄까 걱정도 되고. <참여자 C>

- 억지로 끌 수 없는 나이가 됐다니까요. 그래 가지고 공부하라는 말만
하지, 제가 가르치는 능력도 없고, 저는 머리도 좋지 않고, 그러니까, <참
여자 D>

- 허리도 아프고 아이 하나도 힘들어요. 교육시키기가 너무 힘들고, 비
위 맞추기도 너무 힘들고, 어떻게 어떤 방향으로 진로를 해야 될지도 모
르겠고, 지금은 막 헷갈려요.
- 숙제는 안 봐 줘요, 모르니까 안 봐 줘요, 몰라요, 제가 수학 공부를
안 해 봐서 모르겠어요, 우리 딸은 잘하더라고요, 어째 하더라고요, 숙제
틀린 거 써 가지고, <참여자 F>

이렇게 참여자들은 현재 역할수행에 따른 부담과 긴장으로 인해
미래에의 희망을 잃고 불안해한다. 그러나 이러한 불안과 혼란 속
에는 자녀의 미래에 대한 책임과 자녀의 성장에 대한 기대가 내포
되어 있으며, 역경을 통한 자기 가치화를 이루어 가는 계기가 된다.

나. 방문 잠그는 아이, 외면하는 남편(가족 내 의사소통의 어려움)

부모 자녀관계는 다양한 인간관계 속에서 가장 중요하고 친밀한
관계이므로 자녀는 부모와의 상호관계를 통하여 부모의 영향을 받
으며 성장한다. 부모와 자녀 간의 상호작용은 주로 언어를 통해서
이루어지므로 적절한 언어적 상호작용은 자녀의 인격형성에 큰 영
향을 미친다. 그러나 정신분열증 환자 가족의 의사소통에서 환자 가
족은 대화의 지나친 소극성으로 인해 가족성원들 간의 정서적 교
류, 상호친밀성이나 이해의 폭에 역기능적인 영향을 받을 수 있다
(김규수, 1990). 이에 가족구성원 간의 의사소통은 상호 욕구 및

보통 사람처럼 살기, 엄마로 살기

감정을 나누면서 주요한 의사결정을 할 뿐 아니라 자녀의 심리, 정서 상태, 문제행동 등에 영향을 미친다.

연구 참여자들은 남성과 여성의 역할을 엄격하게 구분하는 전통적 성별분업 구조를 순응적으로 따르면서 자녀의 주 양육자 역할을 맡고 있다. 그러나 대부분 부부간의 의사소통이 활발하지 못한 편으로 자녀의 양육과 관련한 대화를 남편과 거의 하지 않는다. 또한 아이와의 의사소통에서도 상호 고립되어, 상호 정서적 교류나 친밀성의 폭이 좁은 것으로 보인다. 아이들이 엄마와 대화하기 싫어하고, 엄마는 남편과 대화하기 싫어하면서 가족성원 간 의사소통의 불균형이 발생하고 있는 것이다. 반면 〈참여자 E〉의 경우 남편이 자녀 교육과 집안일에 대해 하루에 수십 통씩 전화를 하고, 아들에게 절대적 복종을 요구하면서 가족관계의 어려움을 경험하고 있다.

- (아이 키우는 것에 대해) 그런 부분은 그냥 얘기를 안 하는 것 같아요, 서로 여유가 되면 얘기하고, 그런데 서로 마주칠 새도 없어요, 〈참여자 A〉

- 학교에서의 일은 잘 얘기를 안 하고, 힘들었던 일이나 재미있었던 일 그런 건 잘 이야기 안 하고요, 일이 있을 때 보고하는 형식으로 얘기하는 편인데, 〈참여자 B〉

- 방문을 걸어 잠그고 아바타를 하든지 아니면 뭐 소꿉놀이를 하든지 아니면 뭐 저기 종이를 찢어 갖고 뭐 한다든지 혼자서, 잠그게 되어 있거든요, 문이, 그래 가지고 뭐 하니 열어 봐라 그러면 왜 왜 그래요, 열어 봐라 그래요, 열면은 혼자 놀고 있어요, 테이프 있잖아요, 그걸 도미노같이 세워 놓고 그거 갖고 놀고,
- (전세로 이사를 가고 싶은데 남편이) 알아보지도 않고 그냥 될 테면 되라 하고 누워 있고, 계속 여기서 산다는데 어떡해요, 〈참여자 C〉

- 지금은 엄마 말에 지가 긴가민가하고, 엄마가 와서 밥해 주는 게 좋기는 좋은데, 엄마가 있어서 좋기는 좋은데, 자기 멋대로인 것 같은 기분이 들어요.

- 지금은 머리가 커 가지고, 매질도 못 하지, 내가 무슨 이야기를 하면 빈정거리고, 아니 빈정거리는 게 아니라 돌리려고, 엄마를 웃기려고나 하지, 화내는 엄마를 돌려놓으려고만 하지 뼛 속 깊이 듣는 그런 구석이 없어요. 그러니까 엄마는 답답해요.

- 대학도 안 나온 아빠기 때문에 기대할 거도 없어요. 대학 안 나와도 요새는 기술로 먹고 사는 사람 많다고 그런 이야기만 하니까 얘기하기 싫어요. 기대하기가 싫어요. 내 처지 봐서는 이것도 그냥 감지덕지해야 되나, 그냥 대화를 많이 안 하고 그러니까, 〈참여자 D〉

- 미리 그런 일이 생기기 전에 아빠가 다 무마를 해요. 어떻게 하라고 다 지도를 해요. 전화해 주고 갔다 오라고, 왔으면 갔다 왔냐고 그러고, 밥 먹었냐고 전화하고, 하루에 한 수십 통도 하고 그래요. 〈참여자 E〉

특히 이러한 의사소통의 역기능은 남편에 대한 불만과 갈등으로 인해 나타난다. 〈참여자 F〉의 경우 남편이 이혼하자는 소리를 습관적으로 반복하면서 갈등을 더욱 악화시키고 있다. 〈F〉 씨의 경우 아이들 때문에 이혼할 생각이 없으나, 이혼을 언급하는 남편에 대한 실망과 분노 감정이 내재해 있다. 〈참여자 C〉 역시 평소 말 수 없는 남편과의 관계에 직접적인 불만이 있기보다 아이에게 본을 보여 주지 못한다는 점 때문에 더욱 불만이 쌓이고 달라지기를 요구한다.

- 그놈의 이혼 소리만 안 나왔으면 좋겠는데 만날 이혼, 이혼, 이혼, 아유, 아유 이젠 질렸다니까. 그놈의 이혼 소리는 왜 그렇게 자주 하나 몰라. 막 이혼, 이혼 얘기가 나오기에 제발 그런 소리 좀 하지 말라고, 듣기 싫어 죽겠다고. 뭣 때문에 이혼하려고 그러냐고 그랬더니, (   ) 싫어졌나 봐 이제. 질렸지 십사 년 살았으면 질렸지, 엄마한테는 병원에서 나오면 집이 영 불안하고, 살기 싫으면 엄마 집 가서 살라고 얘기를 하더라고

보통 사람처럼 살기, 엄마로 살기

요, 친정엄마가 친정집에 와서 살라고 하더라고요, <참여자 F>

- 남편이 경제적으로나 능력으로 키워 줬으면 좋겠다 이런 생각, 남편
한테 의지하고 살고 싶었어요, 요리도 잘하고, 애한테도요, 애한테는 인
제 텔레비전도 안 보는 남편이었으면 좋겠어요, 책을 본다거나 애한테 모
범이 되는 거 그걸 해 줬으면 좋겠어요, 그래서 애가 성적이 안 올라요,
그러니까 성적이 떨어지고 그대로죠, <참여자 C>

다. 덤으로 살기(확대가족과의 갈등)

가족 내 갈등은 부부 및 자녀, 확대가족 등 다양한 관계에서 발
생하고 있다. 이는 자연스러운 것으로 갈등이 존재한다는 사실에
문제가 있기보다는 그 문제를 어떻게 인식하고 해결해 나가느냐
하는 것에 초점을 두어야 한다. 부부간의 갈등은 주로 가사의 분
담이나 자녀양육에서 발생하고 있으며, 그 외 시부모나 친정부모와
의 갈등은 동거 여부와 관계없이 부모의 권위적인 태도나 문화적
차이, 경제적 이유 등에서 생기게 된다.

참여자의 정신질환을 확대가족이 인식하는지 유무에 따라 그 양
상이 달라질 수 있는데 참여자의 정신질환에 대해 모르는 경우 시
댁에서 더 강도 높은 역할수행을 요구하기 때문이다. <참여자 B>의
경우 정신질환에 대해 모르는 시부모님으로부터 '아이를 하나 더 낳
아야 한다'거나 '아들을 낳아야 한다'는 강요를 받기도 하고, 대인관
계와 가사에 익숙하지 못해 시댁 식구와 갈등이 생기기도 하였다.

- 어머님은 저가 약 먹는 줄 모르시고 아이 아빠가 얘기를 안 해요, 걱
정한다고, 그래서 아버님, 어머님은 모르셔요, 전혀, 어떨 때는 너무 힘들
어서 얘기를 해 볼까 하다가도, 그래서 얘기를 못 하고 저를 정상인으로
보기 때문에 시골에 가서 처음에는 흔도 많이 났어요, 처음에 결혼하고

확대가족의 일원으로서 역할수행은 참여자들에게 다양한 형태의
갈등을 일으킬 수 있다. 이는 시가와의 관계에서뿐만 아니라 친정가
족과의 관계에서도 발생한다. 이는 결혼 전부터 친정어머니와 정서
적 유대감이 별로 없고, 갈등적 관계인 경우 더욱 강화된다. 〈참여
자 E〉의 경우 정신질환의 발병으로 인해 가족 내에서 '덤'으로 인
식되면서 집안의 대소사에서 소외되었고, 결혼을 통해 독립적인 생
활을 기대하나, 여전히 친정 식구들에게는 보호해야 할 대상이었다.
또한 〈참여자 A〉는 정서적으로 단절된 친정어머니와의 관계가 결
혼 후에 더 악화되면서 원망의 대상이 되고 있었다.

보통 사람처럼 살기, 엄마로 살기

식을 하고 하루 종일 하고, 시간 남으면 청소해, 너무 힘들어, 돌아올 때,
우리 집에 돌아올 때 피곤해서 죽겠어, 못살겠어요, 어렸을 때부터 막 욕
하면서 저만 닦달했어요, 집안일 다 하게, 〈참여자 A〉

〈참여자 C〉는 정신질환 발병 후 집안 식구들에 의해 강제로 입
원을 당하였고, 무관심과 몰이해로 고통스러웠던 경험을 갖고 있
다. 이러한 과거 경험에 대한 원망은 결혼을 하고 자신의 가정을
꾸리고 난 후에도 여전히 중요한 심리적 트라우마로 남아 있다.

- 부모의 사랑도 듣고, 애기 낳아서 애기한테 모든 사랑을 다 주고 싶
었는데, 오빠는 그런 마음도 몰라 주고, 엄마도 몰라 주고, 동생도 모르
고, 셋이 모여 살 때요, 제가 꽃동네로 간 게 인생에서 제일 슬펐던 거예
요, 쫓겨난 거죠,
- 아버지 돌아가시기 전에는 허리 때문에 식구들한테 많이 도움을 받고
싶은데 다 아버지 신경 쓰느라고 저한테 신경을 안 썼어요,

또한 시댁 식구와의 갈등은 시부모의 권위적 태도나 가정사에
대한 일방적 개입 외에도 정서적, 문화적 차이에서 오는 갈등, 손
자녀의 양육과 교육방식 및 태도에서 오는 마찰, 경제적 요구 등
다양하게 나타난다. 특히, 〈참여자 E〉의 경우 시댁과의 관계에서
발생하는 스트레스가 주요한 재발의 원인이 되기도 하였다.

- 시댁 동서들이나 뭐 저래 가지고 애를 낳고 키우겠냐, 기르겠냐 했죠,
(아이를 낳기 전까지) 시댁 식구들이 무서워서 꼼짝도 못 했어요, 덜덜
덜 떨었어요,
- 시댁 쪽에서 반대했어요, 시아버지께서 오히려 애를 어린이집에 보내
지 말고 내가 데리고 애를 키우면서 삶의 즐거움을 애가 커 나가는 거
보면서 내가 즐거울 수 있다고 그래야지 내가 우울이 걷힐 수 있다고 그
러니까 내가 키웠으면 좋겠다고, 시어머님하고 달라요, 시어머님은 달라

요, 시어머님은 애를 겉으로는, 속으로는 예뻐하는데 겉으로는 엄하게 해
줘야 한대요. 그건 절대 아니에요. 완전 틀려요. <참여자 A>

- 제가 적응을 못 해 가지고 제가요, 남편한테 유감 있는 거 욕하고 제
사 지낼 때 향 피워 놓고 절하고 반절하고 나오는 거 그거 잘못해 가지
고 까라 않았어요. 누워 갖고 뭐 저기 생리는 나오는데, 피는 저기 바지
에 묻었는데 뭉개고 있었죠 뭐, 시댁에서. <참여자 C>

- (시댁에) 가면 쓰러지니까, 또 무슨 얘기 듣고 와서 화병 나니까 가
지 말라고. 명절 같은 때 다가오면 그런다든지, 시댁에 가면 꼭 병나 가
지고 와요. 가지를 말아야 돼요. 근데 친정에 가면 괜찮아요. <참여자 E>

그러나 정신질환으로 지속적인 치료와 관리가 필요한 여성정신
장애인의 경우 확대가족은 참여자 가족의 어려움을 덜어 주고 삶
의 질을 보장해 주는 역할을 수행할 수 있다. 참여자의 사회, 경제적
지지를 위해 여러 가지 형태의 지원을 제공하기도 하면서 확대가
족과의 관계는 매우 중요한 의미를 가진다. 원가족과의 경험을 통
해 자신의 모성경험을 재현하기도 하며, 새롭게 재편하기도 한다.

4. 낙인과 소통의 어려움(차가운 벽 앞에 서기)

정신장애인은 질환 자체보다 사회적 낙인을 통해 더 많은 스트
레스와 고통을 경험한다(Shea, 2002). 본 연구의 참여자 역시 사회
적 낙인에 대한 두려움으로 대인관계에 소극적이고, 주변체계와의
소통에 어려움을 겪고 있었다. 이는 또한 자녀들이 성장해서 참여
자 자신의 정신장애로 인해 경험할 수 있는 낙인과 부정적 영향에
대한 우려로 나타난다.

가. 사회적 소통의 어려움

참여자들은 자신의 정신질환에 대해 주변에서 알게 되면 아이에게 부정적 영향을 줄 수 있다는 염려로 주변의 반응에 예민하다. 또한 주변의 시선에 대해 자신의 문제인 경우에는 크게 신경 쓰지 않지만 아이에게 영향을 미칠 수 있는 측면은 실제로 더 많은 걱정과 불안을 경험하고 있었다.

> - 올해는 어린이집에 제가 아프다는 얘기는 안 했어요, 혹시나 아이에게 선입견을 갖거나 무슨 제가 부족할 때, 좀 그렇게 보일까 싶어서 얘길 안 했는데, <참여자 A>

> - 당연히 (신경이) 쓰이죠, 근데 이 주위에서 아무도 몰라요, 내가 정신과 다니는지, 누가 뭐 정신병원에 다닌다고 그런 사람들은 없겠죠, 옛날에는 그런 게 부담이 됐는데 지금은 그렇지 않아요, <참여자 D>

특히 사회적 낙인에 있어 서비스 제공자인 치료진이 보이는 편견과 선입견에 참여자들은 더 큰 분노와 심리적 상처를 경험한다.

> - 되든 안 되든 무조건 치료만 했으면 좋겠어요, 열심히 치료하다 보면 평생 걸릴 수도 있고, 평생 안 걸릴 수도 있거든요. 평생을 진단받은 사람도 평생이 안 걸릴 수 있거든요, 치료에만 전념하면, 그게 너무나 서글프고, 우울해요, 치료도 열심히 안 해 주면서, 연구도 안 하면서 너무 억울하죠, 우리도 억울하죠, 우리가 걸리고 싶어서 걸렸겠어요, 누구는 뭐 이 병이 좋아서 걸리겠어요,
> 죽이고 싶어요, 그런 사람들은 의사들도 다리몽둥이를 똑 잘라 버리고 싶어요, 왜냐면 여기 나오는 사람들은 거의 평생 약을 먹어야 한다, 그런 말 했거든요, 저는 절대 그렇게 안 할 거거든요, <참여자 A>

그러나 사회적 낙인으로 인한 구체적 차별의 경험보다 실제 참

여자들이 사회적 관계에서 경험하는 어려움은 대인관계의 유지와 형성에 있어서의 어려움이다. 정신장애와 관련하여 이웃에 음식이나 집의 물건을 갖다 주는 등의 증상으로 가족과 갈등을 겪은 경험이 있는 〈참여자 D〉의 경우 다시 그러한 증상이 반복될 것을 우려하여 남편이 이웃과 소통하는 것 자체를 싫어하고 잦은 이사로 인해 사실상 이웃과 사귈 기회조차 없었다. 이에 이웃과 친해지고 싶은 행동에 대해 주변에서 오해할 것이라는 부담으로 이웃과 친밀한 관계를 형성하는 데 조심스럽다. 〈참여자 F〉의 경우 오랜 기간 거주하면서 이웃과 가깝게 지내는 편이나 이웃의 관심이 지지가 되는 동시에 간섭과 부담으로 느껴지는 양가적 태도를 보이고 있다.

- 친하게 지내고 싶은 마음은 심정은 생기는데 그게 잘 안 되는 거 같고, 나는 또 나이 차이가 그 아줌마하고 좀 나니까 얘기하기도 좀 곤란하고 그래요. 〈참여자 F〉

- 쓸데없이 남을 그냥 갖다 주고, 쓸데없이 베풀어요, 집에 있는 거, 없는 거, 집에 살림을 안 하고, 괜히 쓸데없이 퍼 주고, 쓸데없이 주위 사람들 죽이나 해서 나눠 주고 할머니들 갖다 주고, 그 사람들이야 좋게 받아들이죠, 이런 겨울에 무슨 자기한테 맛있는 거 갖다 주고 그러니까
- 제가 병원 갔다 오면 어디가 그렇게 아팠냐고, 얼굴이 안됐다고 그랬어요, 이사를 자주 다녔기 때문에 나는 내 딴에는 사귀려고 그냥 할머니들이 안돼 보이고 그냥 사귀려고 그랬는데, 아이 친구 엄마들, 친구 할머니들이 애가 가면 할머니들이 잘해 줬대요, 그런 말 들으면 나는 마음이 쓰이잖아요, 내 아들한테 잘해 줬으니까, 나도 갖다 줘야 된다고 당연하잖아요. 〈참여자 D〉

- 주위 사람들이 병원 다시 안 가게 약 잘 먹으라고 나만 보면 만날 읊어요, 읊어요, 언니네 집에 가니까 만날 읊는다니까, 이렇게 생활 잘하니까 얼마나 좋냐고, 사람 꼴이냐고, 병원에 있을 때 사람 꼴이냐고, 〈참여자 E〉

보통 사람처럼 살기, 엄마로 살기

　－ 어디를 집에만 있었어요, 집에만 있으니까 아줌마들이 화를 내는 거
모냥 아유 딱하지 이런 얘기도 들어 보고, 집에서 뭐햐, 어디 놀러도 다
니고 그러지 어떻게 집에만 있냐고 답답하지 않냐고, 그렇게 얘기를 해
주며는 아유 안 답답해요.(참여자 F)

　또한 〈참여자 B〉의 경우 이웃과 학교와의 관계에 있어 수동적
이고 학교 선생님과 만나게 되면 자신의 질환이 알려질 수 있다는
두려움과 불안을 가지고 있었다. 〈참여자 C〉의 경우 대인관계를
넓히고자 하는 욕구를 가지고 있었으나, 사회적 관계를 형성하고
유지하는 데 어려움을 겪고 있었다.

　－ (유치원 다닐 때) 그렇지는 않고, 그냥 끝나고 오기만 기다리고 그랬
어요, 괜히 알려지고 그런 게 신경 쓰여서, 〈참여자 B〉

　－ 사람을 상대 안 하고 그냥 놔둬요, 놔두면 저 스스로 다 하거든요, 사
람이 또 와서 말 이상하게 하거나 그러면은 저도 같이 이상해져요, 그냥
가만히 놔두면 좋겠어요, 사람을 사귀면 오래가지 않아요, 무슨 이유를
대 가지고 헤어지게 돼요,
　－ 죽고 싶다는 생각이 있지만, 좀 저기 할 때 열등감, 친구들 엄마한테 열
등감, 모른다는 거 자책감 그런 거 때문에 많이 힘들어요,
　－ 근데 너무 부족해요, 선생님처럼 많이 배우지도 못하고, 해 갖고요,
많이 배우고, 옷도 잘 차려입고 오는 엄마들 보잖아요, 그러면 그런 엄마
들끼리 이야기하고, 가는 엄마들 있거든요, 그때는 진짜 눈물이 핑 돌아
요, 일학년 때도 그랬거든요, 아는 엄마들끼리는 애들 옷 맞춰 갖고 발표
회 때 애들 똑같이 연습시켜 가지고 했거든요, 그런데도 해 보면 좋잖아
요, 근데 엄마들이 얘기를 안 시키더라고, 〈참여자 C〉

5. 지지체계의 지원 및 요구(도움닫기)

사회적 관계망은 단순한 관계의 집합이 아니라 한 개인의 행동에 영향을 미치는 구성원들 간의 관계체계이다. 즉 현실생활의 관계와 관심의 결과로 개인이나 가정의 생활공간에서 자연적으로 발생하는 것으로서 친족, 친구, 이웃, 동료 자조집단과의 관계를 포함한다. 특히 정신장애인의 경우 지역사회 내 다양한 정신보건기관과 관계 맺으면서 다양한 정보와 대처기술의 습득, 정서적 지지, 경제적 지원을 얻고 있다.

참여자들은 심리적 불안정과 불안, 스트레스, 사회적 고립감, 자신감 저하 등 여러 형태의 심리 정서적 문제를 경험함으로써 거듭되는 경제적 어려움과 주변 지지체계의 부족 등을 해소하는 데 있어 다양한 형태의 사회적 지지망을 활용해 왔다. 참여자 모두 사회복귀시설과 정신보건센터의 사례관리 서비스를 받고 있었고, 비공식적 지지체계 또한 활용해 오고 있었다. 그러나 경우에 따라 사회적 관계망의 위축과 고립, 심리적 갈등으로 열등감과 소외감을 경험하기도 하였다.

가. 공식적 지지체계의 지원

참여자들은 공식적 지지체계 자원으로 병원, 학교, 보건소, 사회복귀시설, 정신보건센터 등과 연계 맺고 소통하고 있다. 참여자들 모두 현재 지속적인 약물관리와 증상관리를 하면서 어느 정도 증상이 안정되고, 일상생활 기능을 유지하고 있다. 이에 병원과의 지

보통 사람처럼 살기, 엄마로 살기

속적인 연계가 공통적으로 이루어지고 있으며, 임신기뿐만 아니라 아이 양육과 관련한 정보도 병원 주치의로부터 듣고, 의사결정에 있어 참고하기도 한다. 보건소와 사회복귀시설, 정신보건센터 등 지역사회정신보건기관과 사례관리 연계가 이루어져 있으며 관계 정도는 참여자마다 조금씩 차이가 나타났다. 이는 기관 특성 및 참여자 개개인의 특성에 따른 것으로 사례관리자와 관계가 다소 소원하다고 밝힌 〈참여자 D〉의 경우 독립적이고 사생활 보호를 중시하기 때문에 간섭받는다는 생각에 서비스 기관의 이용을 꺼리고 있었다. 그럼에도 이러한 기관에서의 서비스나 지원에 대해 호의적으로 생각하며 지속적인 관계를 맺고자 한다.

- 소아 정신과 담당하는 의사 선생님하고 상담을 했는데 다른 사람들이 자꾸 유치원에 보내라는 거예요, 다 알아서 엄마보다 더 잘 교육받아서 다 알아서, 더 잘 키워 주는데 왜 안 보내느냐는 거예요, 의사 선생님한테 얘기해 봤더니, 만 30개월에서 35개월 정도는 엄마가 길러야 하지만 그 30개월까지만 길러 줘도 괜찮다 얘기를 하시는 거예요, 〈참여자 A〉

- 회원 분들하고요, 맨 처음에는 그 생활비 생계비가 나오는 줄 몰랐거든요, 근데 여기 와서 알게 됐고요, 그것도 도움이 되고, 선생님이 복지관 그런데 소개도 하고 거기 다니면서 이런 사람도 만나고 저런 사람도 만나면서 젊은 사람도 만나고 늙은 사람도 만나면서 좋아지는 거 같아요, 몸이, 〈참여자 B〉

- 그리고 요즘에는 보건소 다니면서, 복지관 다니면서 활기를 찾아 갖고 남편 잔심부름 같은 거도 해 주고, 남편이 좋아하는 거 뭐 떨어지면 냉장고에 사 놓고,
- 제가 가르쳐 주기도 하고요, 아이가 물어보잖아요, 어쩌다가, 제가 가르쳐 주다가 모르면요 여기 선생님한테 찾아와요, 고맙죠, 세상일이 고맙고, 선생님 같은 분도 만나게 해 줘서 고맙고, 여기 보건소 회원들도 만나게 해 줘서 고맙고, 감사한 마음이 들죠,

- 만날 허리도 아프고 있는데 집에서만 웅크리고 어떤 자세에서 무슨 생각 할 지도 모르잖아요, 집에서 근데 나오니까 이런 사람은 이렇게 아프구나, 이런 걸 겪는구나, 그런 걸 얘기하거든요, 자기 증상들을요, 아 이런 거는 나랑 똑같다, 다르구나 이런 걸 느끼게 되고 선생님이 나오면 영화 같은 거 영화관에 데리고 다니거든요, 그러면 영화관 갔다 오고, 그리고 여기 다니면서 체육대회 그런 거 하며는 여자는 나밖에 뛸 사람이 없으니까 시켜 주시면 최선을 다해서 하며는 잘 나오고 성취감도 느끼고,
- 제가 먹는 거는 저도 만들어 먹으면 좋겠지만 실력이 없어요, 그래 가지고 여기 후원받아서, 반찬 후원받아서 먹고 있어요, <참여자 C>

- (남편이) 적극 찬성을 해요, 낮 병원에서 내가 활동하고 한 달 반 정도 다니는 걸 봤나 봐요, 잘 다니고 하니까, 보건소 가는 날이지 하면서 챙겨 주고, 갔다 오라고 적극적이에요, 보건소 갔다 오라고, <참여자 C, F>

- 여기 오는 선생님들은 그런 일을 하는 게 의무고, 내가 환자니까, 그런 직업을 존중해야 된다고, 나처럼 이런 병이 있는 사람들, 그런 친구가 있고 그래야 되는데, 그 점이 좀 아쉬워요, 그러더라고요, 여기 오시는 간호사님이 같은 병을 앓는 사람끼리 대화도 나누면, 자녀교육에 대해 나누고 도움이 될 거라고, 만나 보라고 그런 말씀도 해 주시고, <참여자 D>

그러나 참여자들은 자녀의 학교체계와는 거의 접촉을 않고, 부담을 느끼고 있었다. 학교 선생님을 어려워하고 자신의 질병이 알려져 자녀에게 불이익이 갈지도 모른다는 두려움을 갖고 있다. 그럼에도 자녀의 학업적 성취에 대한 관심이 높고, 복지관이나 보건소 등 주변의 사회적 서비스 기관을 통해 자녀의 학업을 지원해 줄 프로그램을 요구하고 있었다. 이는 경제적 어려움과 사회적 소외감 등으로 참여자 자신이 경험했던 사회적 불이익과 배제를 자녀들은 겪지 않기를 바라기 때문이다.

- 학교도 성적이 떨어지면 안 되는데, 지금은 중간은 하거든요, 처음에는 저는 용납이 안 됐어요, 저는 어렸을 때 상위권에 있었기 때문에 중간

보통 사람처럼 살기, 엄마로 살기

한다는 게 용납이 안 됐었는데. <참여자 B>

 - 공부하는 거 힘들어해서 그럴 때는 불쌍하기도 하고 답답하죠. 저도 답답하고 어떻게 해 줘야 될지 모르겠고.
 - 앞으로 중고등학교까지 쟤가 좀 따라가 주었으면, 성적이라도 좀 따라가 주고 남들 하는 만큼 따라가 주었으면. <참여자 C>

 - 공부를 해야 나중에 자기 진로도 걱정되고, 자기 딴에는 진로도 걱정되고 여러 가지 걱정도 될 텐데, 집에서 공부를 안 해요. 엄마가 그게 불안해요. 공부 좀 했으면 좋겠는데, 얘가 나중에 뭐가 되려고 그러나 싶고, 왜 안 하나 싶어서.
 - 지가 또 언제 철이 들까. 그게 제일 시급해요. 올바로 성장한다는 건 아무래도 교육이잖아요. 교육이 첫째잖아요. 아무래도 사람은 교육이 제일 큰 영향을 미치더라고요. 우리는 뭐라고 말 못 하니까, 지가 공부해 가지고, 지가 선생님 되면은 우리는 바라지는 않겠지만 우리는 둘이 해 먹을 수 있겠지만 저라도 잘살면 부모님 생각 안 하겠어요. 저라도 잘살면. <참여자 D>

 - 우리한테는 그게 필요한 거 같아요. 가난하고 병이 있어 가지고 제가 책임지지 못하니까 지금도 약에 의지해 가지고 살고 있잖아요. 그런 것 좀, 자녀 교육에 대해서 정부에서 지원을 좀 해 줬으면 좋겠어요. 우리가 손닿지 않는 것을 못 가르쳐 가지고 가난을 대물림한다는 게 안타깝잖아요. <참여자 D>

나. 비공식적 지지체계의 지원

일반적인 가족의 형태와 개념이 변화하고 있으나 여전히 한국사회의 가족주의 개념은 부부와 자녀 및 원가족을 포함하고 있어 개인주의적 욕구와 함께 전통적 가족의 정서적 관계는 지속되고 있다(양옥경, 2000). 정신장애인의 경우 오랜 시간 가족들의 보호를 필요로 하기 때문에 가족과 보다 밀착된 관계를 가지고 있고, 결혼 이후에도 가족들의 보호책임이 지속되므로 확대된 범위의 가족개념을 가지고 있었다. 결혼은 두 사람의 관계 맺음과 동시에 부모 자녀, 형제, 친척 등 새로운 가족관계 형성을 의미한다. 참여자들은 결혼 후에도 확대가족의 다양한 심리적, 정서적, 경제적 지원을 받아 왔으며, 자녀를 출산하고 양육하는 과정에서 이러한 가족들의 지원은 든든한 힘이 된다. 특히 남편의 지지와 이해가 참여자의 모성 수행을 지속하고, 강화하는 데 매우 중요한 자원이 되었다.

- 애기 아빠가 집에 있었기 때문에 애기 아빠가 많이 애를 많이 다독거려 줬죠 그때는. 〈참여자 B〉

- 내가 그렇게 아팠었을 때 누가 다른 사람 같으면 금방 헤어지는데 지금까지 참고 견뎠다는 거. 저도 그거는 굉장히 고맙게 생각해요. 그 당시에 당장 헤어질 수도 있었는데 지금까지 참아 주었다는 거. 〈참여자 C〉

- 하느님의 은총이었던 거 같아요. 결혼식을 성당에서 했거든요. 혼배성사를 했는데 지금까지 헤어지지도 않고, 병중에도 다 봐주고 그러니까 남편이 능력은 없지만 그래도 그냥 한 번 결혼한 사람이 부인이려니 하고 그냥 어떻게라도 살아보려고 그런 건 좀 기특한 거 같아요.
내가 이 사람의 보호자로서 끝까지 지켜야겠다고 생각하고, 애도 잘 키워야 되겠다. 이 테두리 안에서 가족공동체로 테두리를 잡고 어디 삐뚜로 가지 않겠다는 생각을 갖고 그런 게, 아무리 어려워도 그거는 지켜야겠다고 생각했나 봐요. 〈참여자 D〉

또한 친정어머니와 시어머니는 직접적인 생활을 지원하고 가사활동을 지원하면서 약물관리 등 증상의 조절, 안정에도 중요한 영향을 미치고 있었다.

- 주변에서 올케언니가 애기 옷하고 그런 거 많이 헌 옷 같은 거 가져오고 밑에 집에서 헌옷 같은 거 갖다 주고, 아직은 시어머님께서 쌀이나 그런 걸 지원을 해 주시고, 이사 가면서 엄마도 집이 너무 크고 집은 좋

보통 사람처럼 살기, 엄마로 살기

은데 너무 청소하기도 힘들고 그러니까 오셔서 청소 많이 해 주셨거든요.
<참여자 B>

- 서울 언니가 나 서울 살 때는 만날 신경 써 줬거든요, 만날 드나들고,
뭐 갖다 주고 그랬는데, 서울이니까 서울 언니가 많이 신경 썼거든요, 근
데 지금 대전 사니까 대전 언니가 신경을 많이 써요, 한 번 가면 귤도 이
만큼씩 싸 주고, 한 번 고기를 사면 고기를 이만큼씩 사 주고, 언니가 살
림 보탬을 많이 하죠.
- 서울에서 둘이 못살게 생겼으니까, 시고모가 (남편한테) 대전으로 오
라고 그랬나 봐요, 형들, 누나들이 전세 조그만 방이라도 얻어서 살라고,
병원에 있을 때 그랬나 봐요, 그래 가지고 대전에 이사 오게 됐어요.
- 안 아프게 신경 안 쓰게 배려해 줘요, 특별히 불편한 것 없고, 신경
안 쓰게, 신경 많이 써 가지고 그런다고, 마음이 여리고 아프다고 그래요,
시댁 식구도 괜찮고, 마음이 여리고 신경을 많이 써서 그런 줄 알고 사람
들이 다 잘해 줘요.
- 언니가 워낙 엄마처럼 키워 줬기 때문에 언니를 굉장히 잘 따르고,
얘가 엄마처럼 키웠기 때문에 애한테 나쁜 영향은 안 간 거 같아요, <참
여자 D>

- 집 얻을 때 친정어머니가 줬지요, 이천이나 해 줬죠, 또 힘든 일이 있
으면 엄마하고 의논했죠, 또 아이 아빠가 있으니까, 엄마한텐 그냥 전화
하면 엄마가 왜 그러냐, 목소리가 안 좋다, 어휴 이것이 또 얼마나 속을
썩나, 걱정도 하고, <참여자 E>

- 시누이 있잖아요, 내가 없을 땐 일찍 와서 밥 해 먹이고 그러더라고
요, 애들 많이 봐줬어요, 키워 준 건 아니고, 많이, 우리 딸을 많이 봐줬
어요, 하나 있을 때, 하나, 내가 친정에를 자주 갔었거든요, 유천동이니까
유천아파트 살 때 가까우니까, 자고 오지는 않고 그냥 놀다가 왔어요.
- 신경 약이요, 떨어지면 엄마가 빨리 가서 약 타 오라고, 내가 돈 없어
엄마, 없어 하며는 우리 엄마가 꿔서, 꿔서 엄마가 집으로 빨리 오라고
그래 가지고 꿔서 약 타 가지고 온 적 있어요.
- 원래 어렸을 때부터 (친정) 엄마만 질질 따라다녔었거든요, 엄마를
의지를 많이 해요, 만날 애 하나 있을 때는 만날 데리고 와라 병원 가게,
감기 안 나았으니까 감기 빨리 낫게, 돈도 없는데도 빨리 오라고 그래서
엄마 돈 꿔다가 병원 갔다 오면 약 먹여 주고, 재워 주고, 밥 먹여 주고,
죄다 엄마가 많이 도와주셨는데, <참여자 F>

가족 이외에 오랜 기간 한 지역에 거주한 참여자의 경우 주변의
이웃들이 질환에 대해 자연스럽게 알게 되면서 함께 걱정해 주고,
지지해 주면서 자녀양육에도 보조적 지원을 해 주고 있었다.

6. 대처와 적응(고군분투)

정신장애인은 자신이 변화할 수 있다는 가능성을 인식했을 때 더
나은 삶을 개척할 수 있다(박미은, 2001). 참여자들은 양육에 있어
어머니로서 자신의 존재를 인식하고 아이 양육에 있어 많은 관심을
기울인다. 특히 스스로 정신적으로 힘든 삶을 살아왔기 때문에 아
이들은 '나와 다르게 정신적으로 건강한 삶을 살기 바라며', 이는
아이들의 양육에 있어 지지적이며, 수용적인 태도를 보이도록 한다.
또한 자식에 대한 기대와 의지는 동시에 '스스로 알아서 자라도록'
하는 자율과 독립을 강조하는 양육관으로 나타난다. 이는 부모가
자녀의 발달과 성장에 끝까지 지원해 주기 어렵다는 현실적인 어려
움 때문이기도 하며, 동시에 자신의 삶의 경험을 통해 나타난 의존

보통 사람처럼 살기, 엄마로 살기

성에 대한 반성적 성찰을 통해 나타나는 것이다.

실제 참여자들은 다중역할로 인해 역할갈등을 겪어 왔으나 반면 '가사와 양육에 있어 일반 여성과 마찬가지로 최선을 다해 중심적 역할'을 해 왔다. 이는 증상의 안정과 주변의 지지가 큰 몫을 했지만, 동시에 '아동의 성장과 함께 역할변화에 적응'한 때문이기도 하다.

이러한 적응과정과 함께 참여자 가족들은 엄마의 정신질환에 대처하기 위해 '가족 내 역할을 조정'한다. 또한 엄마의 정신질환에 대해 나이가 어릴(7세) 경우를 제외하고 대부분 알고, '적절히 대처'한다. 때에 따라 자녀가 약물관리와 진료 일정을 챙기는 등 또 다른 성인 보호자의 역할을 담당하기도 한다.

가. 나와 다르게 정상으로 키우기

참여자들은 대부분 정신질환으로 인해 삶에 있어 좌절과 실패를 경험한 자신의 삶이 자식에게 되풀이되지 않기를 바란다. 자신의 심리정서적 문제로 인해 아이에게 부정적 영향을 미칠 것을 두려워하며, 자신과 다르게 정상적으로 살아가길 바란다.

> − 제가 크게 건강을 많이 잃아 가지고 깊이 좌절과 깊음에 빠져들어 가지고 그랬기 때문에 가능하면 정신적으로 불운이나 뭐 그런 것 겪지 않고 살아가기를 바라, 하여튼 나같이 키우면 안 된다, 그런 고집으로 말도 안 하고 눈치만, 저도 걱정이었어요, 옛날에는 제가 말이 없으니까, 얘도 말이 너무 없고 자기표현도 못 하고 그럴까 봐,
> 또 가만히 있으면 쟤가 또 혹시 나와 같이 이런 식으로 되지 않을까 싶어서 그래서 또 떼어 놓은 거예요, 나를 바라보면서 나한테서 무얼 배울 것인가, 얻을 게 무엇인가, 그래서 그냥 보냈어요(어린이집에). <참여자 A>

- 제 단점이 많아요. 그래서 저 단점을 많이 안 닮고 아빠의 장점을 많이 닮아서 다행이다 그런 생각을 많이 해요. 그때(재발) 이후로는 이 영향을 고스란히 물려받은 게 아닌가 그런 걱정을 많이 해요. 큰일 났다 어떡하면 좋은가, 제대로 능력을, 발휘를 그전처럼 발휘를 못 해 주는 내 머리가 답답하고 그렇기 때문에 그거 물려받으면 어떡하나 걱정을 많이 했거든요. <참여자 B>

- 엄마 닮더라고요 머리는, 그래 가지고 우리 아이는 엄마 닮으면 안 되는데, 얘는 공부가 어려운가 봐요. 그럴 때마다 내가 환자라서 애한테까지 영향이 간 게 아닌가 그런 걱정을 많이 하고, <참여자 C>

- 안 된다니까요, 나처럼 되면 안 돼요. 달라지게 하려 해도 내가 그런 게 없어요. 그렇게 하지를 못하겠어. <참여자 D>

- 쟤가 그렇게 주절주절 얘기를 막, 그렇게 종알종알 많이 했는데, 책도 한 권을 다 외웠대요. 동화책을 읽어 주면 책도 한 권을 다 외웠대요. 그렇게 머리가 좋았는데 공부를 안 시켜 가지고 머리가 지금 퇴화돼 가지고, 자꾸 공부하기를 싫어하는 거 보면 내가 미안하다니까요. 나 땜에 그런 가 싶어서……, <참여자 E>

이러한 생각은 엄마가 직접 키움으로써 부정적인 영향을 미치는 것보다 다른 사회적 교육 기회를 통해 엄마의 양육에서 부족한 면 혹은 부정적인 면을 개선하고 충족시키고자 하는 시도로 나타난다. 또한 교육에 있어서도 몸과 마음이 고루 튼튼하고, 친구들과의 관계를 중시하는 정신건강에 대한 예방적 접근을 중시하게 된다.

- 차라리 엄마를 보지 않고 있을 동안 친구들도 만날 수 있고, 선생님도 볼 수 있고, 오히려 그게 더 엄마만 만나는 것보다는 무기력하고 말도 잘 안 하고 심심하게 엄마만 보는 것보다는 나은 점도 있을 것 같다. 친구들하고 관계와 어른들의 보호와 그런 게 더 중심적이었고, 제가 이런 장애가 있으니까 오히려 놀이치료같이 그런 걸 중심적으로 해 줬으면 해서, 제가 아프니까 저를 보고 배울 게 불건강한 면을 배울까 봐, 건강한

보통 사람처럼 살기, 엄마로 살기

힘 있고 젊은 선생님을 보고 배우는 게 있어야 될 거 같아서, 오히려 제가 아팠기 때문에 예방적 차원에서 애를 키우고, 일찍도 예방을 하고, 제가 불건강한 것이 무엇인지 알기 때문에 아이는 그런 쪽으로 가지 않게 어려서부터 그런 쪽으로 조기교육을 시키고. < 참여자 A>

- 무엇보다도 가장 중요한 것은 신체적인 건강과 정신적인 건강인데, 신체적인 것은 하면 되지만, 정신적인 것은 나 혼자의 힘만으로 되는 게 아니라는 생각이 들어요. 가족도 물론 중요하고, 부모도 물론 중요하지만, 사회적인 것도 중요하고, 일도 중요하고 그래서 어쨌든 정신적인 건강이 좋다면 무슨 일이든 할 수 있을 것 같고 사는 데 지장이 없을 것 같은데, 어렸을 때부터 건강하지 못하면 커 가면서 그럴 것이다. <참여자 B>

- 그냥 밝고 명랑하게, 돈이 없으니까(웃음) 그냥 건강하게만 탈 없이 자랐으면 좋겠어요. 공부를 많이 했다고 행복하지는 않거든요. 많이 한다고 그것으로 행복한 게 아니라고, 지가 만족하는 생활을 하는 게 가장 행복한 것이라고, 그런 모습을 보는 제가 그게 가장 행복한 거라고 생각해. <참여자 C>

나. 알아서 크길 바람(자율적, 지지적 양육환경 제공)

양육관이란 양육의 책임을 지고 있는 부모가 아이를 어떻게 키우고자 하는지 그 방향을 제시해 주는 일련의 가치관이라고 할 수 있다. 이러한 양육관을 통해 양육행동이 나타나고 양육관과 양육행동은 부모 자녀의 상호작용뿐 아니라 아동의 성장에도 중요한 영향을 미친다.

참여자들은 아이가 원하는 대로 해 주고자 하는 한편, 스스로 알아서 자라기를 기대하는 다소 모순적인 양육관을 보인다. 이는 증상의 악화로 인해 불안정하고, 밀착된 자녀관계를 통해 과보호와 허용적인 태도를 보이는 반면, 현실적 태도와 다르게 '아이들이 혼자서 크게 내버려 둔다'는 신념은 아동에 대한 통제를 포기한다.

자녀와의 상호작용을 통해 자녀의 욕구에 귀 기울이고, 신뢰하며, 지나친 기대로 자녀를 통제하지 않고자 하는 것이다. 이는 자녀 중심의 양육관으로 참여자 자신의 전철을 밟지 않고 자녀는 정신적으로 건강하고, 자율적 존재로 자라 주기를 바라는 희망을 드러내는 것이다.

- 생각은 별로 없어요, 지 크는 대로 커 주면 되요, 크고 싶은 대로 크게 내버려 두면 돼요,
- (엄마의 노력이 아이에게 영향을) 주죠, 당연히 주죠, 안 줄 수 없죠, 표현도 할 수 있도록 그러니까, 경험이 있으니까, 제가 잘 들어 주고, 맞장구 쳐 주고 그랬더니 수다쟁이에요, 말이 얼마나 많은지, 저는, 어쨌든 저는 믿고 있어요, 어쨌든 귀하고, 소중하게 사랑만 해 줘서 길러도 그 힘이 더 크지 않을까 싶어요,
- 가장 편할 수 있는 것, 가장 편한 것, 제가 마음을 알아주고 읽어 주는 거기에 대해서 어떻게 대처하면 좋을까, 그래도 그냥 읽어 주고 알아주면 지가 다 알아서 할 수 있을 거라는, 크니까 그런 마음도 들고, 경제적인 거 남편은 쪼들려 했는데 저는 무조건 대 주는 걸로 했어요, <참여자 A>

- 그냥 훌륭하게 커서 뭐 되라 뭐 되라 강요는 안 하고요, 그냥 알아서 가라, 알아서 가라고 얘기하려고요, 저는 엄하게 나무라 본 적이 없어요,
- 답답할 때도 있어요, 아이가 못 따라올 때는 가끔씩 제 입에서 욕도 나와요, 그러다가도 이러면 안 되지, 참아야지, 그렇게 되고, <참여자 B>

- 제일 원하는 것, 제일 좋은 사람으로 자기가 자기에게 만족하는 사람이 되는 거죠, 부족한 거 채워 주고 싶어요, 필요한 거 채워 주고 싶어요, 저는 딸이 원하면 해 주고 싶어요, <참여자 C>

그러나 이러한 양육관은 자녀가 원하는 것은 가능하면 뭐든지 다 들어 주겠다는 과보호와 허용적 양육태도로 아동을 방임하거나, 자녀의 지나친 의존심을 키우게 되며, 일방적으로 자녀에 이끌려

보통 사람처럼 살기, 엄마로 살기

다니는 부모 – 자녀 관계를 형성하게 만든다.

> – 애는 어려우면 어려움을 못 견딜 것 같아요 나중에, 제가 탁탁 어려움을 비켜 가면서 해결을 해 줬기 때문에, 얘는 형제도 없지 혼자지 그러고 막 힘들 때마다 엄마가 환경변화부터 다 해 주지, 알아서 편하게, 지금까지 어렵게 커 본 적이 없어요, 엄마 엄마 하면서 엄마한테 모든 걸 다 의존하려고 하는데 저는 그렇게 해 주지 못한 게 좀 답답하죠. <참여자 B>

> – 아이가 준비물도 못 챙기고 뭐 지금까지 스스로 할 수 있는 게 하나도 없어요, 그러다 보니까 저가 챙겨 줘야 되니까 저도 힘들어요 사실은, 힘들지만, 아이가 언젠가는 그거를 깨닫는 날이 오겠지 그런 생각을 가지고, <참여자 C>

이는 자녀에게 부모로서의 역할을 제대로 해 주지 못했다는 죄책감으로 자녀에 대한 기대를 가질 자격이 없다는 자괴감을 나타내는 태도이다. 이러한 태도는 자녀의 훈육과 관련하여 남편과 의견의 차이가 있을 때 나서지 못하고 남편의 의견대로 순응하도록 한다.

> – 학교만 잘 갔으면 좋겠어요, 무난히 졸업을 했으면, 아빠는 애한테 해 준 게 없다는 거죠, 공들여 해 준 게 없다는 거죠, 그러니까 바라는 것도 없다는 거죠, 아무것도 한 게 없기에 건강한 몸으로 저렇게 잘 노는 것만으로도 감사하지 않냐, 비실비실하지 않는 거만으로도 감사하지 않냐 그러더라고요, 공부 잘해서 잘되는 게 아니니까 가만 있어 보래요, 다 길이 있으니까 잘하는 놈은 잘하는 대로, 못하는 놈은 못하는 대로 풀리니까, 그냥 놔두래요, 아빠가 기대하는 게 없다니까요, 똑같아요, 그 말 듣고 보니까 지금 이대로만 잘 커 줬으면 좋겠어요, <참여자 D>

또한 아동이 독립적으로 자라길 바라는 기대를 가지고 있다. 이는 참여자 자신의 의존적 삶에 대한 반성적 태도로 자녀만은 독립심이 강하기를 바라는 마음이기도 하나, 현재의 양육부담을 아동의 성장과 자립을 통해 줄여 가고자 하는 기대도 잠재돼 있다.

　- 궁극적으로 다른 것들도 다 될 수 있는 한 빨리 자립하고, 빨리 독립해서 살 수 있도록 수준 높은 걸 가르쳐요. 저희 둘이 늙었으니까 아이가 빨리 어른스러워져서, 자기 독립심을 키우고, 빨리 빨리 독립하고, 빨리 빨리 자립하고 해야 되니까, 제가 어른스럽게 만들어요. 지가 알아서 크게. 〈참여자 A〉

　- 남편이 혼자서 힘으로 다닌 거예요. 옆에서 누가 해 준 사람 없이, 저도 그렇게 컸지만 아이도 혼자서 이렇게 할 수 있는 그런 능력을 가진 사람이 되면……. 〈참여자 B〉

　- 얼른 얼른 잘 키워 가지고 훌륭하게 키워야지요. 내가 훌륭하게 안 키우는 게 아니고 돈이 없으니까 스스로 하게끔 해 줘야 되는데 그걸 아직 몰라서 애가 스스로 안 하니까 그게 굉장히 힘들고 내가 어떻게 해 줘야지 애를 공부를 잘하게 하고 학교생활도 열심히 하게 할 수 있을까 걱정도 되고 그래요. 〈참여자 F〉

다. 아파도 내가 키운다(정상화된 역할 추구)

　- 제가 고집을 부린 거죠. 내가 아파도 내가 키운다고. 그때는 맡기더라고요. 〈참여자 D〉

참여자들은 다양한 역할 수행을 통해 갈등을 겪기도 하지만 시간적 맥락 속에서 자신의 '환자 역할'을 대체할 정상화된 역할들을 추구한다. 〈참여자 B〉와 〈C〉는 가족구조 내에서 실직과 알코올 문제가 있는 남편의 역할을 보충하면서 보다 더 적극적으로 역할 수행을 담당해 왔다. 이는 자신의 가족 내에서의 지위에 따른 책임과 규범을 수행함으로써 일련의 성취를 기대하는 행동이기도 하

다. 특히, 참여자들은 다양한 역할 가운데 가사와 양육에 큰 의미
를 두고 있다.

> — 결혼식 갈 때 기차표도 제가(남편 대신) 사야 되잖아요, 밤에 잘 때
> 눈 감고 생각해요, 다음 날 뭐 할 거, 아빠가 나한테 요청한 거 줄 거 있
> 으면 주고, 그런 거 생각하고 아이 준비물 같은 거 생각하고 그 다음에
> 오만 잡동사니, 〈참여자 C〉

> — 나는 그냥 밥만 해 주고, 애들이나 잘 봐 주고 그것만 하면 돼요, 빨
> 래하고 청소하고, 밥하고, 여자들 하는 일 있잖아요, 해야 하는 일은 아
> 침에 일어나 갖고 밥 차려 주고 그래 가지고 준비물 싸서 보내고, 학교
> 갔다 오면 반가이 맞아 주고 방청소도 잘해 놓고, 〈참여자 E〉

또한 자녀가 어릴 때 여느 어머니들처럼 인지교육에 관심을 갖
기도 하고, 발육상태에 관심을 가지며, 어머니로서의 책임을 다하
고자 한다. 이는 환자로서의 역할보다 어머니로서의 역할 수행을
통해 자기만족과 성취감을 획득함으로써 삶의 의미를 재편하고자
하는 의지와 동기의 표현이다.

> — 다른 거 같으면 모르는데 애 밥은 먹여야 되니까 정말 눈물 나게 고생
> 했어요, 아기 때는 그때는 하자는 대로 다 하고, 엄마 손길이 하나부터 열
> 까지 다 필요한 때니까, 나는 이렇게 해 주는 걸 좋아해요, 애기를 워낙
> 좋아하니까, 더더구나 내 애긴데, 내가 막 신발 사 주고, 옷 사 주고, 데리
> 고 다니면서 다하고, 〈참여자 A〉

> — 처음에는 그런 거를 제가 많이 옆에서 해 줘야 되는데 잘 못해 주니
> 까 말도 막 시키고 그래서, 2살 때부터 학습지 같은 거 해 줬고 책도 몇
> 백만 원어치 사서 보여 주고 읽어 주고 처음엔 신경을 많이 썼었어요,
> 〈참여자 B〉

> — 애기가 저기 잘 먹여야 된다고 그래 가지고 가래떡 같은 거 내가 좋

아하는 거 포도 같은 거 잘 먹였어요.

- 읽어 줬죠. 비디오로 나오는 거 있어요. 애들 보는 거, 그런 거도 많
이 틀어 주고, 내가 그때는 신경 많이 썼네. 빨리 컸어요. 십 개월도 안
돼서 걸었고 돌 바로 지나자마자 말을 하더라고. 배달을 가도 틀어 놓고
서, 비디오 하나 둘 셋 이런 거, 숫자 개념, 한글 이런 거, 그리고 프뢰벨
에서 나온 거 삼십 권짜리 전집 같은 거 사 주고 보라고 읽어 주고, 밤에
는 완전히 애기하고 한 몸이 됐었죠.
애기 때가 힘들긴 힘들었어도 그냥 애기니까 엄마 말을 잘 듣잖아요. 엄
마 말을, 아가 여기 나가면 위험하니까 차 와야 해, 그런 식으로 얘기해
주고, 예 엄마 안 나갈게요, 방에서 그냥 텔레비전 보고 놀아요, 유선방송
거기 틀어 주면, 엄마 배달 갔다 올게 하면 방문 닫아 놓고 갔다 오고, 그
렇게 했었던 거 같아. <참여자 E>

그러나 이러한 역할 수행은 참여자 개인의 노력만으로 이루어지
기 힘들고, 지지체계의 지원이 있어야 가능하다. 주변의 지원이 부
족할 경우 갈등과 어려움을 야기한다. 특히 남편의 지원은 실제적,
정서적 측면에서 매우 중요함에도 불구하고 참여자의 대부분은 양
육활동에 있어 남편의 지지를 적극적으로 받지 못하였다. 이들 배
우자들은 증상 재발 및 입원으로 인해 참여자들이 모성 역할을 수
행하지 못하는 경우에 전적으로 양육에 참여하지만, 이의 역할 수
행을 임시적, 보조적 역할로 인식하면서 참여자들이 증상이 안정화
되고, 일상생활기능이 회복되는 시점을 전후로 양육과 가사활동에
거의 관심을 갖지 않는 것으로 나타났다.

- 아이 어렸을 때는 주말부부를 해서 주말마다 오고 했었는데 워낙 장
남에 장손이고 집에서 너무 귀하게 컸기 때문에 궂은 일을 할 줄을 몰라
요. 그래서 애기 기저귀 한 번을 안 갈아 줘 봤어요. 전혀 그 생활비에
대해서 관심을 못 가졌기 때문에 분유 값이 얼마고 기저귀 값이 얼마인
가 같이 사 본 적도 없고, 제가 알아서 다 하고 그래서 속상할 때도 많았
죠. 너무 돈만 벌면 단가, 너무 관심이 없다, 그런 생각도 가끔씩 했었고

보통 사람처럼 살기, 엄마로 살기

주말에 오면 또 시골로 갔어요. <참여자 B>

　- 쉽지 않더라고요. 일도 하고, 굉장히 힘들더라고요, 혼자 키우는 게,
힘들더라고,
　- 근데 애기 때는 되게 힘들었어요. 낮밤이 바뀌어 가지고 낮에는 꼬집
어 뜯어도 자요, 근데 열 시나 열한 시 되면 그때부터는 놀자고 하는 거
야, 지는 푹 잤으니까, 그럼 막 깨워요, 아빠는 또 신경이 예민하니까 잠
을 못 자게 하면 안 되잖아, 그러면 또 들쳐 업고 나와 가지고 노래를 불
러 주고 그래도 안 자네, 나는 졸려 죽겠는데, 그렇게 힘들게 했어, 또 애
기 때는, <참여자 E>

　이는 배우자들의 대부분이 일반적인 가부장적 남성의 권위, 역
할 특성을 그대로 드러내고 있기 때문이며, 동시에 참여자 스스로
이러한 사회적인 성별 역할구분에 대해 순응하고 받아들이기 때문
이다. 정신장애의 특성상 증상의 악화와 재발이 불안정하게 나타남
에 따라 증상이 악화된 시기에는 어쩔 수 없이 배우자가 가족체계
의 지원 및 유지를 위해 노력하지만, 이는 보조자로서의 역할에
지나지 않는다. 증상이 안정된 시기에도 적극적인 지지와 보호가
요구됨에도 불구하고, 정신장애의 특성을 이해하지 못하고, 대부분
증상이 없으면 정상적 기능을 완전히 회복한 것으로 이해하고 지
원을 철회한다.

라. 애가 크니, 나도 큰다(아이의 성장과 역할 변화)

　특히 양육부담을 줄이는 데 크게 영향을 미친 것은 아이의 성장
이라는 시간적 맥락이다. 참여자 스스로 '견디면 된다'는 신념을
갖고 아이가 자랄 때까지 꾸준히 기다리는 모습이 발견되기도 하
였다. 성장과 함께 부담이 줄어들면서 동시에 엄마 역할에 있어

변화가 필요하며, 아이의 성장에 맞추어 적응하고자 노력한다.

- 어렸을 때보다는 이제 시간이, 같이 있는 시간이 많이 없으니까, 어렸을 때는 항상 같이 있어야 되니까는 모든 것을 옆에서 내가 이제 해야 되는데, 지금은 학교 가서 또 학원도 다니거든요.
미술 학원 다니는데 끝나고, 미술학원 끝나고 집에 와서 오는 시간만 저랑 같이 있으니까 그런 면에서 보면 많이 편한 거죠. <참여자 B>

- 손이, 제가 손이 필요로 할 때는 어릴 때잖아요. 그때는 당연히 해 줘야 된다, 이런 의식이 있는데, 마음이 놓인다고 해야 되나? <참여자 C>

- 그냥 확인만 해야 된다고 해야 되나? 잘 갔나, 친구는 괜찮은 애를 사귀나, 더 대범해질 거 같아요. 범위가 넓어지고, 그때는 자기 아이, 그 애만 생각하게 되는데 그때는 범위가 넓어져서 친구도 걱정해야 되고, 이제는 해 줄 게 없어요. 지가 다 알아서 하니까, <참여자 D>

- 애기 때는 그냥 말을 잘 듣잖아요. 데리고 다녀도 엄마 어디 간다 그러면 졸졸졸졸 따라다니고, 지금은 엄마 어디 간다 그래도 응 다녀오세요, 돈만 놓고 가요, 돈만 있으면 돼, 이제 컸으니까, 지가 알아서 다 사 먹고 할 테니까 엄마 돈만 놓고 가요, 그래요.
- 인제 안 따라다니려고요, 귀찮아, 작년까지만 해도 내가 지 서류 떼오라면 지가 안 가잖아요, 다니던 학교엔 가기 싫은가 봐, 아예 가는 것조차도, 그래서 내가 떼다 주고, 저쪽에 시청 옆에 교육청 가서도 내가 다 떼다 주고,
요즘은 굉장히 상태가 좋아졌어요. 지금은 존댓말 쓸 때도 있고, 엄마 다녀왔습니다, 그러면 왔으면 왔냐, 갔으면 갔냐, 전엔 문 싹 닫고 들어가서 지 할 일만 하고 그랬었거든요, 쳐다도 안 보고, 지금은 김치찌개도 끓이고, 라면도 끓이고, 밥도 비벼서 먹자 그러고,
- 쟤는 뭐 다 컸지, 뭐 아이라고 할 수도 없지, 내가 없으면 뭐 내가 친정 가서 하루나 이틀 자고 와도 지가 알아서 끓여 먹고 사 먹고 그러더라고요. <참여자 E>

- 엄마가 싫어서가 아니고 이제 다 컸다고, 다 컸고, 지가 배고프면 밥도 먹여 주고, 동생이 밥 먹다가 안 먹고 딴짓하며는 지가 먹여 주고 그러더라고요, 딸네미가, 물도 우리 딸네미가 떠 오고, 쓰레기 플라스틱 재

보통 사람처럼 살기, 엄마로 살기

활용, 재활용 있잖아요, 그게 조금 버리는데 한참 걸어가거든요, 그거 버리고 와요, 큰딸이 쓰레기 있잖아요, 저기 음식물 찌꺼기, 우리 딸이 버리고.
- 밥만 해 놓으면 지들이 차려 먹어요, 다 알아서 해 먹어요, <참여자 F>

마. 부모의 역할 구분 명확해짐

성 역할과 성적 고정관념을 받아들이는 데는 개인에 따라 차이가 있으나, 참여자들의 대부분은 남성과 여성의 역할을 엄격하게 구분하고 있다. 특히 가족 내의 부모체계를 유지하고, 가족 기능을 안정화하는 데 아버지 역할, 어머니 역할을 구분하며, 가장으로서 아버지의 권위를 내세운다. 이는 참여자 대부분이 증상의 악화 시 입원을 하거나 요양을 위해 가족구성원들과 일정기간 떨어져 있으면서 어머니의 빈자리를 아버지가 대신하면서 아버지 역할이 강화된 때문이기도 하다.

- 아빠는 같이 놀아 주고, 아빠는 음, 장난치고 놀아 주고, 저는 공부도 가르쳐 주고, 같이 노래도 부르고, 그림도 그리고, 장난감도 같이 가지고 놀고, 어디 여행 갈 때 같이 데리고 다니고 구경시켜 주고, 남의 집에 갈 때 같이 놀러가 주고, 먹을 것도 듬뿍 사 주고, 영양실조 안 걸리게, 집에 가서 남편을 만나서 셋이 있잖아요, 그러면 남편을 만날 때 제가 얘기해요, **가 있었던 일들 안 좋았던 적이나, 좋았던 적이나 안 좋았던 일을 많이 얘기해요, 남편이 좀 도와 달라고, 그러면 아빠가 대장이니까 다 해결해 줄 거야, 믿어라, 믿어요, <참여자 A>

- 남편은 때에 따라서 방향 변경을 해요, 제가 어떻게 너무 심하다 하면 지적을 해요, <참여자 B>

- 지금은 얘네 아빠가 애들 교육은 거의 엄마한테 일임을 해요, 큰일 같은 거나 간섭하고 그러지, 거의 자잘한 일은 다 엄마한테 맡겨요, 아빠

한테는 특별한 요구가 있으면 다 아빠한테 이야기하고, 아빠한테는 큰
거, 학교에서 에버랜드 간다거나 할 때, 돈 필요하고, 앨범비 같은 거, 공
문 같은 거 올 때 아빠한테 주고.
- 돈을 버는 거는요, 아이 아빠가 가지고 오는 돈을 열심히 절약하는
거밖에 없는 거 같아요. 공부시켜야 되는데. <참여자 C>

- 보통 엄마들은 애가 나가 있어서 언제 온다, 그러면 다 기다리잖아요.
전화도 해 보고 궁금하니까 많이 하잖아요. 근데 나는 궁금해도 꾹 참아
요. 애들 아빠가 알아서 하니까.
- 아빠는 이제 큰 가닥만 잡아 주는 거지, 한마디로 도서관 가라, 도장
가라. 소소한 걸, 먹는 걸 챙겨 주고. 거의 쟤는 입을 놔 두지를 않아요.
아이스크림이라도 먹어야 되고, 과자도 잘 먹고. <참여자 E>

- 교육이나 숙제는 우리 신랑이 해요. 나는 모르니까, 둘이. <참여자 F>

다만 이러한 역할 구분에서 아빠가 중심적 역할을 담당하고, 엄
마는 주변부적 역할을 담당하면서 아이들이 아빠를 더 어렵고, 권
위 있는 존재로 받아들인다. 상대적으로 엄마를 좀 더 '만만하고'
편하게 본다. 이에 대해 <참여자 F>는 '철이 없어 그렇다'며 수용
적 태도를 보이고 <참여자 E>의 경우에도 아빠가 아이에 대해 꼼
꼼하게 챙겨 주는 것을 자연스럽게 받아들이는 편이다.

- 나는 안 무서워요. 소리 질러도 애가 까딱도 안 해요. 애가 더 커요.
목소리가 나보다. <참여자 A>

- 태도가 다르지요. 거짓말하면서까지도 아빠한테는 들키기를 싫어하니
까. 엄마는 무난하지요, 뭐 이래도 흥, 저래도 흥, 좋다고 하니까. 엄마한
테 의지도 많이 하면서 어느 때는 심한 말도 많이 하고. 엄마한테 그냥
쏟아 놓는 거 같아. <참여자 E>

- 중학교 가면 철이 들 건데 아직 철이 없나 봐요. 시키면 하는데, 제
아빠가 무섭게 하면 나오고, 내가 더 순진해 보이는가 봐, 아빠 오면 아

보통 사람처럼 살기, 엄마로 살기

빠 오셨어요, 하는데 나한테는 갔다 왔냐 소리도 안 하고,
혼내기도 하고, 꼭 저녁에 와서 공부 가르치거든요, 낮에는 안 하고, 저
녁에 들어오니까, 낮에는 생전 뭐라고 안 해요, 저녁에 오면 야단치고,
무서워는 안 하는데, 시키는 대로 하더라고요, 이래라 저래라 하면 아빠
말을 잘 들어요,
 - 한두 번은 자라, 시간 몇 시다 자라, 그래도 말 안 들으면, 너 아빠한
테 전화할 거야, 그러면 좀 듣는 척하고, 시누가 나가서 들어올 때 뭐 사
들고 오면 그것도 싹 먹어 치우고, 엄마한테 뭐 하나 먹으라는 소리도 안
하고 제 아빠는 챙기는데 난 안 챙겨, <참여자 F>

바. 아는 만큼 도움 줌(질환에 대한 상호 인식과 반응)

엄마의 정신질환이 아동에게 미친 영향은 단순히 증상에 대한
반응이 아니라 사회문화적 맥락에서 보아야 한다. 이는 사회적 낙
인과 정신질환에 의한 부모의 양육행동, 태도 등에 의해 상호 작
용하는 것이다. 또한 참여자의 모성경험은 자녀에게도 영향을 미치
나 자녀의 반응과 대응 역시 참여자의 경험에 중요한 영향을 미친
다. 자녀들이 엄마의 질환에 대해 보이는 반응은 공통적이지는 않
았으나 나이가 어린 경우를 제외하고 대부분 엄마의 질환을 알고
있는 것으로 나타났다. 그러나 질환에 대한 인식이 공개적으로 알
려지고, 구체적으로 설명되기보다 마치 집안의 비밀처럼 어른들 사
이에서 조심스럽게 소통되다 우연한 기회에 아이들이 알게 되는
경로를 밟는다.

 - 엄마가 약 먹고 그러는 거 아직 어리니까 잘 몰라요, 제가 정신장애
라는 것을 별로 느끼지 않고, 별로 의식하지 않고 그러니까, <참여자 A>

 - 대화를 나눠 본 적은 없고 그냥 어떻게 자연히 알게 됐어요, 제가 환
자라는 것을 저가 인식을 했기 때문에 선포를 한 거죠, 나도 그렇다고,

나도 정신지체 3급이라고 그 대화하는 내용을 애가 들었나 봐요. 친구하
고 같이 들은 것 같아. <참여자 B>

- 그런 건 말 안 해요. 정신지체장애 3급 그런 얘기도 잘 안 해요. 아
빠하고 저만 알고, 애한테는 그런 얘기 안 하고, 엄마가 아프기 때문에
병원에 입원했다가 생활해야 되기 때문에 생활했다 그런 식으로만 알고
있고. <참여자 C>

- 엄마가 아파서 입원해 있었다. 지금도 그냥 엄마 무슨 병 걸려서 입
원했냐고 물어보면 그냥 아파서 그냥 입원했다고만 그러고, 엄마 그냥 아
파서, ……
엄마가 정신지체장애 3급이라 병원에 입원했다가 나왔던 걸 아빠는 너한
테 쉬쉬하는데 너는 알고 있냐, 내가 그랬더니 엄마 아빠는 쉬쉬해도 내
가 다 알고 있지 그러더라고요. 그냥 알고 있더라고요. <참여자 D>

- 애들이 엄마가 정신과 약 먹는 거 알아, 말 안 해 줘도 다 알아. <참
여자 F>

어머니의 질환에 대해 알게 되면서 아이들은 초기에 충격과 우
울의 반응을 보이나 부모－자녀관계의 지속적 상호작용을 통해 적
응해 나가고, 정신질환에 대한 이해를 증진함으로써 증상에 대한
대처방법들을 개발해 나간다.

- 이제 처음에 센터를 같이 다니는데 거기는 아픈 사람들만 있는 거라
고 제가 그랬거든요. 가끔씩 이래요, 집에 있으면 저도 심심하니까 엄마
센터 같이 가자, 애가 먼저 그래요. <참여자 A>

- 인제 그건 아는데 그전에는 그렇게 심각하게 알고 있지 않다가 최근
에 인제 아이 아빠가 알면서 제가 인제 아픈 걸 알면서 그때 방황을 좀
생각을 좀 많이 하더라고요. 이제는 뭐라 할까 적응을 했다고 해야 하나,
특별히 생각하는 거 같지는 않고. <참여자 B>

- 쟤도 그런 걸 느꼈던 거 같아, 저도 힘들지만 엄마도 힘들다.

보통 사람처럼 살기, 엄마로 살기

정신분열증이라는 거까지 다 알지, 다 알아요, 그러니까 약도 다 챙겨 주고 지가, 알려 준 게 아닌데 그냥 지가, 병원에 갔을 때 그랬대. 선생님이 엄마는 약 떨어지면 안 되니까, 약 떨어질 때쯤에 엄마 병원에 가서 약 타게 해야 돼, 그런 얘기를 많이 해 주셨대. 처음에 병원 가서 놀라기도 하고(낯설기도 하고) 그랬는데, 익숙해지더라고. <참여자 E>

그러나 자녀들의 대처행동은 적응적 측면과 함께 부적응적 측면이 존재한다. 어머니의 정신장애에 대해 자녀들의 대부분이 두려움, 분노, 수치심 등의 부정적 감정을 일으키고, 낮은 성적과 장기결석 등의 적응적 문제, 행동상의 어려움, 정신적 어려움에 있어 위험이 증가하였다. 자녀가 참여자들의 증상관리를 돕고, 지원하는 보호자로서의 역할은 사실상 자녀가 성인아이 역할을 담당하는 모습이기도 한다.

- 저한테는 가끔 우울할 때가 있나 봐요, 인제 한번은 그러더라고요, 나도 크면 엄마처럼 될 거야? 저도 오래오래 살고 싶고, 엄마가 되고 싶고, 크고 싶고, 그런 욕망이 있는데 엄마가 아프니 조금 우울한 적이 있겠죠, 마음이 좀 아프더라고요. <참여자 B>

- 저도 표정이 별로 안 좋더라고요, 그 이야기 할 때, 어떻게 앞으로 살아야 될까 고민하는 것 같기도 하고 표정이 조금 겁나 하는 것 같기도 하고. <참여자 C>

- 엄마라고 안 하고 (소리 낮춤) 미친년이라고 하더라고, 화가 나 있고, 왜 우리 엄마는 저렇게 입원해야 될까 그런 게 골똘했었나 봐, 그리고 또 봤어요, 엄마가 병원에서 하는 짓거리들을 다 보고, 우리 엄마는 병원에만 들어가면 다 저렇구나,
- 지금도 열흘 됐는데 지가 계산해 봐서 열흘 됐는데 엄마가 안 간다 그러면 얼른 가라고 체크해 주고 엄마 약 먹어야 돼, 그러면 귀찮게 안 하려고 노력하고, 몸도 운동도 만날 가라 그러고, 지가 아버지 같아,
- 그렇지 엄마는 약이 떨어지면 안 된다, 병원에 입원해야 한다, 그런 의식

에 사로잡혀 있어 가지고, 엄마한테 신경을 많이 쓰지, 엄마는 약 안 먹
으면 입원을 해야 된다는 걸 알고 있어서 챙겨 주고. <참여자 E>

- 우리 딸이 나보다 더 지르네, 버팀목에 갔다 왔냐고 그리고, 갔다 왔
다고 그러면 가만 있고, 안 갔다 왔다고 그러면 왜 안 갔다 왔냐고, 아침
에 왜 안 가려고 하냐고 막, 그래서 왔어요, 가냐 안 가냐, 그래서 왔어
요. <참여자 F>

그럼에도 불구하고, 아동의 성격이 외향적이고 활발할수록 보다
쉽게 적응하고, 사회적 적응에서의 어려움도 덜 겪는 것으로 보인
다. 또한 자녀가 성장하고, 부모 자녀 관계의 신뢰가 획득된 이후
에는 보다 적극적으로 자녀와 소통함으로써 모 - 자녀관계의 유대
를 통해 상호 이해와 지지를 강화시켜 나가고 있다.

- 애가 굉장히 밝기 때문에 학교생활까지 영향을 미치지 않고, 가끔씩
제가 저한테 잘 못해 주고 그럴 때, 그럴 때는 인제 근데 애는 워낙 좀
명랑한 편이라서 걱정은 안 하는데. <참여자 C>

- 잘 자란 편이에요, 너무 음침하고, 어둡고 그렇지가 않아요, 엄마 없어
도 학교는 안 간단 소린 안 하는 게 다행이에요, 학교 중도 포기 안 하고,
공부는 못해도 어떻게 꼭 학교 갈 시간이면 갔다가 친구들하고 어울리면서
잘 놀고, 그게 참 기특해요. <참여자 D>

- 전화하면 막 목소리가 엄청 밝아, 엄마 괜찮아? 엄마 있을 때까지 있
다 와, 심성이 착해서, 말하기 힘드니까, 엄마 힘드니까, 엄마 힘들게 안
할게,
교회에서 기도하면서 막 울더래, 우리 엄마 낫게 해 달라고 우리 엄마 많
이 아프다고 낫게 해 달라고 기도를 하니까, 엄마가 입원하셨다고, 막 눈
물 나더라고, 지 혼자 다 꾸리고 해야 되고, 우리 엄마 많이 아파요, 이런
더라고.
- 근데 그건 알아, 아빠가 눈이 저러니까 엄마가 더 신경을 써서 저러
는구나, 알아, 그러니까 지 아버지 안 보이는데 소리만 나오며는 주먹부

보통 사람처럼 살기, 엄마로 살기

터 이렇게 올라와, 참지를 못해 그런 거를 아빠가 전화하면 엄마 힘들게 하지 마, 그래요, 엄마 없으면 안 되니까. <참여자 E>

- (증상이 심해지고 그러면) 애들은 인제 내가 집에 있으면 나가서 놀다 온다고, 밖에 가서 놀다 온다고 하면서 나갔죠. <참여자 F>

이러한 아이들의 태도에 대해 참여자들은 개방적으로 자녀들이 경험하는 감정적 혼란을 덜어 주고자 하며, 수용적이고, 아이를 중심에 놓고 기다려 준다.

- 좀 안 좋을 때 엄마가 그러면 얘기해, 뭐든지 얘기해, 엄마한테 다 얘기해, 그러죠, 엄마가 그때는 그랬어, 제가 안 좋았던 것도 미안하다고. <참여자 A>

- (아이가) 없을 때 나를 입원시키고, 얘네 아빠가, 학교 갔을 때 나를 입원시키고 그랬어요. <참여자 D>

- 내가 잘못했으니까, 내가 저를 너무 힘들게 하고, 한 달 동안 지가 얼마나 힘들었겠어 혼자서, 어른들도 혼자서는 힘든데, 한 달 정도 지나고 나니까 그때부터 엄마라고 부르더라고. (   ) 그냥 참았지요, 뭐 어떡해. <참여자 E>

7. 어머니 됨의 인식(버팀목 세우기)

오늘날 자녀를 갖는다는 것은 결혼한 부부의 의사결정에 따른 문제로 보는 것이 일반적이지만, 한국 사회의 많은 부부들이 전통적으로 유지되어 온 가족 규범 속에서 자녀 출산을 당연하게 여긴다. 참여자들 역시 이러한 우리 사회의 규범에 대해 순응적으로 받아들이면서 결혼을 하면 '아이는 당연히 낳는다는 생각'을 가지고 있었다. 이는 참여자들이 결혼 후 임신에 대해 부담과 기대를 동시에 보였던 양가적 태도와는 모순을 보인다. 또한 사회적으로 정신장애인의 결혼과 출산에 대해 회의적이고, 부정적임을 고려할 때 참여자들의 이러한 인식은 비현실적인 기대일 수 있으나, 동시에 사회적 편견에 대항하여 정상성(normalcy)의 욕구를 표현한 것으로 볼 수 있다. 정신장애인의 정상성 욕구는 일반인들이 갖는 통상적인 일과 경험을 갖는 것, 의미 있는 활동을 하는 것, 그리고 만족스럽고 안전하며 자유롭게 독립적으로 사는 것으로 이러한 요소를 통해 정상성(normalcy)을 촉진하고 유지해 나가고 있다(Pickens, 1999). 따라서 참여자들이 결혼관계를 통해 어머니로서의 역할을 담당하고자 하는 욕구는 일반 여성들이 통상적으로 수행하는 어머니로서의 일과 경험, 이를 통해 의미 있는 활동을 하고자 하는 정상성의 욕구를 적극적으로 표현한 것이다.

이러한 욕구는 참여자로 하여금 '좋은 어머니에 대한 사회적 규범'을 중요하게 인식하면서 바람직한 어머니상을 갖고, 이에 다가가고자 하는 노력을 이끈다. 아이를 통해 부부가 관계의 폭을 확대할 수 있고, 보다 성숙한 성장의 기회로 삼고자 한다. 이러한 참여자의 인식에 아이는 '엄마의 버팀목'이자 부부 사이를 묶어 주는 단단한 '연대의 끈'으로 기능한다. 결국 참여자들은 자신을 환자로서 받아들이기보다 '어머니로서의 자기 정체성'을 형성하고, 생활의 고난과 증상의 악화도 '죽음을 무릅쓰고 싸워 이겨야 한다'는 강한 동기로 이겨 내고자 한다.

가. 아이는 당연한 의무

- 일단 애를 낳아야 된다. 일단 애를 한 명 이상 낳아야 한다. 당연하
다. 애가 없다면 너무 밋밋해요. 부부가 너무 밋밋하고, 재미도 없고, 서
로 공통적인 점이 있어야죠. 애 이야기를 하고, 애를 키워 가면서 애에
대한 이야기, 화제가 부부 사이에 있어야, 애 데리고 다니면서 처음에 즐
겁고, 애 때문에 더 노력하고, 더 성숙해지고, 애를 키우기 위해서 더 노
력을 너무 많이 하거든요. 애가 없으면 평생 애처럼 둘이 너무 재미없어
요. 너무 밋밋하고 오히려 더 외로울 수가 있어요. 다른 이성 친구들도
없고 없어질 수 있어요. 결혼하면, 일대일이잖아요. 그러니까 오히려 더
외로운 거예요. <참여자 A>

모든 참여자는 아이의 출산을 여자의 선택임과 동시에 의무로
받아들이고 있었다. 이는 사회적 통념에 순응하여 사회의 규범 안
에 편입하고자 하는 모습으로 볼 수 있다. 또한 아이를 낳는 것은
선택의 상황이 아닌 불가피한 상황이며, 동시에 자녀 출산을 통해
부부 사이의 유대를 강화하고, 사회적 관계의 폭을 확대해 나가고
있다. 즉, 아이를 낳는 것은 여성의 고유한 특권이지만, 가족 내에
서의 자신의 지위와 사회적 역할의 획득을 위해, 일종의 생존전략
이 된다.

- 결혼을 하면 남편한테 잘하고, 자식 낳으면 자식한테 잘하고, 그러다가
늙으면 부부가 같이 늙어 가면서 사이좋게 살면 되는 거죠. <참여자 C>

- 애를 키우면서 어른이 되는 거지, 애 키우면 어른이 되고, 애 안 키우
면 가족공동체가 없어지잖아요. 둘이 뭔 재미로 살겠어요. 애 키우는 재
미로, 애기 얘기 하다가 사람이 가까워지고, 일도 하게 되고, 애기 열심
히 뒷바라지 해야지, 애기 뭣도 사 줘야지 그래야지, 결혼하면 일단 애기
를 가져야죠. 왜 애기를 안 낳아요. 사람이 사는 낙이죠. 낙이죠. 고민도
많아지고, 짐도 많아지고, 고생도 많지만, 나중에 키워 놓고 나면 또 종

은 게 사람이잖아요. <참여자 D>

또한 아이의 존재는 남편이 채워 주지 않은 다른 의미를 참여자에게 제공하고 자신이 살아야 하는 이유, 혹은 자신이 아니면 안 된다는 삶의 의미, 살아야 하는 의미를 제공한다. 남편의 존재와 아이의 존재는 명확히 구분되고, 남편과는 다른 정서적 친밀관계를 형성한다. 또한 아이가 엄마를 필요로 하고 의존하는 모습을 보면서 자신의 모성정체성을 더욱 강화해 나간다.

> - 애는 제 애인, 연인은 남편이고요, 애인은 애예요, 같이 상대, 말 상대하고, 놀이 상대는 아이, 애인이구요, 남편은 좀 더 성숙된, 성숙된 연인 사이가 우리 부부. <참여자 A>

> - 남편도 찾는데, 자기는 자기 나름대로 자기 일이란 게 있어서, 다 잊어버릴 때가 있어요. 남편이 없을 때 외로움을 아이하고 달래요. <참여자 B>

> - 아빠는 구체적으로 뭘 해라고 제시를 해 줘요, 근데 애는 그런 게 없잖아요. 아빠는 지금 저런 상황이라도 혼자서 잘 꾸려 나가잖아요, 얼마든지, 좀 외롭고 이런 거는 있겠지만. 근데 애는 내 손을 필요로 하니까, 내가 있어야 되니까. <참여자 E>

나. 버팀목이자 결속의 끈(자녀의 긍정적 역할)

아이를 기르면서 얻게 되는 기쁨이 바로 참여자들에게 있어 다양한 부담을 받아들이고 수행하도록 하는 힘이 된다. 아이는 엄마의 의지가 되고 힘이 되며, 자신의 경험을 중요하고 가치 있는 일이라고 느끼도록 한다. 특히 아이를 낳을 수 있는 것을 여성의 특권으로 보고 아이의 양육까지 어머니의 당연한 몫이라고 순응해

보통 사람처럼 살기, 엄마로 살기

온 〈참여자 A〉의 경우 아이를 키우는 것은, '너무나 당연한 어머니의 몫'이고, 양육 자체가 기쁨이요, 축복이라고 표현한다.

한편, 〈참여자 D〉의 경우 사회가 요구하는 어머니로서의 규범에 맞춰 가는 것을 일종의 사명으로 여기면서 일종의 '종교' 같은 신념으로 자녀양육에 큰 의미를 부여하고 있다. 〈참여자 D〉와 〈E〉는 자녀와의 관계를 통해 사회 안에서 의미 있고, 상호 지지를 제공해 주는 '가족공동체'를 형성할 수 있게 하고, 힘들고 어려울 때 실제적인 도움을 얻고 있다.

- 너무 기특하다 태어나 줘서, 선물을 받았어요, 축복과 기쁨, 아이가 태어나면 제가 책에서 읽었거든요, 아이가 태어나는 것은 그 가정의 축복이요, 기쁨이다, 제가 좋은 거, 아이하고 같이 나들이를 다닐 수 있는 것, 남자아이이기 때문에 더 의지가 되고 무섭지 않은 것, 집 안에 혼자 있어도 덜 무섭고. 〈참여자 A〉

- 진짜, 내 존재가 뭔가, 내가 왜 여기에 있어야 하나, (그런 걸 알게 해 주는) 이 세상에서 가장 중요한 일이지, 남들은 아무것도 아닌 우리 가족이지만 그래도 세상 안에 우리 가족도 크다고 생각해요, 있는 것 자체가 도움이 되고, 의지가 되고 귀찮으면서도 의지가 돼요, 있다는 거 존재만으로도. 〈참여자 B〉

- 의미를 부여하자면 크죠, 한 아이의 엄마고, 그 아이를 잘 키워서, 저는 딸이 없으니까, 얘가 아빠가 되고, 저기 나라의 대들보가 되게 키워야 되는데, 그냥 항상 사명감을 가지고 애기를 키워야 되는데, 항상 살아가는 의미를 엄마로서 또 아들을 잘 키워야 된다는 자부심을 갖고 살죠, 그렇게 갖고 살아요, 아무것도 아닌 하루지만 나는 큰 사명감을 가지고 애를 키우고 있고, 저게 어떻게, 잘돼야, 되기를 바라면서 종교 아닌 종교를 마음속에 그냥 믿고 있어요,
애기한테 나쁜 영향이 가지 않으면 그래도 낳으라고 하고 싶은데요, 그래도 애기가 엄마보다는 엄마보다 쟤네들이 커 가지고 엄마한테 잘해 주죠, 쟤네들이 엄마의 버팀목이죠, 엄마가 기대는 게 쟤네들이죠, 고생은 했지

만 딴 사람들이 고생해서 저렇게 컸지만, 기댈 사람은 쟤잖아요, 자식이 있으니까 이렇게 사는 거잖아요. <참여자 D>

- 많이 의지가 돼요, 예전의 애로 돌아온 것 같아요, 의지가 되더라고요, 아까도 안 오셔 가지고 서성서성대고 있었는데 저는 조바심이 나요, 그런 게 있어요, 막 답답하고 혼자 있으면 막 답답하고 노래라도 불러야 되고, 저렇게 하고 있어도 엄마 노래 틀어 줄까, 지 문 열어 놓으면서 음악소리가 들리니까, 잘해요 그런 면에서는. <참여자 E>

그러나 참여자들은 이러한 제도적 측면에서 요구하는 어머니상을 순응적으로 받아들이기만 한 것은 아니다. 참여자들은 자녀양육을 통해 정서적, 사회적 안정감을 획득하고, 사회적 차별과 배제에 대한 생존 전략으로 삼는다. 즉, 아이를 통해 이혼당하기 어려운 상황을 만들고, 남편과의 부부관계를 유지한다. 특히 정신과적 증상의 관리와 기능회복에 있어서 아이가 엄마의 지지가 되고, 의지가 되며 든든한 버팀목이 된다.

- 혼자 살 수도 없지, 돈도 못 벌지, 내가 돈을 벌어 논 것만 있어도 그걸로 혼자 살 수 있는데 여태껏 신랑 돈으로 썼으니까 어떻게 할 수가 없어요, 우리는 이혼을 할 수가 없다니까요, 그냥 살아야지. <참여자 C>

- 만약 저를 그렇게 임신을 안 했었으면, 또 방황하고 그랬을 거라고, 임신하길 잘했다는 식으로 생각을 하더라고, 결혼하고 애기가 없으면, 그러면 방황하고 나중에 어떻게 될지도 모르고 또 결혼관계가 지속적으로 이어질 수 있을지, 만약에 또 헤어졌을지도 모르고, 그런 애기를 하더라고요.
- 그냥 애 때문에, 애 때문에, 애 때문에, 그냥 저거 하나 있는 거 땜에 합친 거죠, 애기 잘 키우려고, 아빠 맘도 그렇고, 저도 그렇고……,
큰 역할을 하지요, 언니가 저것이 복덩이라고 잘해 주라고, 그래도 쟤가 있으니까, 너희가 살지, 못 살 줄 알았는데 그래도 살고 있는 게 참 다행이라고, 그렇지 않으면, 쟤 없었으면 벌써부터 따로 살아요, 별로 마음도

보통 사람처럼 살기, 엄마로 살기

맞지 않는데, 〈참여자 D〉

- 이혼하면 안 되겠다는 생각이 들지요, 애들이 다 커 가고, 이혼하려면
애들 안 낳았을 때 해야지, 애들 다 커 가고 그러는데 어떻게 이혼하냐고
그런 생각이 들어. 〈참여자 F〉

다. 어머니는 가정의 중심돌(모성의 사회적 규범 따르기)

- 살면서 가장 크게 달라진 것은 엄마가 된 것, 아기 낳고 잠깐은 좋았죠,
나도 아들을 낳았구나, 나도 엄마가 됐구나, 〈참여자 D〉

여성은 누구나 모성을 지닌 존재라는 것이 암묵적인 사회적 가정이다. 여성이 어머니가 됨으로써 인간으로서 완성된다는 것이 사회적 믿음이며, 이러한 사회적 믿음은 헌신과 희생의 어머니상을 많은 여성으로 하여금 그대로 수용하도록 한다. 실제 참여자들은 사회에서 규정하고 있는 좋은 어머니상에 대한 규범을 그대로 수용하고 이를 실천하고자 노력한다.

그러나 이러한 모성애 신화는 실제적인 모성경험을 통해 개별화된 인식으로 자리 잡는다. 대부분의 참여자들은 어머니 됨 자체를 기쁘고, 좋은 경험으로 받아들이고 있으나, 스스로를 어머니로 인식하는 시기는 개별적 경험에 근거하여 다양하게 나타난다. 〈참여자 A〉와 〈C〉는 출산과 동시에 어머니로서의 자기 인식이 생겼으며, 〈참여자 D〉와 〈E〉, 〈F〉의 경우는 자녀가 엄마를 알아보고, 말을 배우기 시작하는 등 자녀와의 상호작용이 생긴 후에 어머니로서의 인식을 하게 되었다. 특히 〈참여자 D〉의 경우 어머니 됨의 경험이 인생과업 중에서 가장 중요한 의미로 자리 잡고 있었다.

- 애를 낳았으니까 엄마구나 하고 생각하게 되고, <참여자 A>

- 딱 낳고 나서요, 애기가 그렇게 생긴 건 줄 몰랐어요, 처음 보고 사랑에 쏙 빠졌다니까요, 애기 보고, <참여자 C>

- 애기 백일 때, 돌잔치 해 줄 때는 내가 엄마구나 하는 생각이 들데요, 태어났을 때는 엄마구나 그런 생각도 들고, 아이를 건강하고 예쁘게 길렀으면 좋겠다 이런 생각도 하고, <참여자 E>

- 애기가 엄마 엄마 이렇게 말할 때, 엄마라고 찾고 그럴 때, 애가 둘이니까 당연히 엄마다 하는 생각이 들지요, <참여자 F>

이러한 어머니 됨의 인식에 있어 다소간의 차이는 발견되나 대부분의 참여자들이 어머니로서의 역할과 헌신적 사랑 등에 대한 모성애적 규정은 사회적 규범과 크게 다르지 않다.

- 어머니란 모든 것을 용서해 주고 포용해 주고 기댈 수 있는 그런 거, <참여자 A, E>

- 엄마는 가정에 있어서 중심돌인 것 같아요, 주춧돌인가, 그래서 첫째는 건강해야지 가족도 건강하고 엄마의 사고방식에 따라서 가족들도 다 영향을 받기 때문에 굉장히 중요한 역할인 것 같더라고요.
시어머니가 농사를 시아버지하고 둘이 짓는데 거의 밭농사, 논농사, 밭일 다 하시고 자식들한테는 굉장히 희생적이시고, 초등학교도 못나왔지만 굉장히 희생적이시고, 그런 거 보면 정말 이 시대의 어머니상이다, 그런 거 많이 느껴요.
평소에 시어머니를 보면서 느끼는 건데 아침에 일찍 일어나서 밥하고 가족들이 해야 될 거를 챙겨 주고 하는 거 기본이 있어야 될 것 같더라고요, 돈 같은 것도 알뜰하게 모았다가 가족들이 필요할 때 쓸 수 있게끔 할 수 있는 그런 지혜도 있어야 될 것 같고, 시어머니는 농사지으니까 돈 같은 거 인제 모으시기도 하시거든요, <참여자 B>

- 엄마가 돼 갖고 자식을 낳았으면 똑바로 길러 갖고 똑바로 기르고 똑

보통 사람처럼 살기, 엄마로 살기

바로 기르면서 바르게 기르고, 길러 가지고 결혼시켰으면 좋겠어요. 결혼 시켜서 애기도 낳으면 봐 주고, 좋은 엄마라고 그러면 애기가 배고플 때 반찬 같은 거 잘 마련해 가지고, 밥을 잘 차려 주고 간식도 잘해 주고 그 래야겠죠.
- 또요, 잘잘 때 애기가 감기 걸릴까 봐, 애들이 이렇게 이불을 팍 차 내잖아요. 그러면 잠을 못 자고, 이렇게 봐 줘요. 차 내면 안 찰 때까지 이불을 계속 덮어 줘요. 밥 차려 주면 반찬 없는 밥이라도 먹고 있는 모 습 보면 모성애가 느껴져요. <참여자 C>

- 모성은 그냥, 아이를 그냥 많이 생각해 주는 거겠죠. 생각해 주는 거, 얘가 잘 자라기까지는 엄마 도움이 많이 필요하고, 엄마 힘이 많이 필요 한데 겉으로 잘해 주지 말고, 속으로 생각해서 음식 한 가지라도 장만해 서, 미래를 위해서 탄탄대로로 얘가 걸어갈 수 있게 잘 마련해 주는 게 필요한데 그 역할을 제가 잘 못하고 있는 거 같아요. <참여자 D>

- (보통 엄마들은) 같이 놀아 주고 시간을 그렇고 잘 먹이고(   ) 근데 그게 잘 안 돼요. <참여자 F>

　　<참여자 E>의 경우 모성애의 힘으로 현재를 살아왔다고 할 만큼, 모성정체성을 통해 적극적으로 삶을 유지해 왔다. 또한 <참여자 C>의 경우 아이와 자신의 생존을 일치시키며 아이가 아프면 자신도 아프고, 아이의 건강이 곧 자신의 건강으로 인식될 만큼 강한 정서적 유대를 통해 모성정체성을 형성하고 있다. 모성정체성은 기혼 여성의 삶에서 매우 중요한 의미를 가진다. 많은 부분 가사와 양육을 책임지는 어머니 노릇(mothering)의 기능적 수행과는 별도로 아이의 존재만으로도 충분히 자신의 정체성을 형성해 가고 있다. 또한 이러한 개인적인 의미부여가 모성 역할 수행에 있어 스트레스를 줄이는 완충작용을 함으로써 참여자들의 성장을 촉진하였다.

- 애가 아프면 나도 아픈 거 같고, 그런 거 보면 내가 모성애가 강하구
나 하는 생각을 하게 되고, 그럴 때일수록 더 잘해야겠다고 생각하게 되
고 그런데. <참여자 C>

- (모성이) 강했으니까 여태까지 버텼겠죠. <참여자 E>

8. 사회적 인정과 자아 확장(세상 속으로 나아가기)

참여자들은 임신과 출산의 과정을 겪고, 자녀의 성장을 지켜보
면서 함께 성장해 간다. 주변에서 '신기해할 정도'로 비교적 안정
된 역할수행을 해냈다는 자부심과 성취감을 통해 사회로부터 인정
받고, 가족 내의 정상화된 사회적 지위를 획득해 간다. 이러한 과
정은 참여자들의 개별적 경험 속에서 정신질환으로 인한 사회적
관계에서의 고립을 결혼을 통해 극복하고, 자녀의 출산과 양육을
통해 자녀와의 관계가 사회적 관계로 확대되고, 이를 통해 사회적
자아의 확장을 이루어 가는 과정이다.

참여자들은 증상의 악화와 다중역할에 따른 부담에 적응과 부적
응의 과정을 순환적으로 겪으면서 증상을 관리하고, 자녀를 키우면
서 어려운 '어머니 역할을 수행해 냈다는 성취감'과 생존의 안도감
을 얻는다. 또한 아이의 성장과 안전은 '가족 내에서 참여자들에게
안전한 지위'와 '보람'을 제공한다. 이를 통해 참여자들은 더 나은
미래와 더 기능적인 '자기 성장의 가능성을 발견'하고 '정신질환의
극복과 재활에의 동기'를 강화한다.

가. 죽음과 싸워 이김(사회적 인정과 성취)

여성정신장애인은 자녀양육의 역할 수행을 통해 사회적 역할의 수행이라는 경험의 확대로 정상화 과정을 경험한다(Sands, 1995). 증상의 불안정과 다중역할에 따른 부담을 해소해 나가는 과정을 통해 참여자들은 정서적, 제도적 측면의 모성 역할을 수행해 냈다는 성취감을 획득하게 된다. 참여자들은 정신과적 증상의 재발과 가족 간의 갈등, 자신감의 저하 등 다양한 심리적, 사회적 어려움을 겪게 되지만, 이러한 어려움을 극복하는 과정을 통해 스스로를 어머니로 인식하고 긍정적으로 받아들이게 된다.

또한 아이의 의존과 상호작용을 통해 '살아가는 의미'를 찾기도 하고, 잘해냈다는 성취감을 획득하기도 한다.

- 아이가 엄마만 찾는 게 즐거워요, 나를 찾는 사람이 있다는 게 너무 즐거워요, 여러 가지 하면 할수록 즐겁고, 좋고, 제가 살아 있다는 걸 느껴요, 정말 살아 있다는 게 한 인간으로서 문득 이 우주상에, 지구상에 살아 있다는 게 좋아요,
- 스트레스 자꾸 받으면 받을수록 대처능력이 더욱더 생기기 때문에, 있는 스트레스, 없는 스트레스 혼자 살 때 무조건 받아라, 스트레스를 오히려 즐겁게 환영해서 피하지 말고 받아라, 스트레스를 환영해라, <참여자 A>

- 힘들어도 그 힘든 점을 안 힘들게 내가 자꾸 발달시키고, 개발시키면 안 힘들게 자꾸 만들어 나가다 보니까, 제가 저 자신도 더 성숙해졌어,…
- 엄마 없으면 죽도 밥도 안 되는데, 집도 엉망이고, 병원에서 나와 보니까 이만큼씩 쌓였더라고 먼지가,
내가 아니면 우리 집이 엉망이니까, 내가 그래도 조금이라도 몸을 움직이면, 애 아빠랑 애가 그래도 사람 사는 것처럼 사니까, <참여자 D>

- 그래도 내가 다 해요, 내가 하는데요, 밥을 조금씩 먹는 것도 아니고,

한 공기 퍼 주면 그 밥을 다 먹으니까, 그니까 반찬이 좀 많아야 되잖아
요. 그러니 반찬도 신경 써야 되고, 애들 눈치도 봐야 되고, 그래도 남편
이 지금만큼만 해도 괜찮다고, 애들 키우는 데만 잘하면 된다고 하니까
내가 그러는 거지, 그렇게 하는 거지. 〈참여자 F〉

특히 〈참여자 A〉의 경우 모성 역할의 수행을 '죽음과 싸워 이
기는 과정'으로 표현하면서 기존의 환자 역할을 극복하는 동기로
서 모성 역할 수행의 책임감이 작용하고 있음을 보여 준다. 아이
의 식사를 챙기는 일상적 모성 역할의 수행을 위해서 우울감과 무
기력을 이겨내는 것이다. 〈참여자 D〉의 경우 자신이 없으면 집이
엉망이 되는 경험을 통해 가족 안에서 자신의 역할이 꼭 필요하고,
역할 수행에서의 자신감을 다시 획득한다.

이러한 모성 역할 수행은 자신의 주관적 성취감뿐만 아니라 주
변으로부터 인정받으면서 또 다른 사회적 보상으로 나타나기도 한
다. 〈참여자 C〉와 〈참여자 E〉의 경우 주변체계의 인정이 사회적
으로 중요한 보상이 되며, 이를 통해 성취감과 보람을 경험한다.

　－ 그렇게 일어날 수 있고 다른 이유로 일어나라면 안 일어날 수 있는데
밥 달라고 하니까, 아침에 일어나기가 힘들지만 죽음을 무릅쓰고 일어나
요. 〈참여자 A〉

　－ 엄마가 못 기를 줄 알았대요. 아이가 자라는 거 보면 신기하대요. 아
무도 누가 육아 상식도 없고, 애기 키우는 게 용하다. 남편하고 싸우면서,
신기하다 그래요. 〈참여자 C〉

나. 살아남음(생존과 지위 획득)

참여자들은 가정 안에서 가사와 양육의 고유한 역할을 확보, 수

보통 사람처럼 살기, 엄마로 살기

행함으로써 고유한 자기 지위, 존재감을 확보할 수 있고, 지켜간다. 이는 자녀 출산과 양육을 통해 시댁과의 관계에서 보다 당당해지고, 일종의 관계 싸움에서 승리했다는 인식에서 나타난다. 또한 아이의 양육을 통한 지위 획득은 단순한 사회적 위치를 차지하는 것뿐만 아니라 생존과 가치 있는 삶의 성취를 가능하게 한다.

> ― 시댁에서 쫓겨날 것 같았어요, 기분이, 남편한테도, 남편도 저를 버릴 것 같았어요, 근데 이제는 애 때문에 아무도 저한테 아무 말도 못 해요, 애를 키워 놓으니까, 아무 말도 못 해요, 꼼짝도 못 해요, 제가 다 이겼어요, 애 때문에, 애로 인해 잃은 것 없고, 오히려 애 때문에 살아남았고, 애 때문에 살아남았어요, <참여자 A>

> ― 애가 없었으면 더 방황하고, 헤어질 수도 있었는데, 시댁에서 나를 야단치고, 대놓고 뭐라 하고 그랬었는데, 애를 낳고 나니까 많이 그런 게 없어지셨어요, 그리고 워낙 자식 사랑에 그런 게 깊으신 분들이라서 아이 앞에서는 다 용서가 되는 거예요, <참여자 B>

> ― 아빠하고, 애를 구원해 준 거죠, 내가, 그런 점에서는 앞으로 잘 살면 그래도 나쁘지 않죠, 없는 것보다는 있는 게 훨씬 나으니까, 그게 그것만 유지하면, <참여자 D>

> ― 평소에 고맙다는 걸 아는 거 같아, 엄마가 참, 엄마가 없으면 안 된다는 걸, <참여자 E>

> ― 청소하는 거, 음식을 만드는 거, 애들을 확실하게 챙기는 거 그게 내 일이지, 그거는 남편도 못 하지, 그러니까 나보고 이제는 입원하지 말고 잘 해라, 잘 해라 하는 거지, <참여자 F>

특히 <참여자 A>의 경우 자녀는 생존의 전략이고, 사회적 역할의 획득을 가능하게 하는 주요한 통로가 되어 '자기 편'이 된다.

- 너는 아빠보다 엄마가 너를 더 잘 알아, 엄마 배 속에 있을 때부터 엄마는, 잘 알아 왔어, 아빠 배 속에서는 없었거든, 엄마 배 속에 있었거든, 엄마 배 속에서 살다가 나왔어, 그러니까 엄마 말을 잘 들어야 되고, 엄마가 너를 아빠보다 더 잘 알아.

- 결혼 생활을 유지하는 데? 정신장애인이? 나만이 할 수 있는 거, 아무나 못 하는 거, 남편이 할 수 없는 남편이 도저히 못 하는 부분을 내가 한 가지 역할을 꼭 해야만 하는 거, 특히 가정적인 일을 남편이 죽어도 못 하는 일을 나라도 해야 한다, 남편이 떠날 수 없잖아요, 이 부분이 없으면 남편이 못 사니까, 그런 부분을 만들어야 돼요, 그 영역을 자꾸 확대시켜야 돼요, 남편을 꼼짝할 수 없게 만들려면 그 영역을 자꾸 확대시키는 거죠.
애기가 내 편이 되게, 애기가 나 없으면 못 살게 만드는 거, 애기가 엄마를 꼭, 엄마 없으면 죽겠다고 하게 애기가 나를 좋아하게 만드는 것, 애기를 독차지하는 것. <참여자 A>

다. 더 빨리 정신 차림(성장과 재활의 동기)

참여자들은 자녀의 성장과 더불어 자신도 성장해야겠다는 동기를 가지며, 자녀의 삶의 과정에 참여하면서 함께 목표를 가지고 더 열심히 노력하고자 한다. 또한 "고생 끝에 낙이 온다"는 전통적 가치에 따라 자신들이 고생하고, 노력한 만큼의 보람이 따른다는 신념을 잃지 않는다.

- 애를 어린이집에 보내 놓고 나니까, 이제 병이 낫고 싶었어요, 내 병 때문에 아이를 어린이집에 보내게 된 거거든요, 어린이집에 보냄으로써 이제 활동도 좀 하고, 제가 어떻게든 배워야 되겠다. <참여자 A>

- 사는 목표라든가 앞으로 어떻게 살아야겠다거나 잘살아야겠다거나, 그런 게 더 분명해지고, 더 잘살기 위해서 노력하게 되고. <참여자 B>

- 솔직히 저도 배우고 싶어요, 저도 공부하고 싶어요, 텔레비전 보면 늦게 배워 가지고 시험도 합격하고 그러잖아요, 제가 알아야지 애들도 가르

보통 사람처럼 살기, 엄마로 살기

쳐 주죠. <참여자 C>

- 힘든 건 또 힘들죠. 그러니까 힘든 만큼 많이 좋아요. 그게 이치가 맞아요. 많이 힘든 만큼 많이 안 좋으면 누가 그렇게 둘 낳나요. 아홉 낳은 사람은 많이 힘들지만, 아홉 배로 좋다는 것 아니에요? <참여자 D>

- 다른 애들 같으면 곁길로 빠졌지. 그런 걸 보면 애한테 잘해야 되죠. 내가 잘해야 애도 또 방황 안 하고, 잘되지. <참여자 E>

- 야가 큰 거 볼 때(보람을 느낀다) 예전보다. 예의가 바르고, 착하고, <참여자 F>

또한 자녀의 존재는 치료와 재활에 있어 보다 적극적인 동기로 작용한다. 입원해 있는 동안 아이의 전화를 받거나 면회를 하고 나면 아이에 대한 걱정과 미안함에 더 열심히 치료받아서 빨리 퇴원해야한다는 동기를 갖게 되고, 회복에 있어 아이의 존재가 긍정적인 기여를 한다.

- 병이 오전되리라는, 병이 오전되리라는 일말의 기대 같은 거, 목표와 사명감 같은 거 가지고 열심히, 굉장히 열심히 살아야겠다. <참여자 A>

- 쟤가, 그동안, 사랑? 엄마 엄마하고, 지금 생각해 보면 애가 없다면 너무 삭막할 거 같아요, 메마르고, 쟤가 없으면, 남들은 그러잖아요, 자식이 없고 혼자 있으면 막 돌아다니고 자기 인생을 즐기잖아요, 근데 나는 우울증에 걸릴 거 같아요. <참여자 B>

- 애하고 떨어져 있으면 아무래도 애가 힘들고, 잘해 줘야 되는데, 병원에 입원해 있을 때 애가 울더라고, 면회도 못 오고, 보고 싶은데, 전화하는 시간이 있거든요, 그때마다 전화하면 애가 울고, 내가 빨리 나가야지, <참여자 C>

- 내 한 몸이라면 함부로 할 수도 있어요, 예를 들어 병원에 있을 때,

장기간 입원할 수도 있는 거고, 내가 아무것도 아니라면 나 혼자라면 굳이 열심히 안 살아도 되고, 근데 아들이 있으면, 애가 있음으로 해서 내가 엄마다, 내가 보호해 줘야 한다, 내가 없으면 안 된다, 그런 의식이 있죠. <참여자 D>

- 전화받고 이러고 있으면 안 되지 빨리 퇴원을 해야지, 그런 생각도 들고, 미안하지 뭐, 잘한 것도 있지만 못한 것도,
- 쟤 없었으면 어떡할 뻔했어, 사는 데 나한테는 힘이 되지, 그렇죠, 그럼요, 쟤 없었어 봐, 아무것도 아니지, 제가 오히려 많이 애 때문에 건강에 취할 수 있게 된 것 같아요. <참여자 E>

- 만약 애가 없었다면 금방 빨리빨리 돌아오지 못할 거 같아요, 회복되는 거, 계속 누적돼서 그냥 우울증에 빠지거나 밖으로는 아예 안 도는 편이니까, 근데 모르지 또 정신병에 걸려 가지고 쏘다닐지도, 애가 있어서 더 빨리 정신 차리고 그런 거 같아. <참여자 F>

결국, 여성정신장애인은 정신과적 증상의 재발과 가족 간의 갈등, 자신감의 저하 등 다양한 어려움을 경험하지만, '어머니이기 때문에', '죽음을 무릅쓰고', '아이를 먹여야 하니까' 견디고, 이겨냈다. 이를 통해 사회적 관계에서 '당당해지고', '사회적으로 인정' 받았다. 또한 자녀의 성장과 안전을 통해 시댁 식구와 남편, 주변 체계와의 관계에서 자신감을 획득하고, '살아남았다'는 안도감을 느끼기도 한다. 자녀와의 관계를 통해 기존의 세계와 다르게 보고, 다르게 관계 맺음으로써 자아를 확장하고, 정상화를 실현함으로써 사회통합의 과정에 보다 적극적으로 진입한다. 또한 더 나은 미래와 더 기능적인 '자기 성장의 가능성을 발견'하고 '정신질환의 극복과 재활에의 동기'를 강화하면서 세상 속으로 나아간다.

보통 사람처럼 살기, 엄마로 살기

 ## 제2절 여성정신장애인 모성경험의 일반적 의미구조

Giorgi(1997)는 학문적 용어로 전환된 의미단위를 현상의 본질로 구성하는 진술로 작성한 후 구조를 통합할 수 있기 때문에 구조는 본질을 의미하고 구성요소들의 관련성들을 설명해 준다고 보았다. 그리고 구조는 추상화된 수준으로 설명될 수 있다고 하였다.

본 연구자는 참여자의 기술에 존재하는 본질적 의미를 기초로 여성정신장애인의 모성경험을 이해하기 위해 8개의 구성요소와 26개의 하위 구성요소를 중심으로 참여자들의 상황적 구조를 설명하였다. 본 절에서는 이러한 개별적 구조를 뛰어넘어 보다 본질적인 것으로 나아가서 여성정신장애인의 모성경험에 대한 보다 일반적인 구조를 살펴보고자 한다. 일반적 경험의 구조는 경험의 구성요소 간의 관계를 의미하므로, 상황적 구성요소의 맥락적 구조를 구성요소를 중심으로 제시하면 다음과 같다.

여성정신장애인은 가족과 사회로부터 소외된 느낌에서 벗어나고자 하는 동기를 가지고 결혼을 소망하지만 다분히 비현실적인 기대와 망설임을 동시에 가지고 있다. 이에 결혼에 이르는 과정에서 배우자에 대한 충분한 고민보다 주변의 소개와, 현실적 조건에 따라 결혼을 결정하고, 짧은 기간 동안 결혼과정에 진입하면서 자신의 질환을 정확히 알리지 않거나 배우자 편에서 낭만적으로 해석함으로써 문제를 축소하는 경향을 보인다. 이렇듯 여성정신장애인에게 **결혼은 이상적 기대보다 현실적 조건과 상황에 따라 수동적**

으로 **결정**된다. 그러나 동시에 결혼이라는 통과의례를 거치면서 여성정신장애인은 원가족 관계에서 표면적으로 독립하여 **사회적 역할 지위를 획득하고, 안정과 구원**을 얻게 된다.

결혼 자체는 결코 인생의 결론이 아니며, 새로운 인생과업의 출발점이다. 결혼 후 여성정신장애인은 결혼을 통해 획득한 사회적 역할을 **임신을 통해 보다 확고히 인정받고자** 한다. 그러나 임신은 인생에서 가장 기쁜 사건이기도 하지만, 동시에 출산과 양육의 책임감으로 두려운 사건이기도 하다. 이들의 **임신에 대한 주변의 반응 역시 우려와 기쁨으로 양가적인 모습**이었다.

임신기간 동안 여성정신장애인은 자녀의 건강을 위해 정신과 약물을 중단하나, 이에 대해 주치의와 상담하지 않고 자의로 결정하는 경우가 대부분이며, 약물중단에 따라 임신기의 급격한 신체적, 심리적 변화에 기능적으로 적응하지 못한다. 특히 **출산의 두려움**은 심리적 스트레스를 가중시키며, 출산 과정에서 기쁨과 성취를 경험하기도 하지만, 불충분한 산후관리와 지지체계의 부족으로 산후 재발의 위험을 경험하게 된다. 이처럼 힘들게 **결혼과정을 거치면서 수동적으로 정상화된 사회 속으로 진입**하고 안정을 되찾았던 여성정신장애인은 임신과 출산의 경험을 통해 자녀양육의 새로운 과업을 맞닥뜨리면서 새로운 고비를 맞게 된다.

출산 과정에서 기쁨과 성취를 경험하지만, 불충분한 산후관리와 지지체계의 부족으로 **산후 재발의 위험이 발생**한다. 증상적 악화를 경험하게 되는 여성정신장애인은 부모가 되면서 경험하게 되는 관계와 기능의 변화에 기능적으로 적응하는 데 어려움을 겪는다. 또한 배우자가 정신질환에 대한 이해가 없는 상황에서 지속적인 약물치료가 어렵고, 가족관계에서의 갈등, 자녀양육의 부담에 따른 심리적 스트레스 등으로 증상 악화를 경험한다. 증상의 악화는 가족체계의 불안정성을 유발하며, 가족성원들의 안정을 위협한다. 가족구조의 불안정은 여성정신장애인 자신의 치료와 보호에도 악영향을 미치며 동시에 **남편과 자녀에게 부정적 영향을 미친다.** 특히 체계의 불안정으로 인한 반작용으로 가족성원 간의 밀착이 강화되며 이는 자녀와의 관계에서 지나치게 허용적이거나, 충동을 조절하지 못하고 폭력적인 태도를 보이는 것으로 나타난다. 또한 증상의 악화로 인해 입원치료를 받는 경우 기간의 차이는 있으나 아동을 다른 양육자를 통해 대리양육하게 되며, 아동의 적응 여부와 별개로 여성정신장애인 자신은 **심리적 위축과 자책감**을 갖게 된다. 이후 퇴원 후 가족구조 안에 편입되어도 가족 내에서 경제권과 교육에서의 주요 의사결정으로부터 소외되고 배제되는 결과를 야기하여 **주도권을 상실**한다. 이는 결혼을 통해 비교적 안정적으로 형성된 모성정체성의 불안을 야기하고, 여성정신장애인뿐 아니라 가족체계를 **혼란에 빠뜨린다.**

　여성정신장애인의 경우 이미 '환자 역할'을 장기적으로 유지해 왔으며, 결혼과 함께 자동적으로 아내의 지위를 획득하고, 지위에 따라 맡겨지는 행동에 따라 아내의 역할을 감당해 왔다. 여기에 출산과 동시에 주어진 엄마 역할은 사실상 그간의 많은 역할들과 중첩되면서 치열하게 유지해 온 역할수행의 균형을 깨뜨리는 위험을 초래한다. **양육과 가사의 이중 부담이 가속화**되고, 이는 부모 역할에의 효능감과 자신감을 저하시킨다. 또한 가족구성원의 확대는 구성원 간 욕구를 다양화하고, 갈등을 야기하며 이를 기능적으로 해결해 나갈 **가족 내의 의사소통에서 어려움이 발생**한다. 특히 **확대가족과의 관계 형성은 지지와 '갈등'을 동시에 내포**하는 것이다. 이러한 다중역할과 환자 역할 간에 긴장과 혼란이 순환적으로 나타나면서 여성정신장애인의 **다중부담을 가중**시킨다.

가족구조 내의 위험뿐 아니라 여성정신장애인은 **사회적 소통에서 어려움을 겪고 낙인에 대한 두려움**을 갖고 있다. 사회적 낙인에 대한 두려움과 함께 대인관계의 형성과 유지에 있어 어려움을 겪으면서 주변체계와 원활한 소통에 있어 어려움을 겪는다. 또한 자녀들이 어릴수록 양육부담이 많고, 어느 정도 성장하면서 양육 자체에 대한 직접적 부담은 줄어들지만 자녀의 성장과 더불어 부모 - 자녀 관계와 역할수행에 있어서의 새로운 적응이 요구되며, 사회적 낙인과 선입견에 대한 염려는 더욱 강화된다.

그러나 이러한 부적응과 사회적 낙인에 대한 두려움을 극복하는 데 **공식, 비공식적 지지체계의 지원**이 보호요인이 된다. 특히 연구에 참여한 정신장애인의 경우 지역사회 내 다양한 정신보건기관과 관계 맺고 있다. 이러한 사회적 관계망은 실제적인 정보와 생활지원의 기능과 함께 정서적 지지와 보호를 제공한다. 또한 기존 사회적 서비스 외에 교육적 성취를 지원해 줄 서비스 지원을 통해 '가난을 되물림'하지 않고 자녀가 건강한 사회의 일원이 되기를 기대하고 있다.

한편, 여성정신장애인은 양육에 있어 어머니로서 자신의 존재를 인식하고 아이 양육에 있어 많은 관심을 기울인다. 특히 스스로 정신적으로 힘든 삶을 살아왔기 때문에 아이들은 **'나와 다르게 정상적으로 살기'** 바라며, 이는 아이들의 양육에 있어 지지적이며,

보통 사람처럼 살기, 엄마로 살기

수용적인 태도를 보이도록 한다. 또한 '스스로 알아서 자라도록' 하는 자율과 독립을 강조하는 양육관을 보인다. 이는 부모가 자녀의 발달과 성장을 끝까지 지원해 주기 어렵다는 현실적 어려움 때문이기도 하며, 동시에 과거 자신의 의존적 삶에 대한 반성적 고찰의 결과이다.

실제 많은 여성정신장애인이 다중역할로 인해 역할갈등을 겪고 있으나, 동시에 '아파도 내가 키운다.'는 모성애적 책임감을 통해 환자 역할보다 정상화된 사회적 역할로서 어머니 역할을 수행하고자 한다. 이는 증상의 안정과 주변의 지지가 큰 몫을 했지만, 동시에 '아동의 성장을 통해 역할변화에 적응해' 간 덕분이다. 이러한 적응 과정과 함께 가족들은 참여자의 정신질환에 대처하기 위해 '가족 내 역할을 조정'한다. 또한 어머니의 정신질환에 대해 자녀들은 때에 따라 약물관리와 진료 일정을 챙기는 등 또 다른 보호자의 역할을 담당하기도 한다.

오늘날 자녀의 출산은 결혼한 부부의 고유한 의사결정으로 간주되지만 대부분의 부부는 전통적으로 유지되어 온 가족의 규범 하에 자녀를 낳는 것을 당연하게 여긴다. 여성정신장애인의 경우 이러한 모성경험에 있어 사회적 규범에 대해 수동적으로 받아들인다. 따라서 대부분 결혼을 하면 '아이는 당연히 낳는다는 생각'을 가지고 있으며, '좋은 어머니에 대한 사회적 규범'을 중요하게 인식하면서 바람직한 어머니상을 추종하고 있다. 또한 아이를 통해 부부가 관계의 폭을 확대할 수 있고, 보다 성숙한 성장이 가능하다고 여긴다. 이러한 어머니 됨의 인식은 여성정신장애인이 자녀양육이라는 역할수행을 가장 가치 있는 일이며, 의미 있는 일로 인식하면서, 사회적 역할의 수행이라는 경험의 확대로 정상화 과정을 경험하도록 돕는다.

결국, 여성정신장애인은 정신과적 증상의 재발과 가족 간의 갈등, 자신감의 저하 등 다양한 심리적, 사회적 어려움을 겪어 왔지만, 이러한 어려움을 극복하는 과정을 통해 스스로 어머니로서의 자기 정체성을 형성하고 **사회적 인정과 성취감을 획득**한다. 아이의 성장과 안전을 통해 시댁 식구와 남편, 주변체계와의 관계에서 자신감을 획득하고, **'살아남았다'는 안도감**을 느끼기도 한다. 이는 특히 자녀를 통해 기존의 제한된 자기 세계를 사회적 관계로까지 확대하는 자아의 확장을 통해 사회적 역할의 가치화를 가능하게 하여 정상화의 과정에 보다 적극적으로 진입하도록 돕는다. 또한 더 나은 미래와 더 기능적인 '자기 성장의 가능성을 발견'하고 **'정신질환의 극복과 재활에의 동기'**를 강화하면서 **세상 속으로 나아간다.**

제5장

연구결과에 대한 논의

본 연구는 여성정신장애인의 모성경험을 현상학적 방법으로 접근하여, 그 의미와 본질, 즉 기본 구조를 이해하고자 한 것이다. 이를 위해 본 연구는 6명의 여성정신장애인 참여자로부터 8개의 구성요소와 26개의 하위 구성요소를 통해 기본구조를 발견하였고, 여성정신장애인의 모성경험에 대한 맥락적, 통합적 진술을 구성하였다.

즉, 여성정신장애인의 모성경험은 **'정신장애와 여성이라는 특성 때문에 발생하는 다중부담과 긴장을 모성정체성을 통해 극복하고, 사회적 존재로서의 역할 지위와 사회적 인정을 획득함으로써 보다 적극적으로 세상 속으로 진입해 가는 힘'**이다. 여성정신장애인은 세상으로부터 분리되고 소외된 느낌에서 벗어나 어머니라는 사회적 지위와 모성정체성을 획득함으로써 자기 존재의 의미를 사회 속에서 발견하고, 보다 적극적인 삶의 지평을 열어 간다. 증상 악화와 역할긴장의 힘겨움을 온몸으로 이고 지며, 고군분투하는 과정은 그 자체로 여성정신장애인이 스스로 자신의 존재가치를 확인하며, 세상과의 통로를 확보하는 과정이다. 여성정신장애인은 모성경험을 통해 세상과의 관계에서 당당히 마주하며, 자녀와의 관계를 통해 기존의 세계와 다르게 보고, 다르게 관계 맺음으로써 자아를 확장하고, 정상화를 실현함으로써 사회통합의 목표에 다가간다.

이러한 모성경험의 구조를 형성하는 구성요소들은 크게 '결혼과 출산 과정(이끌려 들어가기)', '재발과 가족의 희생(혼란에 빠짐)', '역할긴장과 부담(이고 지고 가기)', '낙인과 소통의 어려움(차가운 벽 앞에 서기)', '지지체계의 지원 및 요구(도움닫기)', '대처와 적응(고군분투)', '어머니 됨의 인식(버팀목 세우기)', '사회적 인정과 자아 확장(세상 속으로 나아가기)'으로 나타났다.

여기서 여성정신장애인의 모성경험을 논의의 편의를 위해 세 가지 측면으로 나누어 살펴보고자 한다. 즉, 결혼과 임신이라는 생물학적 영역에서 비롯되는 모성경험과 질환의 재발과 역할긴장, 부담의 과정 속에서 형성되는 모 - 자녀 관계를 중심으로 한 모성경험, 어머니로서의 자기 인식과 사회적 지지 및 낙인 과정에 대처하고 적응함으로써 확대되는 사회적 관계로서의 모성경험을 중심으로 나누어 살펴본다.

 ## 제1절 결혼과 임신을 통한 모성경험

일반적으로 사람들은 결혼을 당연한 생활과정으로 받아들이고 결혼을 통해서 공간적 독립과 함께 생활의 안정 및 사회적 지지와 사회통합을 얻고자 한다. 마찬가지로 정신장애인 역시 가족과 사회로부터 소외된 느낌에서 벗어나 가장 가깝고 안정된 지지체계를 확보하기 위해 결혼을 선택한다(Young & Ensing, 1999; 유명이, 2004 재인용). 만성 정신장애인의 경우 대부분 결혼 전 발병하여 정서적 혼란과 사회적 역할 수행에 있어 다양한 어려움을 겪게 된다. 정신장애로 인해 사회적 기회로부터 배제되고 사회적 관계에서 고립되는데, 이러한 상실과 고립감은 친밀한 관계를 형성하고 싶은 욕구를 강하게 유발한다(Carter & McGoldrick, 1989). 또한 정신장애인은 평범한 사회 속에 지속적으로 거주하면서 사회참여의 기회를 가짐으로써 사회의 주류에 통합되고자 한다.

연구결과 여성정신장애인에게 결혼은 문제의 도피처가 되고 해결책이 되며, 결혼만이 목표가 되어 결혼을 통해 마술적인 회복을 기대한다. 실제 결혼을 통해 경제적 안정과 새로운 희망을 발견하기도 한다. 그러나 참여자들은 결혼에 이르는 과정에서 배우자에 대한 충분한 고민보다 주변의 소개와, 현실적 조건에 따라 결혼을 결정하고, 짧은 기간 동안 결혼 과정에 진입하면서 정신질환을 정확히 알리지 않거나 배우자 편에서 낭만적으로 해석함으로써 문제를 축소하는 경향을 보인다. 이는 이후 증상의 재발과 일상생활에서 어려움이 발생할 때 남편이나 시댁 식구들의 이해를 얻기 어렵고, 극단적인 경우 속아서 결혼했다는 배신감까지 야기한다. 이러한 결혼 배우자 간 상호 이해 부족은 여성정신장애인의 경우 재발의 원인이 되고, 양육 및 가사에 있어 주변의 보호와 지지가 필요함에도 적절한 도움을 받지 못하게 하는 결과를 낳는다.

또한 결혼을 준비하는 과정에서 여성정신장애인의 대다수가 안전한 성관계나 피임, 임신에 대한 교육과 가족계획에 대한 서비스를 받지 못하고 있다(Cook, 2000; McLennan & Ganguli, 1999). 이에 임신을 원하지 않으면서도 피임을 하지 않아 원하지 않는 임신을 하게 되는데, 연구 참여자 대부분이 낙태수술을 2~3차례 경험한 것은 이러한 피임과 임신에 대한 정보와 지식 부족에 기인하는 것이다.

또한 참여자들은 임신 시 약물복용을 중단하였는데, 이는 기형아 출산의 우려가 증상의 재발에 대한 위험보다 우선된 판단이다. 사실상 정신장애인이 임신한 경우 약물복용을 지속해야 할 것인지에 대한 논란은 아직까지 분명한 결론은 없다(Seeman, 2004). 그럼에도 대부분의 여성정신장애인이 임신할 경우 항정신성 의약품의 복용을 중단하거나 줄인다. 그러나 이로 인하여 정신분열증 환자의 경우 65%는 약물복용의 중단으로 임신 중 재발하는 것으로 추정되고(Miller, 1997), 정신장애인이 임신 중 약물복용 중단으로 급성 증상이 나타날 경우 영양과 자기관리, 태아관리, 그리고 스트레스에 영향을 미치게 되어 폭력과 자살, 미숙한 출산의 시도, 무모한 출산 등을 유발할 수 있다. 실제 〈참여자 C〉와 〈D〉의 경우 망상과 환청 등의 급성증상으로 임신 기간 동안 적절한 영양관리가 되지 못했고, 태아관리에 소홀하여 자녀가 저체중으로 태어나고, 양수가 터지는 난산을 경험하기도 하였다. 임신기의 약물중단은 태아의 발달 단계, 약물의 종류와 용량, 증상의 성격과 심각성 정도, 질환의 경과 등 신체적, 의료적 측면의 평가와 함께 환경적 스트레스와 문화 전통적 신념에 대한 평가가 전체적으로 고려되어야 한다(Seeman, 2004). 그럼에도 불구하고 모든 참여자는 임신기간 동안 증상 악화로 인한 위험보다 건강한 자녀의 출산과 모성의 역할수행에 더 큰 의미를 부여하고 있었다. 이는 우리 사회의 전통적 모성관에 따라 '아이를 위해서는 어떤 희생이라도 견뎌야 한다'는 희생과 헌신의 모성애가 드러난 결과다.

결혼을 통한 정상화 사회로의 진입은 어머니 역할과 사명의 내면화를 통해 더욱 공고화된다. 여성정신장애인은 어머니 역할을 성실히 수행함으로써 사회적 지위를 획득하고 정상적 삶에 더욱 다가가고자 한다. 따라서 '환자 정체성'을 드러내는 약물치료의 중단은 치료진과의 협의에 앞서 기형아 출산에 대한 어머니로서의 불안, 정상적 삶에 대한 열망이 더 강력한 힘을 발휘한 결과로 나타난 것이다.

그러나 이러한 임신기에 내재된 위험은 출산의 두려움과 함께 심리적 스트레스를 가중시키며, 불충분한 산후관리와 지지체계의 부족으로 산후 재발의 위험을 초래한다. 산후우울증은 이 시기에 나타나는 결정적 위기로서 사회적, 심리적, 생리적 요소가 복잡하게 얽혀서 나타난다. 일반적으로 정신분열증 환자의 출산 후 재발은 기분장애의 재발보다는 낮은 것으로 알려져 있으나, 출산 직후의 재발률이 출산 전의 22배이고, 특히 첫아이 출산의 경우 그 위험은 더욱 높아지는 것으로 보고되었다(Kendell et al., 1987; Bosanac et al., 2003 재인용).

본 연구결과 역시 이러한 기존의 연구결과와 유사하다. 참여자의 대부분이 출산 후 일 년 이내에 심각한 정도의 증상 악화로 입원을 하고, 가족체계와 분리되는 경험을 보고하고 있다. 이에 비해 출산 직후 치료진의 협조로 적절한 약물치료를 지속해 온 〈참여자 B〉의 경우 안정적인 역할수행경험을 보고하고 있어 임신기와 출산 직후 여성정신장애인의 치료적 개입이 보다 집중적으로 이루어져야 함을 알 수 있다.

이처럼 힘들게 결혼과정을 거치면서 안정을 되찾았던 여성정신장애인은 임신과 출산의 경험을 통해 자녀양육의 과업을 맞닥뜨리면서 새로운 고비를 맞게 된다. 따라서 임신과 출산과정에 이르는 생물학적 모성경험의 과정에 있어 기능적인 출산을 돕고, 기형아 출산 등의 불행한 결과를 피할 수 있는 방법에 대한 충분한 정도의 정보 제공과 지지적 개입이 요구된다. 약물치료에 대해 무조건적인 거부가 아니라 치료를 통한 이득과 손실을 적절히 평가하여 약물치료를 관리하여야 할 것이다(Brunette & Dean, 2002). 또한 여성정신장애인이 어머니로서 결혼과 임신을 준비하는 과정에 있어 임신과 출산, 가족계획에 대한 정보를 알려 주고, 적절한 보호 서비스를 제공할 수 있는 포괄적이고 통합적인 서비스 전달체계가 절실하다(McLennan & Ganguli, 1999).

한편, 이러한 개입 전략의 수립에 앞서 지역사회정신보건 현장 실천가들의 인식 변화가 요구된다. 정신장애인을 치료의 대상으로 보고, 병리적 관점에 초점을 둔 실천가들은 여성정신장애인의 임신과 출산에 대해 위험하거나 무능력하다는 편견을 가지고 있다(Seeman, 2004). 특히 성과 출산에 대해 부정적이거나, 선입견을 가지고 있는 서비스 제공자의 태도는 관련한 이슈에 대해 다양한 정보와 서비스를 제공하고, 클라이언트의 결정권을 확대해야 함에도 불구하고, 적절한 시기에 적합한 내용의 서비스를 제공하지 못하도록 한다. 따라서 서비스 제공 체계 내에 존재하는 편견과 낙인을 해소하고, 개별화된 서비스를 제공할 수 있도록 노력하여야 할 것이다.

또한 가족 역시 정신장애인의 임신과 출산에 대한 양가적 태도와 현실적 기대를 갖지 못함에 따라 가족 차원의 정보와 지지 역시 부족한 현실이다(Brunette & W. Dean, 2002). 이에 결혼준비 과정에 대한 지지체계에 이들 가족들을 적극적으로 개입시켜 동반자적 협조관계를 구축해 나가야 할 것이다. 무엇보다 이러한 정신장애인의 성적 활동에 있어 기본적인 자기결정권이 존중되어야 하며 이에 대한 사회적 낙인을 줄여 나가기 위한 교육, 홍보활동 및 옹호활동이 동시에 요구된다(Cook, 2000).

# 제2절 모 – 자녀 관계를 중심으로 한 모성경험

참여자들의 모성 역할의 수행은 '삶의 보람'인 동시에 '죽음을 무릅쓰고' 이겨 내야 하는 고된 노동이었다. 여성정신장애인은 어머니로서의 양육부담뿐 아니라 사회적 낙인과 경제적 어려움, 지지체계의 부족, 약물관리의 부담과 부작용 및 재발의 위험 등 이중, 삼중의 고통을 견뎌야 하는 부담을 가진다(Mowbray, et al., 2000; Miller, 1997; Ritsher, et al., 1997).

특히 정신장애의 속성상 재발률이 높기 때문에 병에 대한 지속적 관리가 이루어지지 않을 경우 정신장애인의 증상이 악화될 뿐만 아니라 일상생활 능력과 사회기술에서 현저한 저하가 나타난다. 많은 연구에서 여성정신장애인의 증상 발현 정도와 입원기간이 양육기능에 영향을 미친다고 하였다(Oyserman et al., 2002; 2000). 연구결과 참여자들은 질환의 악화에도 불구하고 적절한 보호와 치료 시기를 놓치면서 더 큰 어려움을 겪었다. 또한 참여자들이 증상이 심해져서 집중적인 보호가 필요하거나 입원을 해야 하는 경우에, 일시적으로 혹은 장기적으로 자녀와 분리되고 자녀양육에 있어 책임을 지지 못했다는 죄책감을 갖게 된다. 이러한 죄책감은 다시 자녀와 살게 될 때 자녀를 지나치게 과잉보호하고, 허용적으로 대하는 부적절한 양육태도를 야기한다.

이렇듯 정신질환의 악화는 가족기능의 불안정과 가족의 분리, 해체를 야기하고, 역할기능의 손상과 부적절한 양육태도를 강화한다. 또한 결혼 관계 내의 갈등을 일으키고, 경제적 부담을 가중시키는 등 역할수행에 있어 치명적인 어려움을 발생시킨다(Hearle & McGrath, 1999). 또한 배우자가 정신질환에 대한 이해가 없는 상황에서 참여자들은 지속적인 약물치료가 어렵고, 가족관계에서의 갈등, 자녀양육의 부담에 따른 심리적 스트레스 등으로 증상 악화가 가중된다. 이는 결국 결혼 단계에서 질환에 대한 상호이해가 충분치 않은 상태에서 약물관리가 지속되지 못함에 따라 재발과 입원 가능성을 높인다. 이로 인한 이차적 문제는 가족 내의 역할 지위를 유지하지 못하고, 특히 아이들의 보호와 양육의 책임을 다할 수 없게 된다는 것이다.

서구의 많은 연구에서 자녀가 있는 여성정신장애인의 입원은 자녀양육권을 박탈하는 계기가 되고(Bassett, et al., 1999; Sands, 1995), 이는 여성정신장애인이 지역 내 원조 전문가의 서비스 개입을 거부하는 원인이 되기도 한다. 그러나 이러한 서구의 아동보호정책에 비해 문화적으로 가족 보호를 우선시하는 우리나라의 경우 남편과 친정, 시댁 등 다양한 비공식적 지지체계의 도움으로 대리양육을 하면서 주변체계의 부담과 스트레스를 가중시킨다. 정신증적 증상의 악화는 가족체계에 불안정성을 유발하며, 가족성원들의 안정을 위협하고, 가족구조의 불안정은 여성정신장애인 자신의 치료와 보호에도 악영향을 미치며 동시에 남편과 아이들에게도 영향을 미친다. 특히 증상의 불안정으로 인한 폭력적인 양육행동이 방치될 경우 자녀의 방임과 학대의 위험이 증가하는 만큼 이의 예방과 조기개입이 적극적으로 시도되어야 할 것이다.

또한 체계의 불안정성으로 인한 반작용으로 가족성원 간의 밀착이 강화되며 이는 자녀와의 관계에서 지나치게 허용적이거나, 충동을 조절하지 못하고 폭력적인 태도를 보이는 것으로 나타난다. 이러한 결과는 기존의 연구결과와 일치하는 것으로 이는 정신질환이 자녀의 통제와 상호작용, 주의집중이 부족하고 긴장과 부적절한 양육태도를 강화하기 때문이다(Brunette & Dean, 2002).

또한 대부분의 연구결과에서 정신질환 부모들이 아동의 욕구를 충족시키지 못하고(Miller & Finnerty, 1996), 정신질환의 증상은 어머니 역할의 유지와 수행을 어렵게 하고 있음을(Ritsher, Coursey, & Farrell, 1997; Sands, 1995) 밝히고 있다. 정신질환 부모들이 자신들이 겪고 있는 질환의 증상에 대처하느라 자녀와의 제한된 상호작용과 빈약한 관계 등의 부정적 영향을 줄 수 있으며, 특히 입원 후 더욱 문제가 된다고 밝힌 Thomas와 Kalucy(2003)의 연구결과 역시 본 연구의 결과와 일치한다. 그러나 사실상 입원을 하지 않더라도 다시 입원할지도 모른다는 걱정은 여성정신장애인의 모성경험에 부정적인 영향을 미친다. 따라서 이러한 입원치료에 앞선 자녀양육에 필요한 사회적 보호체계가 요구되며, 자녀양육에 대한 구체적인 도움이나 피드백 등이 필요하다. 특히 본 연구를 통해 드러난 것은 입원을 통한 어머니 자리의 부재는 가족체계 내에서 어머니 역할을 축소하고, 가족성원 간의 역할을 재조정하고, 아버지를 중심으로 한 의사결정구조를 공고히 함에 따라 여성들이 퇴원 후 주도권 상실이라는 상대적 박탈감과 소외를 경험한다는 것이다. 이는 가부장제 문화가 강한 우리 사회에서 더욱 가장의 권위를 강화하는 결과로 나타난다.

이처럼 본 연구는 여성정신장애인의 증상 불안정으로 인해 모-자녀 관계의 불안정을 야기하고, 사회적 지지체계가 부족한 가운데, 참여자들의 자녀관계에 있어 부적절하고 왜곡된 의존관계를 강화하는 측면을 발견해 냈다. 또한 이러한 의존은 가족구조 내에 남성중심의 문화와 사회적으로 요구되는 어머니 역할 수행에 대한 실패로 인해 여성정신장애인 스스로 자기 낙인화 과정을 거치면서 죄책감과 소외감을 강화하는 것을 볼 수 있다.

한편, 증상의 악화뿐 아니라 결혼과 출산에 의해 제기되는 다중 역할로 인한 역할긴장과 부담은 정신장애인뿐만 아니라 대부분의 여성들이 경험하는 어려움이다. 결혼과 출산을 여성의 삶에 있어 중심적 부분으로 파악하는 우리 사회의 구조 안에서 여성정신장애인은 정신장애를 가지고 있음에도 불구하고 여전히 가사노동을 전담해야 하고 자녀양육의 모든 책임을 떠맡아야 한다. 여기에 출산과 동시에 주어진 '엄마 역할'은 사실상 그간의 많은 역할들과 중첩되면서 치열하게 유지해 온 역할 수행의 균형을 깨뜨리는 위험을 안고 있다. '양육과 가사의 이중 부담'이 가속화되고, 역할수행에 있어 긴장과 부담을 가중시킨다.

본 연구에서 참여자들은 자신의 역할을 '가족공동체' 안에서 의미를 갖는 '어머니'로서의 지위를 갖는 것으로 보고 있다. 이에 어머니 지위를 유지하기 위한 다양한 관계 속에서의 권리와 의무를 수행하고자 노력한다. 그러나 실제적인 역할 기능에 있어 불안정하고, 다양한 역할 스트레스를 경험하면서 역할 혼란과 긴장을 경험하게 된다. 대부분의 참여자들은 우리 사회의 성 역할 고정관념을 순응적으로 따르면서 가사와 양육을 전적으로 책임지고 있다. 개인이 이러한 기대되는 역할을 수행하지 못할 때는 긴장하거나 자신에 대한 부정적인 인식을 갖게 된다. 본 연구의 참여자들은 자신이 부모된 도리를 수행하지 못했다는 자각과 인지로 부모 효능감의 저하와 사회적 위축을 경험한다.

그러나 동시에 참여자들은 양육경험을 통해 사회화된 자기 역할 정체성을 획득하게 되고, 기존에 갖지 못한 주도적이고 독립적인 자기 지위를 획득하게 된다. 특히 모-자녀 관계의 경험은 일방적인 관계이기보다 상호 작용을 통해 아이의 성장을 자신의 성장으로 확장시켜 나가도록 한다(Mowbray et al., 1995). 특히 참여자들은 자녀의 양육에 있어 '자신과 다른 삶'을 살기를 절실히 원하게 되고 이러한 신념은 자녀의 양육에 있어 정신건강을 중시하고 관계 중심의 교육관을 갖게 하는 등 보다 유연한 양육태도를 갖추도록 한다. 결국 긴장과 부담을 제공하는 다중역할은 어려운 만큼 성취해 내고, 수행을 위해 노력하는 과정 동안 보다 긍정적인 자아개념을 형성하도록 돕는다.

이는 구체적으로 환자로서의 정체성을 어머니, 여성, 사회인의 정체성으로 변화시키도록 돕고, 인간적 성숙을 경험하도록 한다. 그러한 경험이 가능한 것은 참여자들의 삶 속에서 모-자녀 관계에 대한 참여자들의 적극적 도전과 적응이 뒤따랐기 때문이다. 참여자들은 증상의 발현과 역할긴장의 어려움 속에서도 아이를 키우고, 양육해야 한다는 책임감을 당연한 것으로 받아들이고, 스스로 어머니라는 인식을 강하게 내면화하고 있었다. 이는 '혼자였으면 귀찮아서 일어나지도 않았을 텐데', '죽음을 무릅쓰고라도' 아이를 위해 움직이도록 하는 삶의 동기이자 의지로 나타난다.

특히 참여자들은 자녀의 성장과 함께 역할부담이 줄고, 자녀들이 엄마의 질환에 대해 받아들이고, 이해하는 과정을 거치면서 남

보통 사람처럼 살기, 엄마로 살기

편이나 원가족에서의 관계에서 찾아볼 수 없었던 친밀한 정서적 유대와 있는 그대로의 자신이 수용되는 경험을 하게 된다. 따라서 자녀관계에서 발생할 수 있는 역기능적 스트레스를 줄이고, 불안정한 양육태도로 발생할 수 있는 부정적 영향을 줄이기 위해서 보다 강화된 가족기능의 보조 및 가족지원 정책이 요구된다. 특히 일반 여성과 마찬가지로 성인 여성정신장애인을 위한 부모 역할훈련과 자녀양육에 필요한 서비스 지원이 요구된다.

 ## 제3절 사회적 관계를 중심으로 한 모성경험

여성이 어머니가 된다는 것은 자신의 삶에 하나의 역할을 추가하는 것이 아니라, 여성의 삶의 지형 자체를 변화시키는 것이다. 모성을 개인적 경험뿐 아니라 사회적, 제도적 경험으로 확대하는 데에는 모성에 대한 사회적 규정이 여성의 어머니 역할을 규정하고 강력하게 영향을 미치기 때문이다. 그러나 모성에 대한 지나친 이상화는 모성을 그저 '좋은 어머니'와 '나쁜 어머니'로 단순화하면서 정상적 규범에 따르지 않는 많은 여성들을 어머니 역할에 부적절한 대상으로 낙인화할 수 있다(Montgomery, 2005).

이러한 모성에 대한 사회적 규정으로 나타나는 모성 이데올로기는 '여성성을 정의하는 요소가 있는데, 이는 모든 여성이 결혼을 하고, 출산을 해야 한다'는 것이며, 이로써 비로소 정상적인 여성으로 간주될 수 있다는 것이다(노영주, 1998). 정신장애인에게 있어 누적된 사회적 배제와 차별의 경험, 남과 다른 경험은 정상적 사회 주류에 끊임없이 편입하고자 하는 욕구를 발생시킨다. 그러나 여성정신장애인의 경우 취업 등의 사회적 역할을 통해 정상화의 흐름에 편입하기에는 한계가 많다. 이에 결혼과 양육이라는 사회적 과업은 그대로 여성에게 중요한 사회적 역할로 받아들여지고 있고, 참여자들이 밝히고 있는 것처럼 '좋은 어머니상'에 대한 끊임없는 추구로 나타난다. '좋은 어머니'는 '아이를 잘 먹이고, 잘 입히는 것이며', '아이를 항상 곁에서 돌보는' 사람이다. 헌신적이고 희생적인 전통적 어머니상을 참여자들 대부분이 이상적 어머니상으로 삼고 있으며 끊임없이 다가가고자 노력한다.

실제적인 여성의 인식 지평 안에서 이러한 모성이데올로기에 대한 비판과 수용의 논의(김경화, 2003; 심영희 외, 1999)와 무관하게 참여자들의 대부분은 이러한 모성 이데올로기에 자신을 동일시하고 있다. 특히 자신의 모성애가 강하기 때문에 살아남았다고 하는 〈참여자 E〉의 경우 모성을 통한 자기 존재의 의미를 확인하고자 하는 모습이 나타난다. 또한, 이러한 모성지위의 획득은 '시댁에 대해 당당해짐', '자녀를 독차지해서 쫓겨나지 않게' 하는 생존의 수단이자, 사회적 인정의 도구가 된다. 이는 우리 사회의 가부장적 전통 안에서 사회의 주류가치 속에 적극적으로 진입하면서, 정상성을 획득하고자 하는 여성정신장애인의 열망을 반영한다.

그러나 한편으로 참여자들은 아이에 대한 일차적 책임을 인정하지만 이러한 책임을 수행하는 데 있어 사회적 양육과 지지체계의 지원을 개방적으로 수용하고 있다. 일정 정도 대안적 모성을 스스로의 경험을 통해 체득하고 있는 것으로 볼 수 있다. 특히 참여자

보통 사람처럼 살기, 엄마로 살기

들은 모성경험을 통해 자신의 사회적 자아와 관계지평을 확대해 가고 있는데, 아이 양육을 위해 교육적 서비스를 요구하고, 사회적 역할을 점차 확대시켜 가고자 참여 기회들을 다양화하는 것을 확인할 수 있다. 또한 사회적 지지체계와의 관계에서 대부분의 참여자들이 정서적, 경제적 측면에서의 지원을 받고 있으며, 이러한 지지는 성공적인 모성경험의 수행에 있어 중요한 역할을 담당한다 (Dipple et al., 2002).

한편, 일반적으로 정신장애인의 사회적 지지체계는 일반인이 경험하는 지지체계보다 작다(Pickens, 1999). 또한 대부분 가족과 친족의 범위를 벗어나지 않는다. 본 연구에서 가장 중심이 되는 지지자원 역시 남편과 확대가족이었다. 그러나 이러한 가족 중심의 지지체계에 대해 일부 참여자들은 양가적 태도를 보인다. '가장 좋은 지지체계'이면서 동시에 '스트레스원'이 되기도 하는 것이다. 특히 자녀양육에 있어 가족지지체계는 다양한 형태의 경제적, 정서적 지지를 제공하나 간섭과 평가를 통해 참여자 자신의 어머니로서의 역할 가치를 감소시키기도 한다.

동시에 사회적 관계로의 확대에 있어 어려움으로 제기되는 것이 사회적 낙인에 대한 두려움이다. Nicholson 등은 연구를 통해(1998) 여성정신장애인의 모성경험에 있어 광범위한 낙인이 존재하고 사회적으로 학대 및 방임 가능성에 대한 편견이 모성경험에 있어 역기능적으로 작용함을 밝히고 있다. 그러나 본 연구에서 실제 낙인에 대한 두려움은 주관적인 것으로 선입견이나 편견으로 인해 직접 차별대우를 받은 경험은 많지 않다. 다만 사회적 낙인에 대한 두려움과 함께 대인관계의 형성과 유지에 있어 어려움을 겪으면서 주변체계와 원활한 소통에 있어 어려움을 겪고 있었다. 또한 자녀들이 어릴 때일수록 양육부담이 크고 어느 정도 성장하면 자신의 정신장애로 인해 아이들에게 미칠 부정적인 영향을 걱정하는 것으로 나타냈다. 따라서 사회적 낙인과 관련한 주관적이고 잠재적인 우려는 자녀의 성장과 함께 요구되는 다양한 사회적 관계의 확대와 요구에 적절히 적응해 나가는 데 장애가 된다.

정신장애인은 평범한 사회 속에 지속적으로 거주하면서 사회참여의 기회를 가짐으로써 지역사회의 주류에 통합되고 가능한 한 긍정적으로 이해될 수 있다(김규수, 2003). 또한 이들은 가족의 보호에 의존하며 생활할 수밖에 없는 것으로 인식되고 있지만, 가족에게 짐이 되는 상황에서 벗어나면 오히려 더 편안해하고 스스로의 힘으로 독립하고자 하는 욕구와 능력을 가지고 있다. 따라서 정신보건전문가와 가족 및 사회적 지지체계는 정신장애인이 어려움에서 벗어날 수 있는 내적인 힘을 신뢰하고 자연스러운 생활과정에서 자신의 강점을 발휘하게 함으로써 그들이 정신장애로부터 회복하도록 도와야 한다(Saleebey, 2002).

정신장애인도 일반 여성과 마찬가지로 부모 역할에 대한 동기와 욕구가 있으며, 출산율에 있어 일반 여성과 정신장애 여성 간의 차이가 없음(Nichoson & Biebel, 2002; Brunette & Dean, 2002; Joseph et al., 1999; Sands, 1995)이 사실상 자명함에도 그간에 이러한 여성정신장애인의 성인 여성으로서의 정상적 욕구에 대한 관심이 부족했던 것이 사실이다. 결혼과 양육, 모성경험은 대부분의 여성들이 정상화된 성인 역할로서 기대하는 경험이며, 특히 여성의 정체성 형성에 있어 중요한 의미를 가진다. 동시에 기본적인 인간 권

보통 사람처럼 살기, 엄마로 살기

리이기도 하다. 실제 여성정신장애인은 모성을 통해 자기 정체성을 형성하고, 성인으로서의 의미 있는 삶의 보람을 경험한다(Hearle & McGrath, 1999). 본 연구의 참여자 역시 자신의 삶을 통제할 자원과 기회가 상대적으로 부족했던 만큼, 어머니가 되는 것이 유일한 혹은 최선의 선택이었다는 인식이 강하며, 여성으로서 자각보다 어머니의 자각, 어머니로서의 정체성을 더 중시한다. 이를 통해서 자신의 '가족공동체'를 완성하고 지켜 나가면서 사회 속에 뿌리내림으로써 새로운 삶의 지평을 열어 가는 것이다.

지역사회정신보건의 확산은 여성정신장애인 역시 정상적 삶의 경험의 하나로서 부모 역할을 인식하고, 그들 스스로 '환자 역할'을 포함하는 다양한 역할 가운데 '부모'로서의 역할을 가장 중요한 의미로 정의하고 있다(Nicholson, et al, 1993; Sands, 1995). 여성정신장애인에게 있어 모성은 중요한 사회적 삶의 역할 안에서 자신의 역량을 개발할 수 있는 기회이다. 그러나 이러한 삶의 영역에 적극적으로 참여하면서 획득할 수 있는 자기 가치화는 증상의 악화, 역할부담 및 긴장 등으로 인해 실패할 수 있으며, 이는 여성정신장애인에게 심각한 정도의 죄책감과 좌절을 불러온다(Sands, 1995). 결국 이는 다시 증상의 악화, 재발에 필연적 영향을 미칠 수밖에 없다. 따라서 이러한 역할지원을 위한 다양한 사회적 지지체계의 수립이 절실하다.

결국은 사회복귀를 위해 노력하는 정신장애인이 지역사회 생활에서 보장되고 지원받아야 할 평범한 생활경험의 하나로 모성경험이 보다 적극적으로 수용되어야 할 것이다. 이를 통해 참여자는 더욱 강한 회복과 성장에 있어 강력한 동기를 강화해 나갈 것이다.

이를 위해 사회문화적 인식의 변화와 사회적 낙인에 대한 해결책이 제시되어야 할 것이다.

보통 사람처럼 살기, 엄마로 살기

제6장

결 론

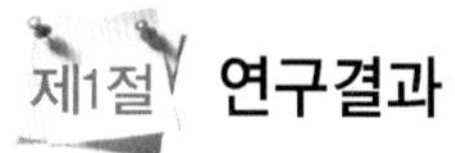 **연구결과**

　본 연구의 목적은 여성정신장애인의 모성경험을 여성 자신의 관점에서, 그들의 목소리를 통하여 보다 깊이 있게 이해하는 데 있다. 이에 본고에서는 다양한 사회문화적 맥락하에서 여성정신장애인의 모성경험이 어떻게 나타나고 여성정신장애인 스스로 이러한 모성경험에 어떠한 의미를 부여하는지를 살펴보았다. 이는 그동안 지역사회정신보건 현장에서 상대적으로 주목받지 못한 여성정신장애인의 특성과 욕구에 대한 보다 깊이 있는 통찰을 제공할 것이며, 대상자에 대한 사회복지 실천의 전략을 보다 구체적으로 제언할 수 있는 근거로 활용될 것이다. 이러한 연구목적을 달성하기 위한 본 연구의 연구 질문은 '여성정신장애인의 모성경험의 본질과 그 경험의 의미는 무엇인가'이다.

　이에 본 연구자는 여성정신장애인의 모성경험을 보다 살아 있는 경험으로 풍부하게 기술하고, 참여자들의 삶의 장과 분리하지 않고 보다 깊이 이해하고자 질적 연구방법을 채택하였다. 특히 다양한 질적 연구의 전통 중에서 개념이나 현상에 대한 개인경험의 의미를 기술하고 참여자들이 경험하는 사회문화적 맥락 안에서 여성정신장애인의 모성경험에 대한 본질을 있는 그대로 반영하는 현상학적 연구방법을 활용하였다. 또한 참여자가 진술한 언어를 있는 그대로 기술하고 이를 연구자의 학문적 용어로 전환시켜 연구 참여자의 경험을 일반적, 구조적으로 통합할 뿐 아니라 개별적 특수성을 상황적 맥락 하에서 보여 주는 Giorgi의 현상학 연구방법을 적용하였다.

본 연구의 참여자들은 대전지역의 정신보건센터와 사회복귀시설을 이용하는 30~40대의 여성정신장애인으로 정신분열병과 분열정동형 정신장애의 진단을 받았다. 표집방법은 연구목적에 맞는 기준을 세우고 이를 만족시키는 사례를 포함하는 '기준표집(criterion sampling)'을 활용하였다. 연구의 주제를 가장 잘 반영하는 대상자로 7~15세의 자녀를 키우고 있으며 최근 3년 이상 자녀와 함께 거주하고 있는 여성들을 택하였다. 특히 연구목적에 동의하고 자신의 경험을 진솔하게 잘 드러낼 수 있는 참여자를 선택하였다. 따라서 상대적으로 기능이 안정되고, 관계형성 및 의사소통이 원활한 참여자를 선정하였다.

자료 수집은 2006년 7월부터 2007년 2월까지이다. 참여자는 총 10명이나 이 중 최종 분석단계에는 6명이 포함되었다. 자료 수집 방법은 비구조화된 심층면접으로 시작하여 점차 반구조화된 형태로 전환되었다. 또한 참여자가 직접 기록한 편지나 수필 등을 활용하였으며, 사실 가치를 확보하기 위해 참여자들과 수시로 추가 면담, 전화면담을 하여 결과를 반영하고, 수정, 검토하였다. 면담 횟수는 더 이상 새로운 자료가 나오지 않아 포화가 될 때까지 최소 3회에서 5회 정도였으며 1회기의 평균 면담 시간은 1시간 30분~2시간 정도 소요되었다.

본 연구에서 여성정신장애인의 모성경험에서 기술된 내용을 연구자의 자유로운 상상적 변형을 통한 해석으로 총 448개의 중심의미를 도출시켜, 89개로 요약하였으며, 26개의 하위 구성요소로 묶은 후 다시 8개의 구성요소로 정리하였다.

전체적 맥락에 따른 구성요소들 간의 역동적 관계를 통하여 다음과 같은 구조를 도출하게 되었다.

- **결혼과 출산 과정(이끌려 들어가기)**: 여성정신장애인은 가족과 사회로부터 소외된 느낌에서 벗어나고자 하는 동기를 가지고 결혼을 선택한다. 그러나 여성정신장애인에게 결혼은 이상적 기대보다 현실적 조건과 상황에 따라 맞추어지는 **순응적 선택**이었다. 그럼에도 결혼과 임신을 통해 사회적 역할 지위를 획득하면서 **정상적 삶의 범주로 진입**하였고, **안정과 구원의 가능성을 발견**한다. 한편, 임신기간 동안 자녀의 건강을 위해 정신과 약물을 중단하면서 급격한 신체적, 심리적 어려움이 발생하며, 특히 **출산의 두려움**은 심리적 스트레스를 가중시킨다.

- **재발과 가족의 희생(혼란에 빠짐)**: 출산 과정에서 기쁨과 성취감을 경험하기도 하지만, 불충분한 산후관리와 지지체계의 부족으로 **산후 재발의 위험이 발생**한다. 증상적 악화를 경험하게 되면서 이들은 **남편과 자녀에게 경제적, 심리적 스트레스를 부가**하게 되며, 아동의 적응 여부와 별개로 스스로 심리적 위축과 자책감을 갖게 된다. 또한 어머니 역할 수행에 실패했다는 주관적 평가에 의해 결혼을 통해 비교적 안정적으로 형성된 **모성정체성에 혼란**을 일으킨다.

- **역할긴장과 부담(이고 지고 가기)**: 출산과 동시에 주어진 어머니 역할은 그간의 역할들과 중첩되면서 치열하게 유지해 온 역할수행의 균형을 깨뜨리는 위험을 안고 있다. **양육과 가사의 이중부담이 가속화**되고, 이는 부모 역할에의 효능감과 자신감을 저하시킨다. 또한 가족구성원의 확대는 구성원 간 욕구를 다양화하고, 갈

보통 사람처럼 살기, 엄마로 살기

등을 야기하며 이를 기능적으로 해결해 나갈 **가족 내의 의사소통**에서 **어려움**이 발생한다. 특히 **확대가족과의 관계는** 지지와 갈등을 동시에 내포하는 것이다.

- **낙인과 소통의 어려움(차가운 벽 앞에 서기)**: 가족구조 내에서의 위험뿐만 아니라 여성정신장애인은 **사회적 낙인에 대한 두려움**과 함께 대인관계의 형성과 유지에 있어 어려움을 겪으면서 주변체계와 원활한 소통에 있어 어려움을 겪는다.

- **지지체계의 지원 및 요구(도움닫기)**: **공식적, 비공식적 지지 체계**를 통해 경제적, 심리적, 사회적 지원을 얻고 사회적 낙인에 대한 두려움을 극복해 간다.

- **대처와 적응(고군분투)**: 여성정신장애인은 정신적으로 힘든 삶을 살아왔기 때문에 아이들은 '**나와 다르게 정상적으로 키우고자**' 하며, '**스스로 알아서 자라도록**' 자율과 독립을 강조한다. 실제 많은 여성정신장애인이 다중역할로 인해 역할갈등을 겪고 있으나, 동시에 '**아파도 내가 키운다**'는 모성애적 책임감을 통해 환자 역할보다 정상화된 사회적 역할로서 어머니 역할을 수행하고자 한다. 이는 증상의 안정과 주변의 지지가 큰 몫을 했지만, 동시에 '**아동의 성장을 통해 역할변화에 적응해**' 간 덕분이다. 이러한 적응과정과 함께 가족들은 참여자의 정신질환에 대처하기 위해 '**가족 내 역할을 조정**'한다. 또한 어머니의 정신질환에 대해 자녀들은 때에 따라 약물관리와 진료 일정을 챙기는 등 또 다른 성인 보호자의 역할을 담당하기도 한다.

- **어머니 됨의 인식(버팀목 세우기)**: 참여자들은 대부분 결혼을 하면 '**아이는 당연히 낳는다**'는 모성이데올로기를 수용하며, '**좋은**

어머니에 대한 사회적 규범'에 따라 바람직한 어머니상을 추종하고 있다. 이러한 어머니 됨의 인식은 부부체계의 위기와 증상의 재발 등 혼란과 역경을 이겨내는 든든한 **버팀목**이 된다.

· 사회적 인정과 자아 확장(세상 속으로 나아가기): 여성정신장애인에게 모성경험의 수행은 **생존의 안도감과 성취감**을 제공한다. 또한 자녀의 성장과 안전은 **사회적 지위와 인정을 보장**하며, 참여자들은 더 나은 미래와 희망을 위해 **자기 성장의 가능성을 발견**하며, 사회적 자아로의 확장을 통해 세상 속으로 나아간다.

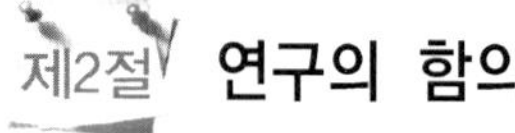# 제2절 연구의 함의

본 장에서는 여성정신장애인의 모성경험에 대한 결과를 통해 드러난 함의를 이론적, 실천적, 정책적으로 고찰해 봄으로써 연구결과에 대한 의의를 정리해 보고자 한다.

1. 이론적 함의

첫째, 지금까지 국내에서 여성정신장애인의 모성경험을 다룬 연구는 거의 없다. 모성경험뿐 아니라 여성정신장애인의 욕구 및 특성을 다룬 연구가 거의 없는 현실에서 본 연구는 이들 여성정신장애인 고유의 욕구 및 특성, 경험을 최초로 탐색하였다는 데 이론적 함의가 있다. 특히 그간의 정신보건 현장에서 개별 정신장애인의 욕구가 탐색되지 못하고 성별 인식과 사회적 가치체계가 다른 맥락적 고려가 부족했던 현실에서 여성 중심적 관점에서 여성정신장애인의 모성경험을 다룬 것은 여성정신장애인에 대한 새로운 관심을 확산시키고, 후속 연구에 대한 토대를 마련하였다는 데 중요한 이론적 의의를 가진다. 이는 여성정신장애인의 삶의 맥락 안에서 사회적 욕구와 경험을 이해함으로써 정신보건 분야의 성인지적 감수성(gender－sensitivity)을 높이는 데 기여할 것으로 보인다. 또한 이후 실천적 제언에 있어 보다 여성중심적인 실천전략을 제안하는 데 중요한 이론적 토대가 될 것이다.

둘째, 본 연구는 여성정신장애인의 모성경험을 심층적으로 탐색하기 위해 현상학적 연구방법을 활용하였고, 이를 통해 여성 자신의 모성활동과 관련한 주관적 의미와 경험 등을 보다 세밀하고 깊이 있게 기술하였다. 이는 자녀가 있는 여성정신장애인의 기본적 욕구와 가치, 실질적 어려움 등을 이해하는 데 기초 자료를 제공할 것이다. 특히 기존의 연구에서 정신장애인 어머니의 부정적 영향과 병리적 측면을 강조하였던 한계를 극복하고, 여성 자신의 관점에서 보다 풍부한 경험의 의미를 밝히고 있다.

셋째, 특히 본 연구는 모성경험을 통한 여성정신장애인의 삶의 의미를 보다 긍정적 자기 정체성의 발견과 형성과정을 중심으로 살펴봄으로써 강점중심의 관점을 통해 여성정신장애인의 역량강화를 도모하는 데 구체적이고, 실천적인 개입 전략을 모색할 수 있는 토대를 마련하였다는 데 더욱 큰 의의가 있다 할 것이다. 무엇보다 여성정신장애인이 경험하는 다양한 심리사회적 장벽이나 문제에도 불구하고 긍정적 측면에서의 모성경험은 무엇이며, 단순한 양육자로서의 역할이 아니라 이를 통해 어머니 됨, 어머니 노릇에 대한 자기 인식과 정체성을 형성해 가는 과정을 살펴봄으로써 여성정신장애인의 모성경험을 보다 전체적으로 통찰할 수 있도록 돕는다. 이는 정신질환과 다중의 부담 중에서 참여자들이 선택하는 대처와 적응적 기제들을 폭넓게 발견하였다는 데 의의가 있다.

넷째, 본 연구결과는 여성정신장애인의 모성경험에서 서구 중심의 연구결과와 구별되는 몇 가지 특징을 발견하였다. 이는 사회문화적 맥락에서 우리 사회의 문화적 특수성을 보여 주는 것이다. 먼저, 본 연구는 전통적인 가부장적 신념이 강한 우리 문화의 특수성 속에서 사회적으로 규범화된 모성관을 적극적으로 수용하고 내면화하고 있는 여성정신장애인의 모성경험을 드러내고 있다.

강한 유교적 전통을 가진 우리 사회는 전통적으로 혈연을 통한 가족제도를 중시해 왔으며, 자녀양육과 가사 노동은 전적으로 여성의 몫으로 맡겨져 왔다. 따라서 우리 사회에서 결혼과 출산은 평균적인 여성의 삶에 있어 필수조건이었고, 이러한 맥락 속에서 모든 여성에게 모성은 본능으로 잠재되어 있다는 믿음과 어머니가 됨으로써 여성이 인간으로 완성되어 간다는 사회적 통념이 전통적 모성관으로 유지되어 왔다.

연구결과 여성정신장애인의 '가족에 대한 정의'와 '성별분업의 논리'는 이러한 전통적 모성관을 적극적으로 따르고 있었다. '결혼을 하면 당연히 아이를 낳는 것'이라는 참여자들의 인식은 여성정신장애인이 출산과 양육에 있어 바람직하지 못하고, 무능력하다는 부정적인 편견보다 성인 여성에게 요구되는 사회문화적 규범을 우선하는 선택이다. 이러한 선택은 결혼과 출산을 당연시하며, 자녀가 있음으로 해서 '온전한 가족'이 이루어지고 자녀의 양육은 생물학적 어머니가 담당하는 것이 가장 바람직하다는 모성관을 적극적으로 내면화함으로써 나타난 것이다. 여성정신장애인은 사회 내에 존재하는 주류가치를 그대로 수용하고, '좋은 어머니'가 됨으로써 '사회적 역할의 가치화'를 수행하고자 한다. 또한 자녀를 생존의 수단으로 삼는 모습은 우리문화에서 여성들의 '자식 바라기'를 통한 자아성취 경향이 정신장애의 특성과 결합하면서 나타난 왜곡된 경향으로 볼 수 있다.

본 연구를 통해 기존의 연구와 구별되어 나타나는 이러한 문화적 특수성은 여성정신장애인의 모성경험을 여성 자신의 주관적 경험을 통해 파악함으로써 사회복지 실천 현장 전문가의 공감적 이해와 민감성을 증진시키는 데 기여할 것이다.

다섯째, 본 연구는 여성주의적 관점에서 여성정신장애인을 가부장제 사회에서 경험하는 '여성'의 굴레와 심리, 정서적 디스트레스 및 사회적 기능 약화를 일으키는 '정신장애'의 이중 부담을 안고, 이중적 소외를 경험하고 있는 존재라는 선이해를 가정하였다. 그러나 연구결과 이러한 연구자의 관점은 참여자들의 구체적 생활세계에서 경험되는 개별 인식과 차이가 있음을 발견하였다.

여성정신장애인은 이러한 이중 차별과 이중 소외의 구조를 직접적으로 인식하기보다 사회적 규범을 오히려 적극적으로 수용하고, 순응하는 태도를 나타냈다. 차별의 인식보다 정상적인 사회의 주류 가치 속에 적극적으로 진입하고자 하며, 사회적인 모성 규정을 그대로 수용하고 증상의 악화와 재입원의 위험 속에서도 가족을 유지하고, 모성을 지키기 위해 온 힘을 다한다. 이러한 연구자의 관점과 참여자의 실제적 인식 간의 차이는 참여자의 인식의 심층까지 파악하지 못한 연구의 한계로 지적될 수 있겠으나, 그보다 여성정신장애인의 정상화에 대한 강한 열망으로 해석될 수 있을 것이다.

국내에 여성정신장애인의 모성과 관련된 연구가 미약하여, 이러한 결과를 여성장애인의 모성경험을 다룬 연구와 비교해 보면 보다 분명한 해석이 가능하다. 장애여성은 어머니 역할을 성실히 수행함으로써 정상적인 여성이 되고자 하는 강한 열망을 갖는다. 이는 장애인차별주의를 지속, 강화시키는 우리 사회의 정상, 비정상의 담론이 장애 여성을 배제시킴으로써 오히려 장애여성의 자발적인 순종을 끌어내어(김경화, 2003) 모성이데올로기를 강하게 수용하도록 한다. 따라서 유사한 차별과 혹은 그 이상의 소외를 경험할 수 있는 정신장애 여성의 경우에도 모성의 역할을 통해 여성으로서의 자기 정체성과 존재가치를 확보하고자 하고, 이에 사회적으로 규범화된 모성신화를 정상적 가치로 보고 이를 적극적으로 내면화하고 있는 것으로 볼 수 있겠다.

그러나 여성정신장애인의 모성인식이 일반 여성과 근본적으로 다르다고 보는 것은 또 하나의 편견이 될 수 있다. 다만 경험의 의미를 이해하는 데 있어 연구자의 선이해를 괄호치기 하고, 여성정신장애인의 생활세계 속에 들어가서 그들의 관점에서 이해하고자 하는 노력이 요구된다. 이러한 노력 속에서 여성과 정신장애의 범주가 개인의 삶 속에서 어떻게 상호 작용하는지를 드러낼 수 있다. 또한 연구자의 이론적 관점과 참여자의 경험적 현실에 있어 일정한 간극을 확인하면서 여성정신장애인의 모성경험을 그들의 관점

에서 보다 구체적으로 드러낼 수 있었다는 점이 또 다른 함의라
할 수 있겠다.

2. 실천적 함의

본 연구의 결과가 사회복지 실천에 주는 함의는 다음과 같다.

첫째, 여성정신장애인의 결혼과 임신과정에 대한 생애사적 접근
과 개입전략이 요구된다. 연구결과 여성정신장애인의 결혼 과정이
매우 수동적이고, 대다수가 안전한 성관계나 피임, 임신에 대한 교
육과 가족계획에 대한 서비스를 받지 못하는 것으로 나타났다. 따
라서 어머니로서의 준비가 시작되는 이 시기에 필요한 정보를 제
공하고, 사회적 지지를 제공할 수 있는 결혼준비 프로그램이 요구
된다. 배우자와의 상호작용의 촉진과 개방적 상호이해를 도울 수
있는 결혼 상담과 교육뿐 아니라 결혼 전 임신과 출산, 안전한 성
관계 등의 교육이 보다 구체적으로 요구된다.

특히 연구 참여자 대부분이 낙태수술을 2~3차례 경험한 것은
이러한 피임과 임신에 대한 정보와 지식 부족에 기인하는 것이다.
따라서 이러한 정보와 지지를 제공해 줄 수 있는 사회적 지지체계
가 요구된다. 무엇보다 이러한 정신장애인의 성적 활동에 있어 기
본적인 자기결정권이 존중되어야 하며, 이에 대한 사회적 편견을
없애는 교육, 홍보활동 및 옹호활동이 동시에 요구된다.

둘째, 정신장애를 가진 어머니가 지역사회에서 살아가는 데 필
요한 양육자로서의 역할기능을 지원하기 위해서 그동안 정신병리

측면에 초점을 둔 서비스에서 부모 역할, 자녀양육 등과 관련된 서비스가 정신장애 여성에게 지원되어야 한다. 이는 부모효능감을 높일 수 있고, 자녀를 양육하는 태도로서 애정, 수용적 태도를 배울 수 있는 구체적인 부모교육 프로그램으로 운영될 수 있다.

이러한 프로그램을 제공하는 데 있어 아동발달과 부모 역할에 대한 교육과 훈련뿐 아니라 다른 서비스 기관과의 연계를 통해 보다 폭넓은 지지체계를 마련하여야 할 것이다. 이는 정신과적 질환의 악화로 인해 나타나는 자녀 방임과 학대를 예방하고, 조기 개입할 수 있는 서비스 지지체계의 확립을 위해 더욱 중요하다. 이에 건강한 부모 역할을 위한 개입은 기존의 지역정신보건기관뿐 아니라 가족지원센터 및 사회복지관 등의 기관과 함께 보다 통합적으로 제공될 필요가 있다. 이는 정신보건 실천가들이 여성정신장애인의 모성경험의 지원에 있어 보다 포괄적 관점을 갖고 지역사회와 적극적으로 협력하는 시도를 통해 가능할 것이다.

셋째, 여성정신장애인 가족의 기능을 강화하고, 가족의 파트너십을 증진시키기 위한 가족 지원 서비스 전략이 수립되어야 한다. 연구결과 여성정신장애인의 모성경험의 수행에 있어 가족체계의 지원과 기능이 매우 중요한 것으로 나타났다. 특히 심리사회적 어려움에 대처하는 가족 내 역할의 재편과 응집력은 여성정신장애인의 회복과 재활에 큰 영향을 미친다. 이러한 가족의 적응과 대처를 중심으로 한 강점 관점을 통해 그간의 치료적 대상으로 다루어 오던 가족에 대한 인식을 보다 긍정적으로 전환시키고, 서비스 지지체계 내에 가족들을 적극적으로 개입시켜 동반자적 협조관계를 구축해 나가야 할 것이다.

보통 사람처럼 살기, 엄마로 살기

　그 밖에 정신장애의 특성상 재발과 기능 약화가 발생할 경우 주부담자가 될 남편과 원가족에 대한 심리적 지지와 사회적 지지체계가 마련되어야 할 것이다. 특히 장기적인 보호와 입원치료 등으로 가족 내 어머니 역할 수행이 어려워지는 경우 남성 배우자 대부분이 아이양육을 전담하게 되고, 가사활동을 전담하게 되는데 이 시기의 가족 기능을 보조해 줄 지지체계 마련이 시급하다. 특히 참여자 자신이 자녀의 성장과 더불어 양육부담이 점차 줄어들고 역할 재편을 통해 적응전략을 강화함에도 불구하고 가사활동의 부담은 여전히 많은 스트레스를 부가하고 있다. 이에 대한 가사지원 등 재가복지서비스의 제공이 필요하다. 즉, 정신보건센터와 사회복귀시설 등 지역사회정신보건서비스 전략 안에서 여성 회원에 대한 보다 다각적인 서비스 전략이 개발되어야 할 것이다.

　넷째, 이러한 서비스 전략은 욕구에 대한 포괄적 서비스들의 연계 조정을 체계적으로 수행할 수 있는 사례관리 체계를 통해 통합적으로 수립되어야 할 것이다. 특히 모성경험은 출산에서부터 자녀의 성장을 통해 지속적으로 이루어지는 역동적 과정이므로 각 시기별로 요구되는 서비스 전략은 다양하게 나타난다. 따라서 일시적이고 단발적인 교육이나 서비스의 제공만으로는 통합적 서비스의 제공이 제한될 수밖에 없다. 그러므로 결혼의 단계부터 임신과 출산, 어머니 역할의 수행과정에 따라 지속적이고 일관성 있는 안정적인 서비스를 제공해야 할 것이다. 특히 사례관리자를 중심으로 공식, 비공식 지지체계 즉, 이웃과 자녀, 다양한 지역사회 자원 서비스를 연결하고, 조정해 나가야 한다. 이를 통해 여성정신장애인의 입장을 대변하고 옹호, 조정하여 보다 효율적인 서비스를 제공할 수 있다.

다섯째, 여성정신장애인의 모성경험과 관련한 서비스 제공에 있어 반드시 고려되어야 할 점은 윤리적 이슈에 대해 충분히 고려해야 한다는 점이다. 특히 여성정신장애인의 임신, 출산과정과 가족계획의 지원, 서비스 제공에 있어 보다 적극적인 서비스 개입이 요구됨에 따라 상대적으로 클라이언트의 자기결정권이 침해될 가능성이 높다. 특히 가족계획의 시술 및 결정에 있어 여성정신장애인의 성적 자기결정 능력이 적절히 평가되기보다 가족과 전문가에 의해 결정되는 사례가 본 연구를 통해서도 드러난 것처럼 사회복지 실천에 있어 중요한 가치가 훼손될 가능성이 높다. 또한 임신과정에서의 약물복용의 중단은 태아와 어머니의 생존과 건강의 보장에 있어 윤리적 딜레마를 발생시킨다. 이는 신체적, 의료적 측면의 요인뿐 아니라, 사회문화적 가치 등 다양한 측면의 판단기준을 통해 결정되어야 하는 문제이다. 따라서 모성경험과 관련된 다양한 실천적 활동에 앞서 사회복지 실천의 중심 가치인 생명존중과 비밀보장, 자기결정의 가치가 훼손되지 않는 윤리적 결정을 내릴 수 있도록 최선을 다해야 할 것이다.

3. 정책적 함의

실천적 차원의 구체적 프로그램은 제도적인 뒷받침이 마련되어야 그 실효성을 담보할 수 있다.

첫째, 여성정신장애인의 자녀 출산과 양육, 교육에 따른 가족의

보통 사람처럼 살기, 엄마로 살기

경제적 부담을 완화할 수 있는 경제적 지원정책이 요구된다.

임신과 출산 과정의 의료비 지출과 자녀양육에 따른 보육 및 교육비 지출은 많은 여성정신장애인 가구에 부담이 되고 있다. 특히 참여자 가구의 경제적 어려움은 교육기회를 제한하고, 교육기회에서의 박탈감은 참여자들의 희망을 박탈하는 것이다. 여성정신장애인은 자신의 불행이 자녀에게 되풀이되지 않기를 바라면서 교육적 서비스의 확충을 요구하고 있다. 이러한 의료비 지원과 교육적 지원을 위해 출산지원 및 아동수당, 가사보조수당, 교육비 지원 등 다양한 정책적 지원이 마련되어야 할 것이다.

둘째, 여성정신장애인의 임신, 출산에 대한 건강관리 및 산전, 산후 관리지원 서비스가 체계적으로 마련되어야 한다. 여성정신장애인의 임신상담 및 출산지원, 가족계획 지원, 심리정서적 상담 등의 서비스를 공공보건체계 안에서 보다 적극적으로 지원하고 대처할 수 있도록 돕는 공공보건서비스 체계의 강화가 필요하다. 현재 우리나라는 여성정신장애인의 임신, 출산지원 서비스를 제공하는 보건서비스 기관이 매우 부족하며, 산전, 산후 기간 동안 발생하는 다양한 심리, 정서적 위기에 적절히 대처하기 위한 정책적 조치가 부족하다. 이에 임신에서부터 출산, 자녀양육에 이르는 모성경험을 가족생애주기별 건강관리체계의 구축을 통해 보다 포괄적이며 지속적으로 지원해 나가야 한다.

셋째, 현재 지역 내 독거노인과 장애인 가구 등 일부 계층에 제공되는 가정봉사원 파견제도의 확대 실시와 여성정신장애인의 자녀양육에 실질적으로 도움이 될 수 있는 양육 도우미 제도의 도입 등이 정책적, 제도적으로 마련될 필요가 있겠다. 이는 여성정신장애인의 다중부담, 특히 가사노동의 부담이 매우 높은 것으로 나타났고, 이러한 부담이 양육 스트레스 및 증상 악화에 부정적 영향을 미치기 때문에 이의 예방 및 재활에 있어 매우 중요한 지원책이 될 것이다.

넷째, 여성정신장애인의 권익을 대변하고 옹호하는 전문기관과 행정부서를 수립하고, 여성정신장애인의 모성권을 강화하기 위한 홍보, 교육 프로그램을 보다 다양하게 확대하여야 할 것이다.

 제3절 연구의 한계 및 후속연구를 위한 제언

본 연구는 연구결과로부터 나온 이론적 성과와 의의에도 불구하고 몇 가지 한계를 가지고 있다. 이러한 한계는 향후 후속연구를 통해 보완되어야 할 것이다.

첫째, 본 연구는 연구 전개에 있어 모성경험이라는 포괄적이고 추상적 개념에 의존하고 있는데 이러한 개념은 모성을 구성하는 생물학적, 기능적, 제도적 측면의 경험에 대해 보다 실제적이고 깊이 있는 통찰을 보여 주지 못하는 한계를 가지고 있다. 후속연구를 통해 모성 개념의 구체적 수준별로 구분되어 연구함으로써 각 구성개념과 수준별 경험을 보다 풍부하게 탐색할 수 있을 것이다.

둘째, 본 연구는 여성정신장애인의 모성경험에 대한 보다 깊이 있는 탐색을 위하여 현상학적 연구방법을 활용하였다. 본 연구를 통해 드러난 모성경험의 기본 구조와 구성요소들은 모성경험의 본질을 이해하는 데 도움이 되는 설명을 제공하고 있다. 그러나 이러한 모성경험의 기술에 있어 긍정적 요인과 부정적 요인을 비교, 분석하거나, 맥락적 요인에 따라 상호작용을 통해 이들 요인 간의 관계와 개별 여성정신장애인의 대처전략과 인식적 차이를 구분하는 데는 한계가 있다. 따라서 이러한 요인 간의 상호연관과 작용에 대해 보다 구조적으로 분석할 수 있는 근거이론적 접근이나 양적 연구를 통한 후속연구를 통해 보다 설명력 있는 자료를 제시할 필요가 있겠다.

셋째, 본 연구는 지역사회정신보건센터 및 사회복귀시설을 이용하고 있는 여성 정신분열병 환자를 중심으로 실시하였다. 만성 정신장애인의 특성을 갖고, 자녀와의 활발한 상호작용이 있는 참여자를 선별하면서 지역사회중심의 대상자를 선별하는 것으로 제한하였으나 입원세팅과 외래이용 여성 등 보다 다양한 장에서 모성경험을 하고 있는 대상자들과 차이가 발생할 수 있다. 따라서 이후의 연구에서는 보다 다양한 세팅을 포괄할 필요가 있으며, 정신분열병뿐 아니라 주요 우울장애 등 다른 진단명을 가진 여성정신장애인의 모성경험에 대한 탐색을 통해 비교 고찰해 보는 것이 전체 여성정신장애인의 모성경험을 이해하는 데 도움이 될 것이다.

넷째, 본 연구는 여성정신장애인의 모성경험에 대한 장기적 과정 경험을 다루고 있다. 그러나 모성경험을 구성하는 다양한 생애사건별로 여성정신장애인이 체험하는 경험의 본질은 보다 깊이 있게 모색되지 못했다. 특히 재발로 인해 입원치료를 받는 여성정신장애인이 자녀와의 분리를 통해 경험하는 내용과 이로 인한 동기

부여 등을 보다 세밀히 살펴보는 것도 필요할 것이다.

다섯째, 본 연구는 현상의 경험과 의미를 탐색하고자 질적 연구방법 가운데 현상학적 연구방법을 활용하였다. 이러한 질적 연구방법은 일반화를 목적으로 하는 양적 연구와 구분되는 방법이다. 따라서 본 연구의 연구결과를 일반화하는 것은 적절치 않으며, 현상학적 태도를 통해 연구자의 선입견과 선지식을 철저히 괄호 치기하고자 노력하였으나 무의식적인 선택 및 연구자 자신의 관점을 완전히 배제하는 데에는 한계가 있음을 밝힌다.

보통 사람처럼 살기, 엄마로 살기

참고문헌

- 국내문헌 -

곽노진. 2000. 정신장애인의 성의식, 성생활, 성지식에 관한 연구: 지역 사회재활기관 이용회원을 중심으로. 석사학위논문, 이화여자대학교 대학원.

김경애. 1999. 흔들리는 모성, 지속되는 모성 역할: 저소득층 모자가정의 여성가장. 『한국 여성학』, 15(2): 87 – 117.

김경화. 2003. 장애여성과 모성경험의 이중적 의미. 『가족과 문화』, 15(3): 3 – 35.

김규수, 심경순, 이지훈. 2003. 『정신장애인의 사회통합』. 서울: 학지사.

김미경. 2001. 어머니가 정동장애인 자녀의 행동문제와 부모의 양육태도. 석사학위논문, 이화여자대학교 대학원.

김미옥. 2003. 『장애인복지실천론』. 서울: 나남출판.

_____ 2002. 여성장애인의 삶에 대한 현상학적 연구―청소년기와 장년기의 체험을 중심으로―. 『한국가족복지학』, 10: 9 – 36.

김분한, 김금자, 박인숙 외. 1999. 현상학적 연구방법의 비교고찰 – Giorgi, Colaizzi, Van Kaam 방법을 중심으로. 『대한간호학회지』. 29(6): 1208 – 1220.

김영천. 2006. 『질적 연구방법론 Ⅰ』. 서울: 문음사.

김정진. 2004. 재가정신장애 여성의 자녀양육능력 향상을 위한 양육지원프로그램 개발에 관한 연구. 『정신보건과 사회사업』. 18: 133 – 164.

_____. 2002. 정신장애를 가진 어머니의 양육자원과 지원방안에 관한 연구, 『정신보건과 사회사업』. 14: 69 – 98.

_____. 2000. 정신장애 여성의 양육관련변인과 자녀의 사회적 역량에

관한 연구: 임상적으로 정신장애를 진단받은 어머니와 일반 어머니의 비교연구. 박사학위논문, 이화여자대학교 대학원.

김현경. 2007. 난민으로서의 새터민의 외상(trauma) 회복경험에 대한 현상학 연구. 박사학위논문, 이화여자대학교 대학원.

김현우. 1997. 모성에 관한 이론적 탐구.『부산여대 논문집』, 44호.

남상희. 2004. 정신질환의 생산과 만성화에 대한 의료사회학적 접근, 자전적 내러티브를 중심으로.『한국사회학』. 38(2): 101~134.

노영주. 2001. 이혼여성의 모성경험에 관한 질적 연구.『한국가족관계학회지』. 6(2).

______. 2000. 초기 모성경험에 관한 질적 연구.『한국가정관리학회지』, 18(3): 71 - 83.

문인숙, 양옥경. 1991.『정신장애와 사회사업』. 서울: 일신사.

박미영. 2006. 정신분열병 환자 자녀의 경험: 사례중심으로. 석사학위논문, 연세대학교 대학원.

박미은. 2001. 정신장애인에 대한 임파워먼트 실천의 필요성과 개입방안에 관한 연구.『재활복지』. 5(1): 32 - 55.

박숙자 편역. 1995.『가족과 성의 사회학: 고전사회학에서 포스트모던 가족론까지』. 서울: 나남출판.

박순영. 2003. 질적 연구방법의 철학적 배경.『간호학 탐구』, 12권(1호): 7 - 37.

박주홍. 2005. 정신분열병환자 자녀의 심리사회적 적응과정에 관한 질적 연구. 박사학위논문, 부산대학교 대학원.

보건복지부. 2007.『정신보건사업지침』.

보건복지부. 2006.『2006년 전국 정신질환현황 실태조사』.

보건사회연구원. 2005.『2005년 중앙정신보건사업지원단 사업보고서』.

성명옥 역. 2004.『정상화 원리의 연구: 서구의 이론과 실천』. 서울: 창지사.

신경아. 1998. 한국 여성의 모성 갈등과 재구성에 관한 연구: 30대 주부를 중심으로. 박사학위논문, 서강대학교 대학원.

신경림. 2004.『질적 연구방법론』. 서울: 이화여자대학교 출판부.

______. 2003. 현상학 연구의 이론과 실제.『간호학 탐구』. 12(1): 49 - 63.

심영희, 정진성, 윤정로 공편. 1999.『모성의 담론과 현실; 어머니의 성, 삶, 정체성』. 서울: 나남출판.

보통 사람처럼 살기, 엄마로 살기

양옥경. 1996. 『지역사회정신건강』. 서울; 나남출판.

유영달. 2003. 남녀간 정신장애 유병률 차이에 관한 소고. 『여성연구논집』. 14.

유명이. 2005. 정신장애인의 결혼 유지 과정에 관한 질적 연구. 박사학위논문, 숭실대학교 대학원.

윤택림. 2001. 『한국의 모성』. 미래인력연구원.

이기연. 2005. 자활사업 사회적응프로그램 담당사회복지사의 법적 의무 서비스 수행 경험: 시지프의 노동. 박사학위논문, 이화여자대학교 대학원.

이성규. 2000. 『사회통합과 장애인 복지정치』. 서울; 나남출판.

이은미. 2006. 여성지체장애인의 직업활동을 통한 역량강화 경험 연구. 박사학위논문, 서울대학교 대학원.

이성헌, 강경미, 곽영숙. 1998. 정신분열병이 있는 어머니의 양육태도와 자녀의 행동문제. 『소아청소년정신의학』. 9(2): 180－189.

이연정. 1995. 모성론에 관한 비판적 고찰: 서구 페미니스트 논의를 중심으로. 석사학위논문, 서울대학교 대학원.

이정범, 조수철. 1998. 정신과 환자 자녀의 우울, 불안, 자기 개념 그리고 가정환경의 특성에 대한 연구. 『소아청소년 정신의학』. 9(1): 54－66.

이혁규. 2004. 질적 연구의 타당성 문제에 대한 고찰. 『교육인류학 연구』. 7(1): 175－210.

이현주. 2005. 노인부부가구에서 치매 배우자를 돌보는 남편의 수발 경험에 관한 연구: Giorgi의 현상학적 연구방법을 활용하여. 박사학위논문, 이화여자대학교 대학원.

정향인. 2003. 현상학은 만성정신질환을 앓고 있는 환자들에게 적용 가능한 연구방법인가? 『간호학 탐구』. 12(1): 119－133.

조용환. 1999. 질적 연구의 동향과 과제. 『교육인류학연구』. 2(1): 91－121.

조혜자. 2002. 비본질주의 관점에서 본 여성의 자아정체성. 『한국심리학회지: 여성』. 17(3): 115－130.

한경혜, 노영주. 2000. 중년 여성의 40대 전환기 변화 경험과 대응에 대한 질적 연구. 『가족과 문화』, 12(1): 67－91.

한전숙. 1995. 『현상학』. 서울; 민음사.

황보영. 2003. 여성정신질환자의 자녀양육에 관한 조사연구. 석사학위 논문, 서울대학교 대학원.

황순찬. 2005. 정신장애인의 체험에 담긴 발견적 의미: 현상학에 기초 하여. 석사학위논문, 성공회대학교 대학원.

국외문헌

Ackerson B. J. 2003. "Parents with serious and persistent mental illness: issues in assessment and services." *Social Work*, 48(2): 187 194.

Ackerson, B. J. 2003. "Coping with the Dual Demands of Severe Mental Illness and Parenting: The Parents' Perspective." *Families in Society*, 84(1): 109 118.

Ashworth, P. 2003. An Approach to Phenomenological Psychology: The Contingencies of the Lifeworld. *Journal of Phenomenology*, 34: 2, pp.145 156.

Blanch, A., Nicholson, J,. & Purcell, J. 1994. Parents with severe mental illness and their children: The need for human services integration. *Journal of Mental Health Administration*, 21: 388 396.

Bassett, H., Lampe, J. & Lloyd, C. 1999. Parenting: Experiences and feelings of parents with a mental illness. *Journal of Mental Health*, 8(6): 597 604.

Blanch, A. K., Nicholson, J., & Purcell, J. 1994. Parents with severe mental illness and their children: The need for human services integration., *Journal of Mental Health Administration*. 21(4): 388 397.

Blanchet, A., & Gottman, A. 2006. 『조사와 방법론: 면접법』. 최정아 옮김. 서울: 동문선.

Bondi, L., Burman, E., 2001. Women and Mental Health; A Feminist Review, *Feminist Review*, 68: 6 33.

Bosanac, P. Buist, A., Milgrom, J., & Burrows, G. 2004. General issues in research in motherhood and schizophrenic illnesses: a pilot

보통 사람처럼 살기, 엄마로 살기

study. Stress & Health: *Journal of the International Society for the Investigation of Stress.* 20(1): 43 − 44.

Bosanac, P., Buist, A. & Burrows, G. 2003. Motherhood and schizophrenic illness: a review of the literature. *Australian and New Zealand Journal of Psychiatry.* 37(24): 24 − 30.

Brutte M.F., & Dean W. 2002. Community mental health care for women with severe mental illness who are parents, *Community Mental Health Journal.* 38(2): 153 − 165.

Bybee D., Mowbray C. T., Oyserman D., & Lewandowski, L. 2003. Variability in Community Functioning of Mothers with Serious Mental Illness, *Journal of Behavioral Health Services & Research,* 30(3): 269 − 289.

Carpenter, J. 2002. Mental Health Recovery Paradigm: Implications for Social Work, *Health & Social Work,* 27(2): 86 − 94.

Chesler, P. 1997. 『여성과 광기』 임옥희 옮김, 서울: 여성신문사.

Coleman, E., Anne, & Guildgord. 2001. Threshold women's mental health initiative; Striving to keep women's mental health issues on the agenda, *Feminist Review,* 68.

Cook, J. A., 2000. Sexuality and People with Psychiatric Disabilities, Sexuality and Disability, 18(3): 195 − 206.

Cosgrove, L. 2000. Crying out loud: Understanding women's emotional distree as both lived experience and social construction. *Feminism & Psychology.* 10(2): 247 − 267.

Cowdery, R. S, & Knudson − Martin, C. 2005. The construction of Motherhood: Tasks, relational connection, and gender equality. *Family Relations,* 54, 3: 335 − 345.

Creswell, J. W., 1998. Qualitative Inquiry and Research Design. Sage PublicationsInc. 조흥식 외 공역. 2005. 『질적 연구방법론: 다섯 가지 전통』. 학지사.

Crotty, M. 1984. Phenomenological Studies. 신경림, 공병혜 역. 2001. 『현상학적 연구』. 서울: 현문사.

Cummings, E., & Davies, P. 1994. Maternal depression and child development, *Journal of Child Psychology and Psychiatry*, 35: 73 – 112.

D'Arcangelo, J. A. 2003. An Investigation of Parenting Competency and Sense of Belonging in a Sample of Mothers with and without Mental Illness, New York University, Ph D.

Davis, B. & Allen, B. 2005. Integrating 'mental illness' and 'motherhood'; The positive use of surveillance by health professionals. A qualitative study, *International Journal of Nursing Studies.*

Davidson, L. 2002. Intentionality, Identity, and Delusions of Control in Schizophrenia: A Husserlian Perspective. *Journal of Phenomenological Psychology,* 33(1): 39 – 58.

Denzin & Lincoln. 2000. The handbook of qualitative research, 2nd. SAGE Publications.

Diaz – Caneja, A., & Johnson, S. 2004. "The views and experiences of severely mentally ill mothers, A qualitative study", *Social Psychiatry Epidemiology*, 39: 472 – 482.

Dipple, H., Smith, S., Andres, H., & Evans, B. 2002. The experience of motherhood inwomen with severe and enduring mental illness, *Social psychiaty psychiatric Epidemiology,* 37: 336 – 340.

Edward & Timmons. 2005. A Qualitative study of stigma among women suffering postnatal depression. *Journal of Mental Health*, 14: 471 – 481.

Falkov, A. 1998. Crossing bridges: Training resources for working with mentally ill parents. Lonon: Department of Health.

Fox, L. 1999. Missing out on motherhood. *Psychiatric Services,* 50: 193 – 194.

Fudge, E., Falkov, A. Nick Kowalenko, N., & Robinson, P. 2004. Parenting is a mental health issue., *Australian Psychiatry*, 12(2): 166 – 171.

Gavois, H. Pausson, G. & Fridlund, B. 2006. Mental health professional support in families with a member suffering from severe mental illness: a grounded theory model. *Scand Journal Caring Science.* 20: 102 – 109.

보통 사람처럼 살기, 엄마로 살기

Garley, D., Gallop, R., Johnson, N., & Pipitone, J., 1997. Children of mentally ill; a qualitative focus group approach. *Journal of Psychiatric and Mental Health Nursing*, 4: 97 – 103.

Gearon, J. S., Nidecker, M. A., Bellack, A., & Bennett, M. 2003. Gender differences in drug use behavior in people with serious mental illnesses, *The American Journal on Addictions*, 12: 229 – 241.

Gilligan, C. 1982. 『다른 목소리로(심리이론과 여성의 발달)』. 서울: 철학과 현실사.

Giorgi, A. 2002. The Question of Validity in Qualitative Research. *Journal of Phenomenology*, 33(1): 1 – 18.

__________, 1997. The theory, practice, and evaluation of the phenomenological methods a qualitative research, *Journal of Phenomenology*, 28: 235 – 260.

__________, 1985. Phenomenology and Psychological Research. Duquesne University Press, Pittsburgh, PA.

Glenn, E. N. 1994. 'Social constructions of mothering: A thematic overview', in E. N. Glenn, G. Chang & I. R. Forcy(eds.), Mothering, Ideology, Experience and Agency, London; Routledge.

Goodman, L. A., Salyers, M. P., Mueser, K. T. Rosenberg, S. D. et al., 2001. Recent victimization in women and men with severe mental illness; prevalence and correlates, *Journal of Traumatic Stress*, 14(4): 615 – 632.

Goodman, S. H., 1984. Children of disturbed parents; The interface between research and intervention, *American Journal of Community Psychology*, 12: 663 – 687.

Halling, S. 2002. Making Phenomenology Accessible to a Wider Audience, *Journal of Phenomenology*, 33: 1, pp.19 – 38.

Hammen, C. 2003. Interpersonal stress and Depression in women, *Journal of Affective Disorder*, 74(1): 49 – 57.

Hearle, J., & McGrath, J. 1999. Motherhood and schizophrenia, in Women and schizophrenia. edited by Castle, D. J., McGrath, J., & Kulkarni, J. Cambridge University Press.

Hindle, D. 1998. Growing Up with a Parent Who Has a Chronic Mental Illness: One Child's Perspective, *Child & Family Social Work*, 3(4): 259 – 266.

Hinden, B., Bieble, K., Nicholson, J., & Mehnert, L. 2005. The Invisible Children's Project: key ingredients of an intervention for parents with mental illness, *Journal of Behavioral Health Services & Research*, 32(4): 339(p16).

Hinden, B., Bieble, K., Nicholson, J., Henry, A., & Stier, L. 2002. Steps Towards Evidence – based Practices for Parents With Mental Illness and Their Families, Rockville, Md: Center for Mental Health Services, Substance Abuse and Mental Health Services Administration.

Janes, C. L., Weeks, D. G., & Worland, J., 1983. School behavior in adolescent children of patients with mental disorder, *Journal of Nervous and Mental Disease*, 171: 234 – 240.

Joseph, J. G., Joshi, S. V., Lewin, A. B., & Abrams, M. 1999. Characteristics and perceived needs of mothers with mental serious mental illness. *Psychiatric Services*, 50(10): 1357 – 1359.

Kohen, D. 2001, Psychiatric services for women, *Advances in Psychiatric Treatment*. 7: 328 – 334.

Krumm, S., & Becker, T. 2006. Subjective views of motherhood in women with mental illness – a sociological perspective. *Journal of Mental Health*, 15(4): 449 – 460.

Kvagle S. 1996. InterViews; an introduction to qualitative research interviewing, Sage Publications.

Lincoln, Y. S. & Guba, E. G. 1985. Naturalistic inquiry. Beverly Hills, CA: Sage Publications.

Lysaker, P. H., Buck, K. D., Hammoud, K., Taylor, A. C., & Roe, D. 2006. Associations of symptoms, psychosocial function and hope with qualities of self – experience in schizophrenia: Comparisons of objective and subjective indicators of health. *Schizophrenia Research*. 82: 241 – 249.

보통 사람처럼 살기, 엄마로 살기

McLennan, J. D., & Ganguli, R. 1999. Family Planning and Parenthood Needs of Women With Severe Mental Illness; Clinicians' Perspective. *Community Mental Health*. 35(4): 369 – 380.

Mcpherson M. D. 2004. From a feminist perspective: An investigation of the relationship among dual diagnosis, intimate partner violence, and parenting stress, University of Michigan, Doctor of Philosophy.

Miles, A. 1988. Woman and Mental Illness, The social context of female neurosis, The Harvester Press Publishing Group in Great Britain.

Miller, L. J. & Finnerty. M. 1996. Sexuality, pregnancy, and childrearing among women with schizophrenia – spectrum disorders. *Psychiatric Services,* 47(5): 502 – 506.

Miller, L. J. 1997. "Sexuality, reproduction, family planning in women with schizophrenia", *Schizophrenia Bulletin*, 23: 623 – 635.

Miller, T. 2005. Making sense of motherhood: A narrative approach, United Kingdom, Cambridge University Press.

Montgomery, P. 2005. Mothers with a serious mental illness; A critical review of the literature. *Archives of Psychiatric Nursing.* 19(5); 226 – 235.

Morse, J. M., & Field, P. A. 1995. Qualitative Research Methods for Health Professional. Campton & Kall. 신경림 역(1997). 『질적간호연구』. 이화여자대학교 출판부.

Moulding, N. 2003. Constructing the self in mental health practice; identity, individualism and the feminization of deficiency. *Feminist review.* 75: 57 – 74.

Mowbray, C, Bybee, D., Oyserman, D., & MacFarlane, P. 2005. Timing of mental illness onsrt and motherhood. *The Journal of Nervous and Mental Disorder*, 193(6): 369 – 378.

Mowbray C., Schwartz S., Bybee D., Spang J., Rueda – Riedle A. & Corina Benjet, D., Sandra T. 2003. Parenting and Couple Relationships: Evaluating the Parental Fitness of sychiatrically Diagnosed Individuals: Advocating a Functional? Contextual Analysis of Parenting, *Journal of Family Psychology*, 17(2): 238 – 251.

Mowbray, C, Schwartz, S., Bybee, D., Spang, J., Rueda−Riedle, A., & Oyserman, D., 2000. Mothers with a mental illness: Stressors and resources for parenting and living, *Families in Society.* 81: 118−219.

Mowbray, C. T., Oyserman, D., Saunders, D. & Rueda−Riedle, A. 1998. Women with severe mental disorders: Issues and service needs. In B. L. Levin & A. K. Blanch(Eds.), Women's mental health services: A public health perspective(pp.175−200). Thousand Oaks, CA: Sage Publications.

Mowbray, C., Oyserman, D., & Ross, S. 1995. Parenting and the significance of children for women with a serious mental illness. *Journal of Mental Health Administration*, 22: 189−200.

Mueser, K. T. et al., 1998. Models of community care for severe mental illness: A review of research on case management. *Schizophrenia Bulletin*, 24(1): 37−74.

Mullick, M., Miller, l., & Jacobson, T. 2001. Insight into mental illness and child maltreatment risk among mothers with major psychiatric disorder. *Psychiatric Services*, 52: 488−492.

Mustakas, C. 1994. Phenomenological Research Methods, Sage Publications.

Nicholson J. & Henry A. D. 2003. Achiving the goal of evidence based psychiatric rehabilitation practices for mothers with mental illness, *Psychiatric Rehabilitation Journal*, 27(2): 122−130.

Nicholson J., & Biebel, K. 2002. Commentary on "Community Mental Health Care for Women with Severe Mental Illness Who Are Parents"−The Tragedy of Missed Opportunities; What Providers Can Do, *Community Mental Health Journal*, 38(2): 167−172.

Nicholson J, Biebel K, Hinden B, et al., 2001. Critical Issues for Parents With Mental Illness and Their Families, Rockville, Md: Center for Mental Health Services, Substance Abuse and Mental Health Services Administration.

Nicholson, J., Sweeny, E. M., & Geller, J. L. 1998a. Mothers with mental illness; I. The competing demands of parenting and

보통 사람처럼 살기, 엄마로 살기

living with mental illness. *Psychiatric Services,* 49:635 − 642.

__________, 1998b. Mothers with mental illness; Ⅱ. Family relationships and the context of parenting. *Psychiatric Services.* 49: 643 − 649.

Nicholson, J., & Blanch, A. 1994. Rehabilitation for parenting roles for people with serious mental illness, *Psychosocial Rehabilitation Journal,* 18(1): 109 − 120.

Orel, N. A., Groves, P. A., Shannon, L., 2003. Positive Connections; a programme for children who have a parent with a mental illness, *Child and Family Social Work,* 8: 113 − 122.

Oyserman, D., Bybee, D., Mowbray, C., D., & Kahng, S. K. 2004. Parenting Self − Construals of Mothers with a Serious Mental Illness; Efficacy, Burden, and ersonal Growth, *Journal of Applied Social Psychology,* 34(12): 2503 − 2523.

Oyserman, D., Bybee, D., Mowbray, C., T., & MacFarlane, P. 2002. Positive Parenting Among African Mothers with a Serious Mental Illness. *Journal of Marriage and Family,* 64: 65 − 77.

Oyserman, D. 2000. Mothers with a mental illness: stressors and resources for parenting and living, *The Journal of Contemporary Human Services,* 81(2): 118 − 129.

Oyserman, D., Mowbray, C. T., & Zermencuk, J. A. 1994. Resources and supports for mothers with severe mental illness. *Health and Social Work,* 19: 132 − 142.

Padgett, D, K. 1998. Qualitative Methods in Social Work Research: Challenges and Rewards, Sage Publications, Inc. 유태균 역, 2001, 나남출판사.

Pickens, J. M., 1999. Social networks for women with serious mental illness, *Journal of Psychosocial Nursing.* 37(5): 30 − 38.

___________, 2000. Living with Serious Mental Illness: The Desire for Normalcy, *Nursing Science Quarterly,* 12(3): 233 − 239.

Pilgrim & Rogers. 1999. A Sociology of mental health and illness − 2nd edition, Open University Press, London.

Place, M., Reynolds, J., Cousins, A., & O'Neill, S., 2002. Developing a

Resilience Package for Vu; nerable Children. *Child and Adolescent Mental Health*. 7(4): 162 – 167.

Polkinghorn, D. E. 1989. Phenomenological research approach. In R. S. Valle & S. Halling(Eds.). Existential – phenomenological in psychology(pp.233 – 244). New York: Plenum.

____________, 1983. Methodology for the Human Sciences: Systems of Inquiry. 김승현 외 역(2001). 사회과학방법론, 일신사.

Rich, A. 1976. 『더 이상 어머니는 없다: 모성의 신화에 대한 반성』. 김인성 역(1995). 서울: 평민사.

Riecher – Rossler, A., & Hafner, H. 2000. Gender aspect in schizophrenia: bridging the border between social and biological psychiatry. *Acta Psychiatrica Scandinavic*. 102(407): 58 – 62.

Ritcher, J. E. H., Coursey, R. D., & Farrell, E. W. 1997. A survey on issues in the lives of women with severe mental illness. *Psychiatric Services*, 48(10): 1273 – 1282.

Rueda – Riedle, A. V. 2001. Women with serious mental illness: meaning of motherhood among women receiving mental health services. Wayne State University, Ph. D.

Rulf, S. 2003. Phenomenological Constructions on Schizophrenia: A Critical Review and Commentary on the Literature between 1980 – 2000. *Journal of phenomenological psychology*. 34(1): 1 – 46.

Rutter, M. 1990. Commentary; Some focus and process considerations regarding the effects of parental depression on children, *Developmental Psychology*, 26: 60 – 67.

Rutter, M., & Quinnton, D., 1984. Parental psychiatric disorder: Effects on children, *Psychological Medicine*, 14: 853 – 880.

Sachs – Ericsson, N., & Ciario, J. A., 2000. Gender, Social Roles, and Mental Health; An Epidemiological Perspective, Sex Roles: *A Journal of Research*.

Sacks, N. 1993. The impact of parental affective disorder on depression in offspring: A longitudinal follow – up in a nonreferred sample, *Journal of American Academy of Child and Adolescent Psychiatry*,

보통 사람처럼 살기, 엄마로 살기

32(4): 723－730.

Schaffer, K. F., 1980. 『정신건강과 성 역할』 황순자 옮김, 형설출판사.

Schern, C. R. 2005. When Mothers Leave Their Children Behind, *Harvard Review of Psychiatry*, 13: 233－243.

Saleebey, D.(Eds). 2003. The Strength Perspective in Social Work. Boston: Allyn and Bacon.

Sands, R. G. 1995. The parenting experience of low－income single women with serious mental disorders. *Families in Society*, 76(2): 86－96.

Sechzer, J. A., Pfafflin, S. M., Denmark, F. L., Griffin, A & Blumenthal, S. J. 1996. Women and Mental Health, Annals of the New York Academy of Sciences, Vol. 789: 211－215.

Seeman, M. V., 2004. Relational ethics; when mothers suffer from psychosis, *Archives of Women's Mental Health*, 7: 201－210.

Shea, L., 2002. Experiencing the demands of motherhood and schizophrenia. Queen's University, the degree of Master of Science.

Smith, J. A., 1999. Identity development during the transition to motherhood: an interpretative phenomenological analysis. *Journal of reproductive and infant psychology,* 17(3): 281－297.

Spigelberg, H. 1992. The phenomenological movement. 최경호 역(1991). 현상학적 운동. 이론과 실천.

Tanner, D. 2000. Crossing bridges over troubled watere?: working with children of parents experiencing mental distress, *Social Work Education*,10(3): 287－297.

Tansella, M., 1998. Gender differences in mental health, *World Health*, 51: 26－27.

Tardy, R. 2000. "But I am a good mom"; the social construction of motherhood through health－care conversations, *Journal of Contemporary Ethnograph*y, 29(4): 433－473.

Tebere, J. K., Kaifman, J. S., Anopoz, J., & Racusin, G. 2001. Resilience and family psychosocial processes among children of parents with serious mental disorders, *Journal of Child and Family Studies*, 1: 115－136.

Test, M. A. & Berlin, S. B. 1981. "Issues of special concern to chronically mentally ill women", *Professional Psychology*, 12(1): 136 − 145.

Thomas, L.. & Kalucy, R. 2003. Parents with mental illness: lack in motivation to parent. *Internal Journal of Mental Health Nursing*, 12(2): 153 − 157.

Vejar, C. M., Madison − Colmore, O. D. & Ter Maat, M. B. 2006. Understanding the transition from career to fulltime motherhood: A Qualitative Study. *The American Journal of Family Therapy*. 34(17): 17 − 31.

Wright, N., & Owen, s. 2001. "Feminist conceptualizations of women's madness; A review of the literature", *Journal of Advanced Nursing*, 36(1): 143 − 150.

Zemencuk, Judith, Rogosch & Fred A. 1995. The Seriously Mentally Ill Woman In TheRole Of Parent: Characteristics, Parenting Sensitivity, and Needs, *Psychosocial Rehabilitation Journal*, 18(3): 77 − 92.

면접지침안*

1. **어머니 역할 수행경험에 대한 질문**
   - 어머니 역할을 하는 것이 어떠한가?
   - 어머니가 해야 할 일(과업, 과제)은 무엇인가?
   - 아이를 양육하는 경험은 어떠했는가?

2. **어머니 됨의 인식에 대한 질문**
   - 어머니가 되었다는 것을 언제, 어떻게 처음 인식하게 되었는가?

3. **모성경험을 통해 달라진 점**
   - 아이를 키우면서 달라진 점은 있는가, 어떠한가?

4. **정신질환과 모성경험의 상호작용**
   - 양육과 관련된 부담, 스트레스가 질환에 영향을 미쳤는가?

5. **모성신화와 관련된 사회적 규범에 대한 태도**
   - 좋은 어머니란 어떤가?(사회적 규정에 대한 인식)

6. **모성경험의 본질적 의미**
   - 어머니라는 말과 여성이라는 말은 다르게 느껴지는가?
   - 모성이 강하다는 것은 어떤 의미인가?

7. **기타**
   - 임신, 출산의 경험에 대한 질문
   - 주변의 지지 혹은 사회적 낙인에 대한 태도
   - 원가족 관계, 지지경험
   - 발병요인, 발병기간 등 병력과 질환 특성

* 본 지침안은 모성경험과 의미를 묻는 비구조화된 질문으로 시작하여 면접이 진행되는 동안 모성경험의 각 구성요소별로 자주 반복되는 질문들을 추후 정리하였다.

연구 참여 동의서

　　본 연구는 여성정신장애인의 양육활동 및 어머니 됨에 대한 자기인식 등에 대한 이해를 목적으로 합니다. 따라서 연구자는 참여자의 자녀양육경험과 자녀와의 관계, 자녀양육으로 인한 자기 생활의 변화 등을 질문할 것입니다. 총 3회 이상의 면담을 할 예정이며 각 면담 시간은 2시간 정도 걸릴 것입니다. 면담의 내용은 녹음될 것이며, 녹음된 내용은 다른 목적으로 사용되지 않고 본 연구를 위해서만 사용될 것입니다.

　　본인________________은 면담에 자의로 참여하고 면담의 내용을 녹음하고 기록하는 것을 허락합니다. 이 연구에 참여하는 동안 본인에게 어떠한 불이익이나 위험이 따르지 않는다는 것을 설명을 통해 알고 있으며, 본 연구에 대해 궁금한 점에 대해 질문하고 답변을 들을 수 있다는 것도 설명을 들었습니다. 또한 연구자로부터 본인의 익명을 보장하고 면담하는 동안 특별한 질문에 대해 대답을 거부할 수 있으며, 원하지 않는 경우 언제든지 면담을 철회할 수 있음을 알고 있습니다.

2006년　　　　　　월　　　　　　일

참여자________________

연구자________________

# 부록 3 분석단계 참고 - 의미단위화의 예*

연: 그러면 보통의 엄마라면 뭘 해 줘야 될까요?

참: 저는 같이 놀아 주고 (놀아도 주고) 시간을 그렇고 잘 먹이고(   ) / 근데 그게 잘 안 돼요. 아 그리고 제 혼자 일을 해야 할 때는 그럴 때는 아이를 혼자 두기가 좀 나쁜 거예요. 아이를 /

연: 어떤 거 집안일 같은 거?

참: 예 집안 뭘 해야 할 때. 해야 할 일이 많잖아요. / 그래서 그것도 그럴 때는 ○○이 혼자 있으면 아쉽고, 그렇죠. / 제가 아직도 빨래를 널려고 뒤 베란다에 나가면 울어요. 제가 안 보이면 울어요. 엄마가 안 보이면 울어요. 자꾸 울어요. 한참 동안 울더라고요. /

연: 잠깐인데도? 빨래 너는 잠깐에도?

참: 예 안 보일 때 울고 / 차라리 내가 엄마를 보지 않고 있을 동안 친구들도 만날 수 있고, 선생님도 볼 수 있고,/ 오히려 그게 더 엄마를 엄마만 만나는 것보다는 무기력하고 말도 잘 안 하고 심심하게 엄마만 보는 것보다는 나은 점도 있을 것 같다. /

연: 엄마가 힘드셨기 때문이기도 하지만 ○○이를 걱정하는 마음도 있으셨네요. ○○이가 어떤 걸 좀 배운다거나 다른 사람과 잘 지내거나 그런 걸 했으면 싶어서 보내셨는데. 어떻게 울었던 애를 보내서 어떻게 어린이집 보냈던 경험은 어떠셨어요?

참: 경험이? 음 으 그거 잘 모르겠어요. 지금도 /

연: 얻은 것도 있고 잃은 것도 그럴 텐데. 얻은 것은 어떤 걸까요?

참: 그래서 제가 병이 호전되리라는, 병이 호전되리라는 일말의 기대 같은 거, 목표와 사명감 같은 거 가지고 열심히, 굉장히 열심히 활동했었어요. /

연: 어린이집 보내고 나는 이제 회복이 돼야겠다.

참: 굉장히 막 몸이 살이 싹싹 빠질 정도로 하하하하(웃음) /

연: 노력을 많이 하셨네요. 노력한 게 그걸 얻으셨고, 좀 잃었다 싶은, 아쉬웠던 것은?

참: 잃은 것, 제가? 글쎄요. 5세 때가 걔가 뭘 했는지 별로 집에 와서 뭐 하는 게 없어요. 집에 와서. / 거기다가 정신이 참 없을 때 제가 그랬나 봐요. 얘를 ㄱ, ㄴ, ㄷ, ㄹ 그런 것 좀 제발 가르쳐 주지 말라고 담임선생님한테 가서 그랬거든요. /

연: 그렇게 얘기하신 뭐 특별한

참: 취미를 잃을까 봐 / 더구나 저는 친구들하고 관계와 어른들의 보호와 그런 게 더 중심적이었고, 노는 것 제가 이런 장애가 있으니까 오히려 놀이치료같이 그런 걸 갖다 중심적으로 해 줬으면 해서 그런 건 언제든지 할 수 있는 것이고 / 그런데 어렸을 때 그런 혼자서 저와만 있는 것보다는 아무래도 또래들과의 관계가 그런 거 놀이, 관계 그런 거 때문에(아주 중요하죠) / 그렇게 얘기를 했는데 와서 뭐 특별히 배운 것도 없고 하는 것도 없고(웃음) 그래서 /

연: 놀고만 온 것 같아요?

* 연구자의 학문적 관점으로 의미의 변경이 있는 곳에 밑줄을 그어 표시하여 의미단위를 나눔

 분석단계 참고 – 중심의미 기술의 예

단위	주제규명	중심의미에 대한 연구자의 학문적 번역 (중심의미기술)	범주
가 53	제가 크게 건강을 많이 잃아 가지고 깊이 좌절과 깊음에 빠져들어 가지고 그랬기 때문에 가능하면 정신적으로 불운이나 뭐 그런 것 겪지 않고 살아 가기를 바람	정신적으로 건강을 잃은 경험 때문에 아이는 가능하면 정신적 고통을 겪지 않도록 친구관계 및 지지적 환경을 제공하기 위해 노력해 왔음.	나와 다르게 키우기
가 26	친구들하고 관계와 어른들의 보호, 그런 게 중심적이었고, 제가 장애가 있으니까 오히려 놀이치료 같은 걸 중심적으로 해 줬으면 해서		
가 201	오히려 제가 아팠기 때문에 예방적 차원에서 애를 키우고, 일찍도 예방을 하고, 제가 불건강한 것이 무엇인지 알기 때문에 기영이는 그런 쪽으로 가지 않게 어려서부터 그런 쪽으로 조기교육을 시키고		
가 200	제가 아프니까 기영이가 저를 보고 배울 게 불건강한 면을 배울까 봐 있고 젊은 선생님을 보고 배우는 게 있어야 될 거 같아서.	양육에 대한 자신감 부족과 자신의 건강하지 못한 면이 아이에게 부정적 영향을 미칠 것에 대한 우려 때문에 아이를 어머니 체계와 분리하여 어린이집에 보냄	
가 24	차라리 엄마를 보지 않고 있을 동안 친구들도 만날 수 있고, 선생님도 볼 수 있고. 오히려 그게 더 엄마만 만나는 것보다는 무기력하고 말도 잘 안 하고 심심하게 엄마만 보는 것보다는 나은 점도 있을 것 같다.		
가 21	또 가만히 있으면 쟤가 또 혹시 기영이가 나와 같이 이런 식으로 되지 않을까 싶어서 그래서 또 떼어 놓은 거예요.		
가 13	나를 바라보면서 나한테서 무얼 배울 것인가. 얻을 게 무엇인가. 그래서 그냥 보냈어요.		
가 42	저도 걱정이었어요. 옛날에는 제가 말이 없으니까, 얘도 말이 너무 없고 자기표현도 못하고 그럴까 봐.		
가 170	시댁에서 쫓겨날 것 같았어요. 기분이. 남편한테도 남편도 저를 버릴 것 같았어요. 애 때문에 아무도 저한테 아무 말도 못 해요. 애를 키워 놓으니까. 아무 말도 못해요. 꼼짝도 못 해요. 제가 다 이겼어요.	아이를 낳고 키우면서 시댁 식구에게 당당해지고, 아이로 인해 살아남을 수 있었다고 함.	생존과 사회적 지위 획득
가 169	애로 인해 잃은 것 없고, 오히려 애 때문에 살아남았고, 애 때문에 살아남았어요.		
가 184	결혼 생활을 유지하는 데 나만이 할 수 있는 거, 아무나 못 하는 거, 남편이 할 수 없는 남편이 도저히 못하는 부분을 내가 한 가지 역할을 꼭 해야만 하는 거, 특히 가정적인 일을 남편이 죽어도 못 하는 일을 나라도 해야 한다. 남편이 떠날 수 없잖아요. 이 부분이 없으면 남편이 못 사니까. 그런 부분을 만들어야 돼요.	가정에서 가사와 양육의 고유한 역할을 확보함으로써 자기 위치, 존재감을 확보할 수 있고 지켜갈 수 있다고 생각함	
가 185	청소하는 거 음식을 만드는 거 아기를 차지하는 거		
가 186	애기가 내 편이 되게, 애기가 나 없으면 못 살게 만드는 거, 애기가 엄마를 꼭, 엄마 없으면 죽겠다고 하게 애기가 나를 좋아하게 만드는 것. 애기를 독차지하는 것.	아이를 독차지하고, 엄마와 가깝게 함으로써 자기 존재를 확인하고, 가정 안에서의 위치 확보하고자 함.	
가 187	너는 아빠보다 엄마가 너를 더 잘 알아. 기영이가 엄마 배 속에 있을 때부터 엄마는 기영이를 잘 알아 왔어. 아빠 배 속에서는 없었거든. 엄마 배 속에 있었거든. 엄마 배 속에서 살다가 나왔어. 그러니까 기영이는 엄마 말을 잘 들어야 돼고,		

보통 사람처럼 살기, 엄마로 살기

의미단위	의미단위요약	하위 구성요소	구성요소
(꽃동네에 입원해 있을 때)엄마가 이런 사람 있는데 그냥 결혼해라. 그러면 퇴원도 하고. 그래 가지고 남편 자취방에 찾아가서 같이 자고 살았는데	주변인의 소개로 만나 자신의 의사보다는 가족들의 의사와 현실적 여건에 맞추어서 결혼준비를 함.	순응과 새로운 삶에의 기대 (결혼의 과정과 의미)	결혼과 출산 과정 (이끌려 들어가기)
외사촌 오빠가 소개시켜 줘 가지고. 남편하고는 대화도 자주 못 해 봤어요. 만나자마자 바로 결혼을 했죠. 1년 정도 안 만나다가 다시 만나서 바로 결혼을 하고.			
내가 그때 꽃피는 집(가제)에 다니고 있었는데 아는 회원 어머니가 소개를 해 줬어요. 서로 나이도 비슷하고 그때 내가 30대였는데, 나이도 있고 하니까 또 처음에 인상도 좋았어. 나는 대학을 나오고, 그때 남편은 고등학교밖에 안 나왔는데, 그래도 직장도 있고, 그래서 결혼까지 하게 됐지			
다 팔잔가 봐요. 결혼도. 애기 아빠도 그냥 고등학교 나와 가지고, 상업학교 나와 가지고 직장생활만 전전하다가 직장만 들어가면 부도나고. 들어가면 나오고. 나는 그때 시골에 있을 때 이 사람이 직장이 서울에 있으니까, 나도 다시 서울 살 수 있겠구나. 나도 그렇게 서울에 살겠구나 싶어 가지고 결혼을 했는데 이상하게 직업, 직장 운이 없더라고요. 그것도 다 운인가 봐요. 팔잔가 운인가.			
그런 데로 안 가려고 그랬는데. 내가 고등학교를 못 배웠어요. 고등학교를 배웠으면 이런 일은 없을 거 같은데.			
그때만 해도 나도 좀 뭐라 해야 되나. 영적으로 병이 있었다고 해야 하나? 그래서 엄마가 피차 흠 있는 사람끼리 살면 잘살 거라고 그러시더라고요. 반대는 안 하시고.			
그 사람 안 만나도 다른 남자들도 만났는데, 우리 엄마가 반대하더라고요. 다리를 좀 전다고. 다리병신하고도 결혼한 사람도 있는데, 다리 좀 전다고 그걸 반대하고 있어. 돈도 많이 번다는데.			
그전에는 모르고 결혼했는데, 결혼하고 나니까 그렇게 걷더라고요. 말해 가지고 알았어요.			
처음에 만났을 때는 약을 안 먹은 상태였어요. 만났다가 안 만난 지가 한 1년 정도 있었어요. 그러다가 약을 조금 먹기 시작하면서 다시 만난 거에요.	결혼 전 발병하여, 치료 받은 경험 있으며, 발병으로 인해 결혼이 늦어지기도 함.		
내가 시집을 못 가서 계속 아프고 그러니까. 결혼, 시집 못 가서 아프다는 걸 증명하고.			
결혼을 늦게 했어요. 처녀 때부터 병이 나 가지고 결혼도 그렇게 늦게 했는데, 괜찮아져서 결혼했다가			
결혼하기 전에는 조금씩 여기 다니다, 저기 다니다, 나도 제정신이 아니더라고.			
그때까지만 해도, 병이 나면서부터 사람이 이상해지더라고. 그전에는 굉장히 얌전하고 집에서도 막 조신하게 있다가 시집이나 가라고 그랬거든요. 밤낮으로 붙박여 있었어요. 엄마가 엄해 가지고.			

몰랐죠. 몰라 가지고 전혀 제가 약 먹은지를 몰랐거든요. 그리고 얘기를 안 했었어요.	결혼 당시 정신 질환에 대해 알리지 않거나, 증상 축소하여 설명함.		
고발하려고까지 했대요. 왜냐하면 아픈 사람을 자기하고 결혼시켰기 때문에 그런 생각까지 먹었다고 그러더라고 정상이 아닌 사람을 속여 가지고 나를 결혼을 시켰다.			
나중에 알게 됐는데, 원망은 없었는데, 가끔 가다 넋두리하더라고요. 그럼 왜 옛날 얘기를 왜 하시냐고 그러죠.			
우울증이 있다고 알고 있었는데, 뭐 자세하게는 얘기를 안 해서			
결혼이라는 게 얼마나 어려웠어요. 결혼 한다는 사실이. 거의 포기도 많이 하고. 그러다가 결혼하니까. 기분이 붕 떠서	어려운 과정을 거쳐 결혼을 하고 나니, 자유롭고, 경제적 여유가 생기고, 증상이 안정됨.		
결혼하니까 좋대요. 자유롭고. 놀러 다니고 막 어울려 다니고. 아 뭐 좋다. 만날 쓰고 놀러 다니고, 뭐 어울려 다니고 그런 데로 다녔어요. 외식도 막 하고			
제가 굉장히 가난하게 컸어요. 가난하게 컸는데 남편하고 결혼을 했는데 전셋집도 있었고 돈도 꼬박꼬박 갖다 주고 그랬기 때문에 여유가 있었죠. 제가 마음의 여유가 있었고 안정이 됐었기 때문에 그렇게 크게 저기 한 거 없었어요.			
저는 살림살이 안 해 가고, 뭐 안 해 갔어요. 애 아빠가 돈 벌어 가지고 사고.			
결혼을 하고는 완전히 다 없어졌어요. 예, 애기 낳고 없어졌어요. 다. 남편 만나고			
혼자 사는 것보다 여럿이 살잖아요. 혼자는 외로우니까 심심하잖아요. 여럿이 있는 집에서 살게 돼서 좋아요.			
제가 가끔씩 만약에 결혼을 못 하고 이 상태로 있었으면 하는 생각을 할 때 제가 환자가 아니라면 정상적인 사람이라면 결혼을 안 하고 혼자 있어도 사회생활을 하면서 살 수 있었겠지만 내가 이제 환자라고 생각을 하니까 갈 데가 없어지는 거예요. 만약에 결혼을 안 했다면 집에서 엄마 밑에서 있을 장소도 없고 또 누가 나를 걷어줄 것이며 무슨 돈으로 약을 먹을 것이며	환자로서의 자기 정체성을 인식하기 시작하면서 결혼을 통해 구원받았고, 결혼을 떠나서 존재의미를 찾기 어렵다는 절박함 있음. 능력없는 자신이 있을 곳은 가정의 울타리라는 생각에 순종과 순응을 무의식적으로 다짐함		
모든 것이 저한테는 아이 아빠를 만남으로 인해서 새 인생이 시작된 거예요. 아이 아빠는 친구들도 많고 집에서 농사지으니까 먹을 것도 걱정 안 하고 대인관계도 좋고 모든 것이 다 사회적으로 다 살 수 있는 그런 복이잖아요.			
복을 제가 걷어찬다는 거는 제가 여기서 그만둔다면 물러난다면 약값도 제대로 없어서 약도 제대고 못 먹겠죠. 옛날처럼 혼자서 고독하게 갈 때도 없어요. 지금은 그전에는 친정에서 받아주겠지만 결혼한 사람을 누가 또 받아주겠어요. 갈 데도 없고 비참한 생활을 하는 거죠 뭐. 고립돼 가지고 그런 생활을 다시 하는 거죠. 그런 거에 비하면 아이 아빠를 만나면서 새로운 인생이 저한테 시작된 건데.			
피임은 안 하고 제가 말로 거부를 한 거예요. 남편이 그게 쌓인 거예요. 스트레스가 성적으로 욕구가 쌓이다 보니까 관계를 못 갖고 있다가 하면 임신이 될까 봐 저도 막 피한 거죠.	약물치료로 인해 임신이 어렵거나, 임신에 대한 부담을 느끼는 한편 막연한 기대를 갖기도	확실히 인정받기 (임 신 의 의미)	
결혼 초에는 애를 갖고 싶더라고요. 남편도 괜히 갖고 싶어 하고. 그래서 병원에도 다녀 봤는데, 몇 번 해 보다가 기분에 안 되더라고. 그러다 관뒀죠.			

보통 사람처럼 살기, 엄마로 살기

결혼하자마자 금방 애가 생기니까 아이를 어떻게 낳아야 되겠다거나 그런 마음의 준비는 별로 못 하고	하였으나 구체적으로 가족계획 세우지 못한 상태에서 임신이 됨.	
가족계획은 맨 처음에는 둘이만 살려고 그랬어요. 근데 남편 친구들이 애기 낳은 부부들이 하나도 없더라고요. 그래서 나나 한번 낳아 보자 그러고서 낳은 거예요.		
그런 얘기도 안 하고 그냥 딱 둘만 낳으라고 하더라고요. 딱 정하더라고요. 둘만 낳으라고.		
그러면 내가 정말 결혼을 하고, 애도 낳고 그렇게 다른 부부들 보다 엄마도 되고 그러면 좋을 거 같아서. 또 남편이 다른 생각도 안 하고, 다른 사람들이 귀여워할 거고……	임신을 통해 다른 사람으로부터 인정받고, 예전보다 주변 관계 개선됨.	
나는 더 낳고 싶은데, 풀르는 수술을 할까. 그냥 자식이 더 예뻐서 그러는 건가, 엄마가 되고 보니까 좋기도 하고, 남편도 함부로 안 하고 하니까, 더 낳고 싶은 생각이 들어요.		
엄마가 사정사정했어요. ** 아빠한테 하나만 낳자고. 수술하자고 전화로 사정사정했어요. 애기 낳고 서울 있을 때.	가족계획의 미비로 원하지 않는 유산경험을 하고, 출산 후 본인의 자유로운 동의 없이 원가족과 남편의 권유 혹은 강압에 의해 가족계획시술을 받음	
우리 애 전에 유산도 했는데, 입덧이 너무 심해서 병원에 가서 내가 살 수 없으니까 어떡해. 주변에서 다. 우리 남편이 빨리 병원에 가서 지우라고		
남편이 화를 내고 그러니까 눈치를 살피고 그러니까 못 낳는 거지. 띠라고 화를 내더라고		
애 띠고 했어요. 나보고 남편이 했으면 좋겠다 생각을 했는데, 우리 신랑이 시치미를 떼는 거예요. 네가 해라, 네가 해라. 그래서 내가 했지.		
주변의 반응? 임신했을 때? 주변에서는 그냥 특별히 기뻐하지도 않고 뭐랄까 차분해진다고 할까 엄숙해진다고 할까. 좋다 나쁘다도 아니고 다 모두가 그랬어요. 다 그냥 숙연한 분위기라고 할까.	임신에 대해 기쁨과 담담한 반응 보이고 동시에 과중한 책임 느낌	
샴페인도 터뜨리고 그러면서……. 그 전에는 나날이 좋더라고요. 너무너무 기쁜……. 아무것도 전혀 없이. 그저 좋았어요. 너무 좋아 가지고 그런. 인생 중에서 생애 중에서 그렇게 기쁘고 즐겁고 행복했던 적이 없을 거라고 생각할 만큼 그랬어요.		
한 달 동안 관계를 하고 난 후 큰애가 생기니까 섬뜩한 거죠.		
집안에 장손이고 그래서 집안에서는 굉장히 좋아했었어요.		
기쁜 것보다 그렇게 하니까 임신이 됐구나. 그래서 됐구나.		임신에 대한 양가적 반응
임신을 해서 배가 부르고 TV를 켰는데 삼풍백화점 붕괴됐다고 사람들이 주부들이 흙더미에 깔려서 다 죽더라고요. 제가 이제 날씬한 몸이었다가 배가 더부룩해 가지고 주부처럼 몸이 불었을 상태였을 때 그런 사람들이 다 돌무더기에 깔려서 죽고 무너져 가지고 막 사람 살려 아수라장된 거 TV에서 보면서 조금 놀랐고 그리고 밝지를 못했었어요. 좀 어두웠어요.	임신 후 신체적 변화와 주변 상황에 민감해지면서 무겁고 우울한 느낌 생김. 사고와 행동적 측면에서 편집증적 증상 나타내고, 남편을 쫓아다니기도 하고, 사회적 관계에서의 회피 등 보임	
임신했을 때 제가 태교를 잘못해서 아이가 이렇게 방방 뛰기도 하고 그러는데, 태교를 잘못해서 그런가 봐요. 임신해서 여기서 하는 체육 활동 새벽에 해 갖고, 체육 그거 하러 다녔거든요(운동하는 거). 예. 집에 못 있고. 남편 일하러 가면 따라가서 어디서 만나 갖고, 어떻게 일하나 궁금하더라고요. 그래서 남편 새벽에 가는 거 따라가서 어디서 모여서 일하는지 알았어요. 뒤밟아서.		

임신해 갖고 막 돌아다닌 거예요. 그냥 무작정 나가요. 나가면 버스 타고 아무 데서나 내리고, 걸어 다니고, 서울역에 가면 왜 있잖아요. 지나가는 사람들도 보고, 누가 나 안 데려가나, 저 사람이 나한테 뭐라고 말하나. 지금 생각하면 제정신이 아니었지.			
임신해서 즐겁고 기쁘고 그러지는 못했고 조금 어둡고 운 적도 좀 많이 있었던 것 같아요.			
엄청 먹었어요. 몸도 가뿐가뿐하고 더 건강했었어요. 임신했을 때. 그니까 30킬로가 찌지.			
나는 뚱뚱한 사람들을 보면 도대체 뭘 먹어서 저렇게 뚱뚱한가 할 정도로 바싹 말랐었어요. 아빠하고 결혼하고서 잘 먹어서 그런지 살도 좀 찌고 그랬는데, 아이고 애기 가지고 그렇게 찌니까 겁나더라고요. 임신중독증 아닌가 싶고.			
불어 가지고 이상해요. 그때는 날씬했었어요. 학교 다닐 때는. 근데 애기 갖고서 몸이 불어 가지고. 붓기가 많았어요.			
안 좋아했죠. 웬만하면 밖에를 안 나가고 배달만 후딱 갖다 오고, 사람들하고 어울리는 걸 별로 안 좋아했어요.			
전혀 안 먹었어요. 그 소리를 들어 가지고 아이가 기형아 될까 봐.	약물복용으로 인한 기형아 출산을 우려하여 약물복용 중단하고, 정기적으로 병원진료와 검사, 주의사항을 준수함.		
의사 선생님하고 의논 했었지. 절대 약 먹지 말라고.			
안 먹었어요. 혹시 애한테 안 좋을까 봐. 커피도 안 마셨어요.			
기형아 낳을 거 같아가지고 내가 신중히 안 먹었지. 나는 음식을 안 가리거든요.			
자꾸 올라가더라고요. 이 개월 삼 개월 다달이 갔어요. 병원에 팔 개월 됐을 때는 섹스하면 안 된다나 어쩐다나. 그러면은 애기가 잘못된다나 어쩐다나 그래서 안 했죠.			
임신 말에 소변이 너무 마렵고 걸을 수도 없어서 말에 가서 정말 힘들었어요. 산다는 것이 너무너무 힘들었어요. 마지막에 그래서 막 몸도 붓고.	출산을 앞두고 신체적 고통 가중되고, 아이가 잘못될 것 같은 두려움에 사로잡힘		
혹시 아이가 다 됐는데 열 달이 다 됐고. 나올 때가 됐는데, 혹시나 아이가 잘못 나오지 않을까. 애가 낳다가 죽거나 그런 경우도 있고 그렇잖아요.			
아이가 죽어 가고 있다는 느낌이 들었어요. 왜 그랬는지 모르겠어요.			
그때는 예정일이 지나 가지고 애를 낳고 위험했었어요.		출산의 두려움	
못 낳는다고 그랬어요. 병원에서 위험하다고, 그래도 응급으로 수술을 했으니까. 피주사도 맞고.	노산, 난산 등으로 힘들었던 출산 상황에 대해 비교적 상세하게 기억함.		
내일 수술이라면 오늘 볼링장에 갔는데 뭐가 철철 새는 거예요. 그래서 화장실로 뛰어갔더니 양수가 터진 거예요. 그래서 애 낳기가 더 힘들었죠. 애기 못 낳는다고 그랬어요. 엄마가 죽든지 애기가 죽든지			
남들은 누워서 딩굴고 아프다고 소리치고 그러는데, 나는 촉진제 주사를 맞았는데도 애가 안 나오니까, 애가 위에서만 놀고 밑으로는 안 내려와요. 위에서만 비비고 돌아다녀 가지고. 그래 가지고. 이건 처지지는 않지 촉진제를 놔도 아무 반응이 없지. 그러니까 나는 앉아서 아야 아야 하고 있지. 우리 엄마는 아이고 쟤가 왜 저러나……			
그땐 정말 진저리 치고 그랬죠. 그때는 악몽이었죠. 거기서 수술하는데 자기들끼리 응급으로 수술한 환자야, 응급으로 수술한 환자야 그러			

보통 사람처럼 살기, 엄마로 살기

면서 큰일 날 뻔했다고. 서약서 받고 수술 안 했으면 어떻게 될지 모른다고. 통뼈에다가 골반이 휘었다나 어쨌다나.			
두 번째 머시매는 아무리 힘 줘도 안 나와요. 첫째는 쉽게 나왔는데. 둘째는 수월하게 안 나왔는데. 배로 낳지 말라고 하더라고요. 원장님이 밑으로 낳으라고.			
나오니까 아빠가 좋아하더라고요. 둘 다 다 좋아요. 나도 좋아하고 다 좋대요. 식구들 다 좋대요. 식구들이 모두 다.	출산 후 아이와의 첫 대면에서 기쁨과 은총을 느낌		
나죠. 이렇게 보여 주면서 딸입니다. 하는데 2.8킬로 낳았거든요. 다 기억하죠.			
딱 낳고 나서요. 애기가 그렇게 생긴 건 줄 몰랐어요. 처음 보고 사랑에 쏙 빠졌다니까요. 애기 보고.			
하느님의 은총이었던 거 같아요. 능력은 없지만 그래도 어떻게 해서라도 낳아 놓고 보니.			
애기 낳고 재발했어요. 처녀 때 먹다가 끊다가 괜찮은 줄 알고 끊다가 결혼해서 애기 낳고 발병했어요.	출산 후 심각한 정도의 산후우울증. 증상의 악화를 경험하고, 재발하여 입원치료를 받기도 함.		
아기 낳고 한 3개월인가 백일 때부터 그랬으니까. 잠을 못 자고 헛소리하고 그래가지고.			
애기 낳았을 때부터 안 좋다가 돌 때부터 시작하면 거의 1년에 한 번 꼴로 들어갔다 나왔으니까.			
그 시절 자체가 필름이 끊겼어. 기억이 지워진 건가. 너무 힘들어서 선생님한테 얘기했더니 기억 자체가 너무 힘들면 기억 자체가 없어진대요.			
갑자기 아이가 확 나와 버리니까 걱정이 태산 같고, 무섭고 목숨을 건져야 돼. 죽는 사람도 있잖아요. 기르다가 죽는 사람도 있잖아요. 목숨만 건지면 되겠는데 목숨을 건지느라고 산후우울증도 거치고. 몇 년을 막 그랬어요.			
산후우울증 저는 그게 심했어요. 오랫동안 심했어요. 몇 년간에 걸쳐서. 우울이 이제야 되는 거지. 괜찮은 거지. 처음에 몇 달은 너무 힘들었고.			
제가 그때 가방에다 오줌도 싸 놓고, 제가요 산후조리 할 때 친정에서 했거든요. 오빠 없을 때 오빠가 집에 없을 때 엄마 가방에다 오줌을 싸 놓고.			
엄마는 엄마대로 시골에서 바쁘잖아요. 그러니까 나만 신경 쓸 틈이 없으니까, 아이 아빠가 그럼 내가 간호해 준다고 할머니는 가시라고 그러더라고요.	충분한 정도의 산후 조리하지 못하고, 출산 후 증상이 악화되거나 심리적 스트레스 가중됨.		
산후조리라고 해 봤자. 그냥 설거지 바로 손에 물 담그고, 먹는 것만 남편이 챙겨 주고. 전혀 못 쉬었어요. 한 이틀 쉬었나. 가게를 하니까 안 하면 몰라도 해야 되니까.			
젖꼭지 크게 만드는 기구를 샀는데, 어떻게 된 게 식구들이 오해를 해 갖고. 저를 막 오빠가, 저를 막 폭행하고 그랬어요. 임산부가 누워 있는데. 오빠가 들어가서 그거 샀다고 때렸어요. 맞아 갖고 충격이.			
산후조리 할 때 엄마는 그냥 보일러 열심히 때 준 거 그거 했대요. 엄마가 말해요.			
엄마가 미역국도 끓이고. 밥하고 같이 가져와서 떠먹여 주고. 누워서 안 일어나니까. 누운 채로 막 먹이는 거예요. 수건 깔아 놓고. 그래 가지고. 많이 힘들게 했어요. 엄마를.			

제가 주부생활을 못 할 정도로 저의 남편은 제가 하는 대로 따라오더라고요. 나는 그렇게 안 해 주길 바랐어요. 저의 남편은 저에게 다 맡기고 따라와요.	증상의 악화로 역할 수행에 어려움을 겪게 되자, 남편 역시 휩쓸려 오며, 영향을 받음	'헷가닥' 해서 엉망이 됨(증상의 악화로 가족의 희생 따름)	재발과 가족의 희생(혼란에 빠짐)
내가 돌았대요. '헷가닥' 했다고 내가 '헷가닥' 했는데 어떻게 내가 정신을 차리고 진정을 하고 직장을 다니며 그럴 수 있겠냐고 그래요.			
갈수록 더러워지면서 청소를 첫째로 못 하겠고 그리고 인제 밥하는 거 남편 챙겨 주는 거 그것도 못 했어요. 그래서 결국은 남편이 15년 정도 다니던 직장을 그만두게 되었어요.			
저 같은 경우는 아이 아빠가 확 휩쓸려 오더라고요. 딸려 들어오더라고요. 남편이 내가 못 하면 본인이 알아서 해야 하는데 본인은 더 못 해요. 집 같은 거 구하는 거 전혀 해 보질 않아 가지고 나한테 휩쓸리더라고요.			
제가 같이 있는데도 그렇게 못 해 줬기 때문에 막 밥솥 때려 부수고 많이 그랬어요. 많이 힘들어하면서 환자인 줄 몰랐기 때문에 그런 행동을 많이.	증상으로 힘들 때 남편이 이에 대해 이해하지 못하고 무관심과 무능력에 대해 폭력적 반응 보이거나 원망함.		
환자라는 걸 몰랐기 때문에 정상적인 사람이면서 자기에 대해서 관심을 안 가져 준다. 피한다 내가 눈도 못 마주치고 피하더라 말로 그러더라고요. 그런 모든 이상한 행동들이 환자기 때문에 나타나는 행동들이라고 전혀 느낌을 가질 수 없고 정상적인 사람으로서 저렇게 행동을 했기 때문에 화가 난 거에요.			
원망해요. 가끔 당신만 안 아팠으면 뭣도 하고 뭣도 하고 다 해봤을 것 같은데. 아파서 뒤치다꺼리하느라고. 지금 이게 망했지 뭐냐고 그렇게 투정할 때도 있어요. 그러면 나는 또 가만히 있어요. 가만히 있으면 또 그러면 또 풀어지고, 없어지고 그래요.			
나중에 알게 됐는데, 원망은 없었는데, 가끔 가다 넋두리하더라고요. 그럼 왜 옛날 얘기를 왜 하시냐고 그러죠.			
담임선생님도 저한테 막 잔소리를 하더라고요. 저한테 엄마가 어떻게 그렇게 하냐고 얼굴 표정이 왜 그러냐. 변하지도 않고 항상 그 모습으로 아이를 데리러 와서. 그러고 뭐 병원을 오래 보낸다느니	증상으로 인해 적절한 지지, 보호 제공 못하였고, 치료, 재활을 위해 입원해 있거나 센터 활동 등에 참여하는 동안 자녀의 양육, 보호에 전념하지 못하여 아이가 희생된 면이 있다고 생각함.		
우는 걸. 너무 너무 딱하게도 그냥 보냈어요. (센터활동) 끝나고 나서 다 모임이 있으면 늦게 두고서 저녁 때 두고 찾으러 가서 그런 거 했는데 근데 너무 딱하더라고요 미안하고.			
희생이 됐어. 처음에 아플 때. (아이가) 아픈데도 계속 보내고, 아픈데도 약을 계속 먹이면서 보내고 괜찮아지기는 했지만 그랬던 것도 있었고			
그런 얘기 가끔 하더라고요. 엄마 없고 그러니까 죽고 싶었다고 사는 게 사는 것 같지가 않고. 내가 이걸 살아야 되나, 말아야 되나 그런 생각도 했다고 하더라고요. 요양원에서 와서 두 달인가 세 달인가 지났을 때 그런 이야기 하더라고요. 그래서 네가 잘 살아 줘서 고맙다 그랬죠.			
일곱 살 때 장소는 똑같았는데 선생님들이 몽땅 바뀌었어요. 그때도 제가 좀 아파 갖고 방해를 좀 했죠. 선생님한테 실례를 하고, 생리를 하고 있었는데 냄새 풍기면서 이도 안 닦고, 아침에 나가서 아이가 안 간다고 그래서, 제가 엉겁결에 그렇게 해 갖고 신경이 날카로워져서 선생님들한테 얘기를 해야 되는데 갑자기 차에 올라타 갖고 이상한 행동을 했어요.			
나는 병원에 입원하면 옛날에 안 했던 말들도 가슴속에 있던 거를 다 얘기하면서 딴사람이 돼요. 폭발을 하니까. 엄마한테 충격을 받아 갖고.			

보통 사람처럼 살기, 엄마로 살기

너무 어른스럽다니까요. 겉늙었다니까요. 벌써 다 살은 어른처럼.			
행동이 그래요. 그러니까 내가 그런 얘기를 하면 얘네 아빠는 애기 같아 보이는 것보다는 낫지 않느냐고 그렇게 말해요. 그러면 또 나는 할 말이 없지만 애기가 애기답게, 그 나이면 그 나이답게 그렇게 살아야죠. 그냥 너무 빠른 것 같아 가지고			
내가 때 되면 밥 주고 그래야 되는데 그런 생각은 안 들고. 자꾸 나가고 싶은 생각. 그런 생각 밖에 안 들더라고요. 별로 집에 관심을 안 가지게 되지. 살림하는 생각도 안 나고 딴 생각을 했나 봐요. 엄청 힘들었어요.			
제가 환자라 보니까 환자가 둘을 어떻게 키울 수 있을까 애기가 어린데 또 하나를 낳아야 되니까 둘을 너무 키우기 힘들다는 거를 제가 한 명 키우기도 힘들다는 것을 알았기 때문에 혼자서 키우기가 힘들다는 걸 알기 때문에 너무 벅차다.	정신질환으로 인해 적절한 역할 수행 어렵고, 부담 가중됨.		
약 안 먹었을 때 제 증상이 그랬어요. 알뜰살뜰 모은 게 아니라 다 부셔지고, 파괴되고 아이는 아이대로 못 얻어먹고 저한테 부엌살림이 엉망으로 되면서 또 인제 제가 신경을 많이 못 썼어요.			
돈도 있고, 또 약 먹으면서 애 갖지 말라고 하더라고요. 의사 선생님이 위험하니까 갖지 말라고 하더라고요.			
입학식 날 바지를 헌 바지를 입고 갔는데, 구멍이 뻥뻥 나고 페인트 자국 묻고, 청바진데 그런 거를 입고 간 거 같아요.			
(아이들이 어릴 때) 아픈 게 아니고, 정신이 정신 상태가 좀 틀렸었어요.			
남편 말로는 제가 학교도 제대로 못 보냈다고 그래요. 저는 나름대로 한다고 열심히 했는데.			
말 안 들을 때. 내가 신경이 곤두서 있을 때 패고 싶고.	증상 조절이 안 되거나 심리적 불안으로 인해 아이들에게 언어적, 신체적으로 폭력적, 비일관적 양육태도 보임.	노심초사 쩔쩔맴 (부적절한 양육태도의 강화)	
막 소리 지르면 소리를 지르지 말아야 되는데, 어제 같은 날은 소리가 막 나오더라고요.			
아주 말 안 들을 때 그때는 매를 들려고 하지요. 아주 말 안 들을 때. 지가 신경이 곤두서 있을 때 막 답답하고 그런 심정이 생길 때 그때는 막대기 들려고, 이놈의 새끼들 하면서 막 가서 막대기. 자 같은 거 들고 가져와서 패려고 그러면 또			
애들한테 해코지하는 거예요. 이거 빨리 해라. 안 하면 너는 내가 죽인다고 그러고. 내가 뭐 그런다고 그래요. 하지도 못하면서. 그런 짓도 못 하면서 말로만 그러고. 죽인다고 그러고. 너 아빠한테 이르기만 해.			
애들 막. 눈에 보이는 데서 애들 때리고 그러면 짜증내고 그러더라고요. 내가 회초리로 때리고 있으면, 짜증을 더 부려요. 그러니까 남편 없을 때 패죠. 그럼 혼나니까.			
엄마 나 어디 나가는데 만 원만. 어디 가는데 2만 원만 이런 식으로 해서 달라는 대로 줘야 편하지 또 안 주면 쌩하고 벌써 달라 대하는 태도가 나한테. 잘해 주면은 저도 고맙게 생각하고.	아이에 대해 관용적, 허용적이며, 술을 사줄 만큼 아이의 요구를 통제하지 못하고 이끌려 다니고 다른 사람들의 요구에 따르고자 하는 암묵적 태도 보임		
술은 엄마가 사 줘. 그러면 내가 사 줄게. 맥주. 애들이 지들끼리 사려니까 술을 마시면 누가 줘. 술을 안 팔지. 그러면 엄마가 사 줘. 알았어. 내가 사 줄게.			
전에 그만큼 유급당하면서 검정고시 칠 때까지 고생이 많았죠. 그때는. 애가 무슨 말을 못 하게 해요. 엄마는 그냥 엄마로서 그냥 가만히 있어야지 참견하고 말대답하고 그러면.			

만날 치다꺼리해요. 집에서도 엄마 이거 갖다 줘, 막 시켜요. 동생처럼. 그러면 엄마가 동생이냐 그럴 때도 있고.		
지금은 아무것도 모르는 것 같아요. 어렸을 때 돌봐 주지 않아서 그런지 의타심도 강하고, 엄마 없으면 생활이 안 될 것 같은 생각을 하는지 지금도 그냥 어린 것만 같아요.		
아 미안하다고 그러죠. 제가 내가 네가 말한 거를 못 알아들었으니까. 인제 알아듣겠다. 잠시 방치해 둬요. 떨어져 있어요.	갈등상황에 적극적으로 대처하기보다 사과와 비위 맞추기 등 소극적이고 회피적 태도 보임.	
제가 미안하다고 그래요. 엄마는 네가 잘못한 건 줄 걸 알고 그랬다고. 미안하다고 몰랐다고. 네가 그런 마음으로 그런 줄 몰랐다고 엄마가 인제 안 그런다.		
남편 비위 맞춰 주는 거하고, 애들 비위 맞춰 주는 거 그게 힘든 거 같아요.		
살살 구슬려서 너 아빠한테 오며는 전화해. 오면 엄마가 잘못했어도 잘했다고 얘기해라.		
다른 사람이 야단치면 듣지도 않고, 제가 야단칠 때 울어요.	아이가 다른 사람보다 엄마의 태도에 민감하게 반응하며, 엄마도 아이의 안전에 대한 불안, 걱정으로 상호 밀착됨.	
애가 혼나는 것도 잘 못하고. 엄청 서운해하고 제 목소리 톤이 달라져서 이렇게 야단치는 것도 알아듣고, 싫어하고.		
제가 안 보이면 울어요. 엄마가 안 보이면 울어요. 자꾸 울어요. 한참 동안 울더라고요.		
저 혼자 컸기 때문에 엄마가 친구 노릇, 누나 노릇, 동생 노릇 다 해 줘야 된다니까.		
제가 자꾸 공부하는 날은 보내고, 야외로 나가는 날은 안 보내려고 했어요. 불안해서요. 어디 가서 무슨 일이 생길까 잃어버릴까 봐. 그런 일 많잖아요. 유치원, 어린이집에 놀러 갔다가 아이가 실종돼 버리고. 무섭고, 저도 무섭고 애도 무서워하고 안 보내려고 하니까.		
위험한 장난을 칠 때도 걱정되고, 신호등 잘 건너는 것도 걱정되고, 길 건너는 것도 걱정돼요. 집에 있으면 그게 걱정돼요. 학교 보내 놓고 나서. 지금도 보고 오면요 걱정이 돼요. 옷도 안 걸치고 그냥 노는 거 보면 감기 걸릴까 봐 그냥 막 걱정이 돼.		
글씨 틀렸거나, 정답이 틀렸거나, 문제집에 그러면 제가 지우개로 지워 가지고 정답을 써 줘요. 잠이 안 와요. 안 써주면.		
어릴 때는요, 제가 못 먹였고, 돌은 대전에 와서 했어요. 그때까지 친정에 있었어요.	증상의 재발로 입원할 경우 친정과 시댁, 남편이 주로 대리 양육함.	'마이너스적'존재가 됨 (가족 내 주도권 상실)
일곱 살 때 제가 병원에 입원하면서 고모네 집에 갔죠. 고모네 집에서 입학준비 다 해서 가방 사고, 옷도 사고 팬티도 사고, 고모가 다 챙겨서 입학 준비를 다 해서 입학준비를, 대전에 와서 입학을 한 거죠.		
아들한테 미안해요. 내가 잘 키웠어야 하는데. 다른 사람들한테 키우게 해서 미안해요. 그게 조금 자신감이 없죠.		
시댁에다 맡겼지 애를. 내가 없고 하니까. 아빠는 또 혼자서 애를 못 키우니까. 시댁에서 많이 봐 주셨어요. 그리고 애를 되게 예뻐해 주셨어요. 시아버님이.		
퇴원하고 오면 좀 데리고 있다가 입원하면 데리고 갔다가, 거의 한 6년 동안의 반절은 시댁에서 있었던 거 같아요.		

보통 사람처럼 살기, 엄마로 살기

사람들 속에서 부딪히면서 살았어야 되는데, 자기 아빠하고 둘이서만 지내고.	사회적 관계 형성에 있어 중심 역할을 해야 할 엄마의 빈자리로 아빠와 아이가 사회적 관계에서 단절되고, 폭이 좁아진 것 같음. 엄마의 질환에 대해 알리고 싶지 않은 마음에 친구관계도 단절되고 따돌림당한 경험 있음.
어떤 게 나빴냐면, 어렸을 때는 잘 컸는데, 내가 얘 키우면서 엄마랑 같이 있는 형성이 안 되고 아빠랑 둘이 사는 생활에만 젖어 있어 가지고, 아빠가 크면서도 계속 이모네 집도 가고, 큰아빠네 집도 가고, 이렇게 돌아다녔어야 얘가 성격 형성이 자연스럽게 그렇게 되는데……	
언니도 너 없으니까, 내가 애 보기도 싫더라. 네가 오니까, 네가 보배다. 네가 있으니까, 퇴원하니까 굽어다 보고, 좋아하지. 너 없으니까 가기가 싫고, 애 부르기가 싫고, 이 아빠 관계가 싫대.	
친구들한테도 내색하기가 싫으니까 친구들 만나기도 좀 싫었을 때도 있었나 봐요. 따돌림받을 때도 있었나 봐요. 그런 걸 다 제쳐 가지고.	
옛날에는 아빠가 어른 옷만 사줘 가지고 애긴데도. 어른 옷만 입으라고 그래 가지고, 키도 크다고 그래 가지고 어른 옷만 입혔나 봐요. 그런 걸 입고 학교 애들하고 어울리면 놀림받았다고 그런 얘기도 하더라고요.	
어렸을 때부터 집에 있는 시간이 적어가지고, 병원 들어갔다 오면 봐주다 보니까 그러니까, 애가 머리가 크고 그러니까, 혼내지를 못하겠더라고요. 그게 좀 어려워요. 어렸을 때부터 치고받고 싸우고 그랬으면 어땠을까. 그러면 지금은 좀 괜찮았을까 싶은데요. 그냥 만판이예요.	다시 아이와 함께 살게 되면서 이전에 돌보지 못했던 죄책감과 안쓰러움에 더욱 허용적이게 되고 아이도 식습관, 생활습관, 성격 등에서 자기 멋대로인 모습 나타남
엄마가 키웠으면 학교 갈 때에도 학용품 같은 것도 잘 챙겨 주고, 책가방도 한 번 더 뒤져 보고 숟가락. 젓가락도 잘 있나, 만날 씻어서 주고 그랬을 텐데, 나 없으면 어떻게 했나 궁금하고, 그렇고, 이제 와서 물어보자니 그렇고. 지금도 가끔 책가방 뒤져 보면 책가방 안이 지저분하거든요. 책가방 안을 청소해 주고 그러거든요. 책가방 안에 학교에서 받은 유인물 같은 거도 아무렇게나 되어 있고, 그런데 그런 거 습관을 잘 들여 줬을 텐데. 지금도 습관이 잘 안 들어 가지고 구겨 넣고 그런 것 같더라고요. 그런 게 좀 안타깝고.	
인스턴트 음식을 아빠가 많이 해 줘서. 엄마 음식 솜씨가 그렇게 나쁜 편도 아닌데, 해 놓으면 먹기는 하는데, 맛이 트집을 잡아요. 사먹는 거를 좋아해요. 그게 좀 항상 마음이 아파요. 엄마가 없었던 빈자리가 너무 크게 차이가 나는 거지, 입맛이 벌써.	
엄마도 간섭하지 않는 상태에서, 아빠도 그랬다고 그러더라고요. 엄마도 없는데, 저것이 안쓰러워서 공부하라는 소리도 제대로 못 했다고 그러더라고요. 그러니까는 제가 없었던 빈자리가 컸던 것 같아요.	
저는 말발이 못 서요. 아팠기 때문에. 그런 행동으로 아팠기 때문에 말발이 못 서요. 주위 사람들한테도 마찬가지.	증상이 있을 때 낭비하고, 가족 내의 역할수행을 제대로 하지 못했던 경험 때문에 경제권이 없고, 아이 교육과 관련한 의견 충돌에 있어서도 자신의 주관대로 내세우지 못함. 이에 스스로 자기 책
돈 관리를 저기가 다 해요. 제가 옛날에 헤프게 썼으니까 말을 못 하죠. 언니도 그래요. 네가 항상 질리게 했으니까 지금은 참아야 된다. 그게 불만이라고 말하면 네가 옛날에 질리게 했기 때문에.	
많이 불편하죠. 자기 자신이 사고 싶은 것도 못 하고, 머리하는 것도 언니가 돈 줘 가지고 했어요. 언니가 아빠한테 타 쓰는 걸 사정을 다 알기 때문에 머리해야 되겠다. 너무 길다. 그래서 언니가 돈 줘 가지고 그러니까 타 쓰면 아무래도 아무리 부부지간이라도 좀 권리가 좀 없으니까, 조금 힘들어요. 그래도 그거 감안해야지요. 제가 옛날에 잘 못했으니까, 그러면서 그냥 살아요.	
내가 맘대로 막 주무르고, 내가 죽이 되든, 밥이 되든 막 막, 나 혼자	

만 직장 다니면서 그랬으면 좋겠는데, 안 내보내 줘요. 나가면 일 저지를까 봐 그런지 남하고 화통하는 걸 안 좋아해요.	임이라는 생각에 순응하지만, 동시에 의존적 관계에서 벗어나서 독립적으로 권한 갖고 싶어 함.		
생활비도 안 받고요. 돈을 못 맡기겠대요. 나한테. 돈을 너무 엉뚱한 데 쓰고 그런다고. 외상도 막 하고. 안 하려고 해도 자꾸 습관이 돼 가지고 외상 하는 습관이 돼가지고.			
다 자동이체 해 놨어요. 날아오는 게 없어요. 내 허락도 없이 지가 자동이체 다 해 놨어. 나 정신병원 있을 때 다 해 놨더라고.			
옛날 일을 잊어버리라고 그러는데, 근데 어떻게 잊어버려요. 어떻게 잊어버리고, 여기를 이만큼 온 그거를 잊어버리고, 아무리 잘해도 이만큼 해 온 가락이 있는데 어떻게 그렇게 되냐고요. 어떻게 갑자기 잘되냐고요, 해 온 가닥을 무시할 수는 없는 거.	과거 일관된 양육환경 제공해 주지 못하여 아이의 습관 잡아 주지 못하고, 뒷받침이 되어 주지 못한 점 후회	정체성 불안과 자격지심	
후회도 되고, 옛날에 왜 그렇게 살았나 후회도 되지만 그때는 또 내 나름대로 남들이 병이라고는 하지만 나는 병이 아니라고 생각했거든요. 어쩔 수 없는 삶이라는 게 그냥 필잔가 싶어요. 그냥.			
내가 옛날에 그렇게 살았기 때문에 잘못했기 때문에 후회하는 거죠. 그전 때만 그렇게 살지 않았더라면 애가 큰 아이가 되어 있을 텐데 하는 거죠. 지금 내가 무슨 말 하면 알아듣고 딱딱 움직였을 텐데.			
잘하고 싶은 마음은 있었지만 중간에 끊고 끊고 그러니까 잘못했던 거죠. 계속 잘하다가 끊어지면 그러니까 제가 성적이 안 오르고 조끔 하다가 번쩍 하다가 또 없어지면 빈자리 저거 하고 그러다가 책가방을 놔 버린 거 같더라고요.			
저는 그냥 헛일만 하다가 가정만 내버렸구나. 가정만. 헛군데만 신경을 쓰다가, 삶이 헛공상만 하다가 살았으니까. 이제는 현실로 돌아와 잘 사는데 옛날에 그랬던 것이 지금 잘 삶으로써 보상을 받는 게 아니라 옛날에 내가 못했던 것이, 그렇게 살았던 것이 사상누각이나 마찬가지잖아요. 어렸을 때부터 애기를 잘 돌봐야 됐었는데, 하다가 그만두고 하다가 그만두고 그랬으니까 그냥 모래 위에 집 짓는 거나 아닌가.			
어렸을 때부터는 제가 아파 가지고, 애를 돌보지를 못했어요. 그래 가지고 병원만 죽치고 있다가 와 보니까 그 길을 잡아 줘야 되는데.			
소질이 없거나 그런 건 아닌데 우리가 받침을 못 해 주기 때문에, 뒷받침을 못 해 주기 때문에 조금만 해 주면 애가 할 앤데, 뒷받침을 못 해 주기 때문에 자기가 좀 힘든 가 봐요.			
미래가 무서워요. 내가 투자한 게 너무 없기 때문에. 결과가 어떻게 될지 불확실하니까.	투자한 게 없기 때문에 미래가 불안하고, 근심이다. 아이의 미래에 대해 걱정이다.		
지금까지 해 온 게 없기 때문에 앞으로도 그냥 기대할 것도 없고, ( ) 이렇게 그냥 계속 연속적으로 살아나갈 수밖에 없다는 결론밖에 안 나와요. 나는 근심이 많이 들어요. 살 때 편안하지 못해요 제가.			
이혼하면 집에서 모든 문제를 해결해 줄 테니까 나하고 헤어지고 그러면 빚 문제도 다 집에서 알아서 청산해 주겠죠.	가족 내에서 자신의 정체성 불확실하고, 부정적 영향에 대한 죄책감으로 혼란스러움		
저도 너무 힘들 때는 내가 아이 아빠하고 아이를 위해서 만약에 이혼을 한다면 이혼을 해 주고 싶은 생각이 그런 가끔씩 들다가도 너무 지금까지 살아왔는데 끝까지 또 가야지 생각도 들고 저도 막 그래요.			
어떻게 할지 모르겠어요. 내가 아픈 걸 알기 때문에 약을 평생 먹어야 된다는 걸 알고 나서는 만약에 아이 아빠가 다른 여자라도 있다면 피해 주고 싶은 심정이에요. 다른 여자도 없기 때문에 다행이지만.			

보통 사람처럼 살기, 엄마로 살기

아이 아빠가 만약에 다른 여자를 얻어서 산다면 아이는 잘 적응을 할 것 같아요. 엄마를 처음에는 울겠지만 내가 이해를 시켜 준다면 아이는 따라서 또 그렇게 할 수도 있을 것 같아요.			
아이에 대해서 아이를 쳐다보기만 해도 막 짐을 느끼는 거예요. 가슴 속에. 짐 하나를 안고 살아가는 보기만 해도 그냥 안 보여야지 짐을 내려놓는 것 같고.	아이의 존재 자체가 짐으로 느껴지고, 양육에 대한 부담, 불안감 큼.		
처음에는 많이 좀 걱정도 되고 한편으로는 어떻게 키워야 되지? 이제 뭐 애기가 생겼는데 어떻게 앞으로 애를 위해서 어떻게 해야 되지 내가 어떻게 해야 될지 이런저런 생각도 많이 들고 그런 불안함 같은 것도 좀 있었던 것 같아요			
혼자서 키우려니까 저도 키워 본 적이 없고 초보니까 무섭고 겁나고.			
한 달 동안 관계를 하고 난 후 큰애가 탁 태어나니까 섬뜩한 거죠. 애를 먹여 살려야 하고, 부담되죠.			
갑자기 아이가 확 나와 버리니까 걱정이 태산 같고, 무섭고 목숨을 건져야 돼.			
어렸을 때는 너무너무 책임감이 커서 미칠 것 같았어요. 책임감 때문에 돌아버리는 것 같았어요.	아이가 어릴 때일수록 양육부담 크고, 경험 없이 아이를 키우는 데 따른 두려움과 막막함을 느낌. 특히 증상조절 안 되던 시기에는 과도한 불안과 강박증적 행동 나타나고, 주변의 지지가 부족할수록 또 다른 갈등과 어려움 경험하게 됨	태산 같은 걱정과 책임감 (양육과 가사의 이중 부담)	역할긴장과 부담 (이고 지고 가기)
어릴 때일수록 표현이 안 되니까 서로. 아이가 탈이 나도 말을 할 수도 없었고. 저는 그런 아이한테 어떻게 해 줘야 되는 건지도 잘 모르고 그러니까. 그런 게 견디다 못해 너무 어려웠어요.			
애기는 괜찮은데. 아기 낳아 본 경험이 없으니까 처음이니까. 배가 툭 튀어나왔잖아요. 그래 가지고 놀래 가지고, 애기 배에 뭐가 이렇게 있기에 빵빵한가 그래서 미친 듯이 택시 잡아 가지고 갔는데, 오빠가 미쳤다고 잡아 가지고 병원에 못 가게 하는데. 근데 제가 고집을 부려서 병원에 가서 사람 데리고 온 적 있었어요. 우리 아기가 아프다고 해서. 내가 난 병원에 가서 데리고 왔어요.			
잘 먹어야 되고 잘 먹고 세끼를 꼬박꼬박 잘 먹으니까 먹는 거를 제가 많이 하는데 힘들거든요. 같이 있으면 하루 세끼 밥 먹고 설거지하는 것도 굉장히 벅차요.			
남편이랑 둘이 옷도 갈아입혀 주고 할 때가 힘들었던 거 같아요. 옷도 못 입을 때, 지가 혼자 못 입을 때. 그때가 최고 힘든 거 같았어요.			
허리도 아프고 아이 하나도 힘들어요. 교육시키기가 너무 힘들고. 비위 맞추기도 너무 힘들고. 어떻게 어떤 방향으로 진로를 해야 될지도 모르겠고. 지금은 막 헷갈려요.			
애기를 나 혼자 키우기가 힘든데. 남편 돈 번다고 나가고 애기를 안 봐줄 때 그럴 때 이혼하고 싶다고 생각해 본 적 있어요.			
두통이 와요. 이 두통은 너무 바빠서, 신경 쓸 일이 너무 많아서	양육과 가사활동의 부담으로 신체적, 심리적으로 피곤함. 양육 자체보다 가사일, 가족관계의 다른 역할에서의 부담이 이중으로 부가됨		
너무너무 지루하고 답답했어요. 아이랑 둘이 집 지키고, 집안 살림 꾸려 나가고, 서로 공부하고, 남편 돈 벌로만 만날 나가고 들어오지도 않고, 너무 힘들었어요. **랑 저랑 너무너무 피곤했어요.			
나이를 많이 먹고, 애기를 키운다는 게 너무 너무 피곤해요.			
역할은 잘하고 있는데, 힘든 집안으로 가서 그런가 나도 엄청 고단해요.			
아직 생각을 안 했는데, 집안일 하는 게 힘들어서 그렇지 다른 일, 애 보는 거 그런 거는 덜 힘든 거 같아요. 난.			

애기만 없었어도 많이 힘들어도 견딜 만했을 텐데, 애기가 있으니까 둘이잖아요. 애기가 둘이잖아요. (웃음) 아빠까지 키워야 되는 거니까. 하여튼 많이 힘들어했어요.			
그럴 때는 저도 힘드니까 막 짜증내고 그래서 어떻게 해 줘야 될지 고만 놀라고 하기도 뭐하고.			
평상시에서도 아이를 학교에 보내는데도 어떨 때는 책가방을, 책을 그 날 일요일날, 월요일 날 쉬는 날이면 화요일 걸 챙겨 줘야 하는데 월 요일 것을 챙겨 줘 가지고 수업을 하나도 못 듣고 오게 하는 적도 있 고 또 저녁에 책가방을 챙겨 놔야 하는데 아침에 챙겨 줘 가지고 알 림장이나 일기장을 한두 권씩 빠뜨리고 간다든지 좀 많이 그랬어요.	학교 준비물 등 을 챙기고, 학 업 보조하는 데 스스로 인지능 력이 떨어진다 는 생각에 자신 감, 양육효능감 저하됨.		
기르면서 힘든 게 영어도 못하니까 답답하고 수학도 못하니까 답답하 고 앞으로는 과학도 해야 하고, 음악도 모르니까.			
보여 주시는데, 암담하더라고요 기역을 썼는데 되게 어렵더라고요. 만 날 이걸 어떻게 가르치나, 암담하더라고요. 기역을 노트에다 한 칸에 다 쓰는데 이거를 어떻게 쓰나 아 되게 어렵더라고요. 공부하는 게 너무 어렵더라고요. 가르치려야 가르칠 수도 없고. 재미를 잃을까 봐 학습에 대한 흥미를 잃고 너무 억지 공부를 할까 봐, 어떻게 할까 봐, 걱정스럽기도 하고.			
숙제는 안 봐 줘요. 모르니까 안 봐 줘요. 몰라요. 제가 수학 공부를 안 해 봐서 모르겠어요. 우리 딸은 잘하더라고요. 어째 하더라고요. 숙제 틀린 거 써 가지고.			
이사하기 전만 해도 잘할 수 있을 것 같았어요. 막상 닥치니까 못하 겠더라고요.			
억지로 끌 수 없는 나이가 됐다니까요. 그래 가지고 공부하라는 말만 하지. 제가 가르치는 능력도 없고, 저는 머리도 좋지도 않고, 그러니까.			
TV 라디오 같은 거 보고 들으니까 자꾸 깨우쳐지니까 나에 대한 그 런 후퇴되는 생각들, 집에서만 이렇게 아무것도 못 하고 있는 거, 직 장도 못 다니고 남들 하는 것도 못 하고 집에서만 있어야 되는 거, 그런 거에 대해서 남들이 하는 것만큼 못 하니까 못 하는 것에 대해 서 굉장히 자신이 없어지고 자신감이 없고 어떻게 이렇게 계속 살아 갈 수 있을까 그런 생각도 많이 들고.	이전에 해오던 역할 수행을 지 속적으로 유지 할 수 있을 것 인지에 대한 두 려움, 불안감 있 음. 또한 아이 의 성장에 따라 요구되는 다양 한 역할수행에 부담 느낌.		
저기 그런 마이너스적인 요소 가정 파괴 역할을 하는 사람이 그런 모 습이 있었다고.			
우리들 다 결혼 시집 장가보내시고 다 해내셨는데, 나는 해낼 수 있 을까 걱정도 되고 그렇죠.			
요즘에는 잠이 잘 안 오면서 이런저런 걱정이 많이 돼요. 내가 정말 그전같이 이렇게 100% 나아질 수 있을까 그런 걱정도 되면서.			
지금은 그냥 학교 준비물만 챙겨 주고 학교에서 시간 보내고 오니까 밥해 주고 그런 걸로만 해결을 하고 끝나지만 애를 나중에 내가 정말 시집갈 때까지 살아서 애를 뒷바라지해 주고 남들 하는 것만큼 따라 갈 수 있을까 이런저런 걱정도 많이 되고.			
애가 중학교 갈 생각까지 하고 그런 거 보고 두렵더라고요. 내가 뒷 바라지해 줄 수 있을까 불안하기도 하고 두렵기도 하고 아이는 크는 데 나는 정지된 상태에서 애를 어떻게 도와줄까 걱정도 되고.			
방문을 걸어 잠그고 아바타를 하든지 아니면 뭐 소꿉놀이를 하든지 아니면 뭐 저기 종이를 찢어 갖고 뭐 한다든지.	집안에서 가족 간	방문 잠그	

보통 사람처럼 살기, 엄마로 살기

혼자서 잠그게 되어 있거든요 문이. 그래 가지고 뭐 하니 열어 봐라 그러면 왜 왜 그래요. 열어 봐라 그래요. 열면 혼자 놀고 있어요. 테이프 있잖아요 그걸 도미노같이 세워 놓고 그거 갖고 놀고.	의 소통 활발하지 않고, 정서적 소통이 특히 부족하며, 아이가 고립되어 있는 경우가 많음.	는 아이, 외면하는 남편 (가족 내 의사소통의 어려움)	
지금은 엄마 말에 지가 긴가민가하고. 엄마가 와서 밥해 주는 게 좋기는 좋은데. 엄마가 있어서 좋기는 좋은데. 자기 멋대로인 것 같은 기분이 들어요.			
학교에서의 일은 잘 얘기를 안 하고, 힘들었던 일이나 재미있었던 일 그런 건 잘 이야기 안 하고요. 일이 있을 때 보고하는 형식으로 얘기하는 편인데			
지금은 머리가 커 가지고, 매질도 못 하지, 내가 무슨 이야기를 하면 빈정거리고, 아니 빈정거리는 게 아니라 돌리려고, 엄마를 웃기려고나 하지. 화내는 엄마를 돌려 놓으려고만 하지 뼛속 깊이 듣는 그런 구석이 없어요. 그러니까 엄마는 답답해요.			
(아이 키우는 것) 그런 부분은 그냥 얘기를 안 하는 것 같아요.	아이양육이나 집안일과 관련하여 대화가 별로 없거나 지나치게 간섭하여 참여자들의 자율성을 침해하는 형태의 의사소통		
서로 여유가 되면 얘기하고, 그런데 서로 마주칠 새도 없어요.			
대학도 안 나온 아빠기 때문에 기대할 것도 없어요. 대학 안 나와도 요새는 기술로 먹고사는 사람 많고 그런 이야기만 하니까 얘기하기 싫어요. 기대하기가 싫어요. 내처지 봐서는 이것도 그냥 감지덕지해야 되나. 그냥 대화를 많이 안 하고 그러니까.			
알아보지도 않고 그냥 될 테면 되라 하고 누워 있고. 계속 여기서 산다는데 어떡해요.			
미리 그런 일이 생기기 전에 아빠가 다 무마를 해요. 어떻게 하라고 다 지도를 해요.			
전화해 주고 갔다 오라고. 왔으면 갔다 왔냐고 그러고, 밥 먹었냐고 전화하고, 하루에 한 수십 통도 하고 그래요.			
그놈의 이혼 소리만 안 나왔으면 좋겠는데 만날 이혼, 이혼, 이혼, 아유 이젠 질렸다니까. 그놈의 이혼 소리는 왜 그렇게 자주 하나 몰라.	남편이 이혼을 요구하며, 친정집에 가서 살라고 함.		
막 이혼 얘기가 나오기에 제발 그런 소리 좀 하지 말라고, 듣기 싫어 죽겠다고, 뭣 때문에 이혼하려고 하냐고 그랬더니, ( ) 싫어졌나 봐 이제. 질렸지 십사 년 살았으면 질렸지.			
엄마한테는 병원에서 나오면 집이 영 불안하고 살기 싫으면 엄마 집 가서 살라고 얘기를 하더라고요. 친정엄마가 친정집에 와서 살라고 하더라고요.			
남편이 경제적으로나 능력으로 키워 줬으면 좋겠다 이런 생각. 남편한테 의지하고 살고 싶었어요.	현재 남편의 모습은 무기력하고 무책임해 보이지만, 남편에게 경제적으로 심리적으로 의지하고 싶음.		
요리도 잘하고, 애한테도요. 애한테는 인제 텔레비전도 안 보는 남편이었으면 좋겠어요.			
책을 본다거나 애한테 모범이 되는 거 그걸 해 줬으면 좋겠어요. 그래서 애가 성적이 안 올라요. 그러니까. 성적이 떨어지고 그대로죠.			
이제 성인이 됐으니까. 얘기 엄마가 됐으니까. 엄마 말을 백퍼센트 들을 수가 없어요.	결혼 전 친정 식구들로부터 환자취급 받으며 버림받았다고 느끼거나, 과민	덤으로 살기 (확대가족과의 갈등)	
나는 정이 없어 가지고 엄마하고는. 저는 솔직히 그렇게 할머니하고 크니까 할머니가 엄마 같더라고요. 별로 부족함이 없어서			

엄마에 대한 정을 할머니가 다 채워 주시니까 엄마하고는 거리가 있더라고요. 방학 때도 안 가고.	한 반응 경험하여 친밀한 유대보다 불신과 원망 남음.		
부모의 사랑도 듣고, 애기 낳아서 애기한테 모든 사랑을 다 주고 싶었는데, 오빠는 그런 마음도 몰라 주고, 엄마도 몰라 주고, 동생도 모르고, 셋이 모여 살 때요. 제가 꽃동네로 간 게 인생에서 제일 슬펐던 거예요. 쫓겨난 거죠.			
아버지 돌아가시기 전에는 허리 때문에 식구들한테 많이 도움을 받고 싶은데 다 아버지 신경 쓰느라고 저한테 신경을 안 썼어요.			
살다 보니까 제가 뭐라도 가서 해 주면 해 줬지 집에서 도움을 받을 입장은 아니거든요.			
나는 덤으로 따라다니는 거예요. 오며는 동생차 타고 갔다가, 아버지 제사 같은 것도 갔다가, 누나 태우고 또 오고. 집이 오며가며 있으니까 무슨 일이 있으면 동생이 앞장서서 다 해요. 나는 인제 아프니까 옛날부터 그랬다니까. 집에 무슨 일이 있어도 나만 모르고, 결혼하고 나서는 더 그래.			
언니 죽었을 때 연락도 안 했다니까, 할머니 돌아가셨을 때도. 나 쇼크 받으면 정신병원 들어간다고. 아주 정신병 하면 환장을 한다 우리 집에서는.			
시댁 동서들이나 뭐 저래 가지고 애를 낳고 키우겠냐, 기르겠냐 했죠.			
(아이를 낳기 전까지)시댁 식구들이 무서워서 꼼짝도 못 했어요. 덜덜덜 떨었어요.	시댁 식구와 양육방식에서 차이 나고, 신뢰관계 쌓지 못함.		
시댁 쪽에서 반대했어요. 시아버지께서 오히려 애를 보내지 말고 내가 데리고 애를 키우면서 삶의 즐거움을 애가 커 나가는 거 보면서 내가 즐거울 수 있다고, 그래야지 내가 우울이 걷힐 수 있다고 그러니까 내가 키웠으면 좋겠다고.			
시어머님하고 달라요. 시어머님은 달라요. 시어머님은 애를 겉으로는, 속으로는 예뻐하는데 겉으로는 엄하게 해 줘야 한대요. 그건 절대 아니에요. 완전 틀려요.			
어머님은 제가 약 먹는 줄 모르시고 ** 아빠가 얘기를 안 해요. 걱정한다고. 그래서 아버님 어머님 모르세요. 전혀. 어떨 때는 너무 힘들어서 얘기를 해 볼까 하다가도	시댁에서 정신질환에 대해 모르거나, 정확한 이해 없이 정상적 기능을 요구하는 데 적절히 대처하지 못하고, 시댁 문화에 잘 적응하지 못하면서 심리적 갈등을 해소하지 못함.		
그래서 얘기를 못 하고 저를 정상인으로 보기 때문에 시골에 가서 처음에는 혼도 많이 났어요. 처음에 결혼하고 가서 시골에 갔는데 일을 못하니까 대놓고 혼내시더라고요. 대놓고 막 저쪽에 안 보이는 데 가서 서 있어. 얼굴도 보기 싫어하시고 저를 막 그렇게 대놓고 입으로 면박을 주시는데 어쩔 줄을 몰랐어요. 제가 너무 힘들어가지고.			
(시댁에) 가면 쓰러지니까, 또 무슨 얘기 듣고 와서 화병 나니까 가지 말라고.			
명절 같은 때 다가오면 그런다든지, 시댁에 가면 꼭 병 나 가지고 와요. 가지를 말아야 돼요. 근데 친정에 가면 괜찮아요.			
제가 적응을 못 해 가지고 제가요. 남편한테 유감 있는 거 욕하고 제사 지낼 때 향 피워 놓고 절하고 반절하고 나오는 거 그거 잘 못해가지고 까라 앉았어요			
누워 갖고 뭐 저기 생리는 나오는데, 피는 저기 바지에 묻었는데 뭉개고 있었죠 뭐. 시댁에서.			

보통 사람처럼 살기, 엄마로 살기

올해는 얘기를 안했어요. 혹시나 아이에게 선입견을 갖거나 무슨 제가 부족할 때, 좀 그렇게 보일까 싶어서 얘길 안 했는데	아이에 대한 선입견을 갖게 할까 걱정되어 주변에 알리지 않음.		
당연히 쓰이죠. 근데 이 주위에서 아무도 몰라요. 내가 정신과 다니는지. 누가 뭐 정신병원에 다닌다고 그런 사람들은 없겠죠. 옛날에는 그런 게 부담이 됐는데 지금은 그렇지 않아요.			
되든 안 되든 무조건 치료만 했으면 좋겠어요. 열심히 치료하다 보면 평생 걸릴 수도 있고, 평생 안 걸릴 수도 있거든요. 평생을 진단받은 사람도 평생이 안 걸릴 수 있거든요. 치료에만 전념하면.	치료진이 희망을 주고 연구에 전념해서 치료효과를 높여주기 바라나 불치병으로 선입견 갖는 것에 분노함		
그게 너무나 서글프고, 우울해요. 치료도 열심히 안 해 주면서, 연구도 안 하면서 너무 억울하죠. 우리도 억울하죠. 우리가 걸리고 싶어서 걸렸겠어요. 누구는 뭐 이 병이 좋아서 걸리겠어요.			
죽이고 싶어요. 그런 사람들은 의사들도 다리몽둥이를 똑 잘라 버리고 싶어요. 왜냐면 여기 나오는 사람들은 거의 평생 약을 먹어야 한다. 그런 말 했거든요. 저는 절대 그렇게 안 할 거예요.			
쓸데없이 남을 그냥 갖다 주고, 쓸데없이 베풀어요. 집에 있는 거, 없는 거, 집에 살림을 안 하고. 괜히 쓸데없이 퍼주고. 쓸데없이 주위 사람들 죽이나 해서 나눠 주고 할머니들 갖다 주고. 그 사람들이야 좋게 받아들이죠. 이런 겨울에 무슨 자기한테 맛있는 거 갖다 주고 그러니까.	이사를 자주 다녀서 이웃 간에 친하게 지내는 사람이 없어 사람들을 사귀려고 음식을 나눠 주고 베푸는 행동이 지나치면 집안을 돌보지 않는 정도로까지 진전되어 재발증상으로 나타남	사회적 소통의 어려움	낙인과 소통의 어려움 (차가운 벽 앞에 서기)
제가 병원 갔다 오면 어디가 그렇게 아팠냐고, 얼굴이 안됐다고 그랬어요.			
이사를 자주 다녔기 때문에 나는 내 딴에는 사귀려고 그냥 할머니들이 안됐어 보이고 그냥 사귀려고 그랬는데, 아이 친구 엄마, 친구 할머니들이 애가 가면 할머니들이 잘해 줬대요. 그런 말 들으면 나는 마음이 쓰이잖아요. 내 아들한테 잘해 줬으니까, 나도 갖다 줘야 된다고 당연하잖아요.			
주위 사람들이 병원 다시 안 가게 약 잘 먹으라고 나만 보면 만날 읊어요 읊어. 언니네 집에 가니까 만날 읊는다니까. 이렇게 생활 잘하니까 얼마나 좋냐고. 사람 꼴이냐고. 병원에 있을 때 사람 꼴이냐고.			
사람을 상대 안 하고 그냥 놔둬요. 놔두면 저 스스로 다 하거든요. 사람이 또 와서 말 이상하게 하거나 그러면 저도 같이 이상해져요. 그냥 가만히 놔두면 좋겠어요.	대인관계에 어려움 있으며, 다른 사람들의 영향에 민감한 편		
사람을 사귀면 오래가지 않아요. 무슨 이유를 대 가지고 헤어지게 돼요.			
죽고 싶다는 생각이 있지만, 좀 저기 할 때 열등감, 친구들 엄마한테 열등감, 모른다는 자책감 그런 거 때문에 많이 힘들어요.	아이를 키우면서 접하게 되는 다른 엄마들과의 관계에서 소외감, 열등감 느끼고, 사귀고 싶은 마음이 있으나 모른다는 자책감 등으로 답답하고 힘들어함.		
근데 너무 부족해요. 선생님처럼 많이 배우지도 못하고, 해 갖고요. 많이 배우고, 옷도 잘 차려입고 오는 엄마들 보잖아요. 그러면 그런 엄마들끼리 이야기하고, 가는 엄마들 있거든요. 그때는 진짜 눈물이 핑 돌아요.			
일학년 때도 그랬거든요. 아는 엄마들끼리는 애들 옷 맞춰 갖고 발표회 때 애들 똑같이 연습시켜 가지고 했거든요. 그런데도 해 보면 좋잖아요. 근데 엄마들이 얘기를 안 시키더라고.			
(유치원 다닐 때) 그렇지는 않고. 그냥 끝나고 오기만 기다리고 그랬어요.	교육체계와 소통하기보다 수동적인 태도 보이면서 증상조		
일곱 살 때 장소는 똑같은데. 선생님들이 몽땅 바뀌었어요. 그때도 제가 좀 아파 갖고 방해를 좀 했죠. 선생님한테 실례도 하고, 생리를 하			

고 있었는데 냄새 풍기면서 이도 안 닦고, 아침에 나가서 **가 안 간다고 그래서, 제가 엉겁결에 그렇게 해 갖고 신경이 날카로워져 가지고 선생님들한테 얘기를 해야 되는데 갑자기 차에 올라타 갖고 이상한 행동을 했어요.	절이 잘 안 되던 시기에 이에 대한 이해 없는 교사들과의 관계에서 상호 이해가 부족했던 경험 있음		
일학년 때는 제가 실수 안 했어요. 일학년 선생님한테는 실수 안 했어요. 제가 이학년 때 선생님한테도 실수 안 했어요.			
백화점 상품권을요 제가 준 거예요. 그래 가지고 아까워서 땅을 치고 저기 했다니까요. 유치원 선생님은 그렇게 줬다니까요. 근데 다 떠나가 버리더라고요. 제가 그렇게 하니까 너무 부담스러웠는지.			
초등학교 와서는 안 그래요. 떠나요 떠나. 제가 너무 부담스러워서 떠나는 거 같아요. 그래서 앞으로는 안 할 거예요.			
필요할 때 선생님에게 그런 말씀 그때그때 따라서 바쁠 때나 만날 때나 얘기 듣고 그때그때 따라서 제가 판단을 해 나가는 거죠.	아이 양육과 관련해 필요한 정보나 고민을 주변 전문가와 의논하고, 지지받으며, 동시에 자신이 적극적으로 판단하여 대처하는 면도 있음		
어린이집 선생님한테 건의를 해요. 아이가 이렇게 이렇게 한다. 얘기를 해요. 건의하면 선생님이 꽤 참작을 하세요.			
소아 정신과 담당하는 의사 선생님하고 상담을 했는데 다른 사람들이 자꾸 유치원에 보내라는 거예요. 다 알아서 엄마보다 더 잘 교육받아서 다 알아서 더 잘 키워주는 데 왜 안 보내느냐는 거예요. 의사 선생님한테 얘기해 봤더니. 30개월에서 만 30개월에서 35개월, 35개월 정도는 엄마가 길러야 하지만 그 30개월까지만 길러 줘도 괜찮다. 얘기를 하시는 거예요.			
그러고 요즘에는 보건소 다니면서. 복지관 다니면서 활기를 찾아 갖고 남편 잔심부름 같은 거도 해 주고. 남편이 좋아하는 거 뭐 떨어지면 냉장고에 사 놓고.	낮병원과 정신병원, 정신보건센터 등 다양한 서비스 기관 적극적으로 활용하고 있으며 센터 활동에서 다른 회원과의 만남을 통해 필요한 정보와 정서적 지지 받고 있음. 또한 아이의 양육에 있어서도 긴밀하게 도움을 받고 있으며, 센터 활동에 참여하면서 또 다른 성취감을 받게 된다고 함	공식적 지지체계의 지원	지지체계의 지원 및 요구 (도움닫기)
제가 가르쳐 주기도 하고요. 물어보잖아요. 어쩌다가. 제가 가르쳐 주다가 모르면요 여기 선생님한테 찾아와요.			
고맙죠. 세상일이 고맙고, 선생님 같은 분도 만나게 해 줘서 고맙고. 여기 보건소 회원들도 만나게 해 줘서 고맙고. 감사한 마음이 들죠.			
회원 분들하고요. 맨 처음에는 그 생활비 생계비가 나오는 줄 몰랐거든요. 근데 여기 와서 알게 됐고요. 그것도 도움이 되고. 선생님이 복지관 그런 데 소개도 하고 거기 다니면서 이런 사람도 만나고 저런 사람도 만나면서 젊은 사람도 만나고 늙은 사람도 만나면서 좋아지는 거 같아요.			
만날 허리도 아프고 있는데 집에서만 웅크리고 어떤 자세에서 무슨 생각 할지도 모르잖아요. 집에서 근데 나오니까 이런 사람은 이렇게 아프구나, 이런 걸 겪는구나 그런 걸 얘기하거든요. 자기 증상들을요. 아 이런 거는 나랑 똑같다. 다르구나 이런 걸 느끼게 되고 선생님이 나오면 영화 같은 거 영화관에 데리고 다니거든요. 그러면 영화관 갖다 오고, 그리고 여기 다니면서 체육대회 그런 거 하며는 여자는 나밖에 뛸 사람이 없으니까 시켜 주시면 최선을 다해서 하며는 잘 나오고 성취감도 느끼고.			
제가 먹는 거는 저도 만들어 먹으면 좋겠지만 실력이 없어요. 그래 가지고 여기 후원받아서, 반찬 후원받아서 먹고 있어요.			
적극 찬성을 해요. 낮병원에서 내가 활동하고 한 달 반 정도 다니는 걸 봤나 봐요. 잘 다니고 하니까, 보건소 가는 날이지 하면서 챙겨 주고, 갔다 오라고 적극적이에요. 보건소 갔다 오라고.			

보통 사람처럼 살기, 엄마로 살기

교육, 교육을 잘 시켜야 된다.	교육의 중요성 인식하고, 미래를 위해 남들 하는 만큼만 따라가 주면 좋겠다고 하지만 답답하고, 어떻게 대처해야 할지 방법을 몰라 걱정하고 있음.		
공부하는 거 힘들어해서 그럴 때는 불쌍하기도 하고 답답하죠. 저도 답답하고 어떻게 해 줘야 될지 모르겠고.			
앞으로 중고등학교까지 쟤가 좀 따라가 주었으면, 성적이라도 좀 따라가 주고 남들 하는 만큼 따라가 주었으면			
학교도 성적이 떨어지면 안 되는데 지금은 중간은 하거든요. 처음에는 저는 용납이 안 됐어요. 저는 어렸을 때 상위권에 있었기 때문에 중간 한다는 게 용납이 안 됐었는데.			
공부를 해야 나중에 자기 진로도 걱정되고, 자기 딴에는 진로도 걱정되고 여러 가지 걱정도 될 텐데, 집에서 공부를 안 해요. 엄마가 그게 불안해요. 공부 좀 했으면 좋겠는데, 얘가 나중에 뭐가 되려고 그러나 싶고, 왜 안 하나 싶어서.			
내가 그렇게 아팠을 때 누가 다른 사람 같으면 금방 헤어지는데 지금까지 참고 견뎠다는 거. 저도 그거는 굉장히 고맙게 생각해요 그 당시에 당장 헤어질 수도 있었는데 지금까지 참아 주었다는 거.	남편이 재발, 입원 등 어려운 시기를 참고 견디며 아이를 보호하고, 끝까지 가정을 지켜 준 것에 대해 고맙게 여김		
애기 아빠가 집에 있었기 때문에 애기 아빠가 많이 애를 많이 다독거려 줬죠 그때는.			
전에 많이 싸웠었어요. 툭하면 성질 부리고, 툭하면 화내고 그랬었는데 요즘 이사를 왔는데 그때부터는 내가 성질 부려도 가만 있고, 화내도 가만 있고 그러네요.			
하느님의 은총이었던 거 같아요. 결혼식을 성당에서 했거든요. 혼배성사를 했는데 지금까지 헤어지지도 않고, 병중에도 다 봐주고 그러니까 남편이 능력은 없지만 그래도 그냥 한 번 결혼 한 사람이 부인이려니 하고 그냥 어떻게라도 살아 보려고 그런 건 좀 기특한 거 같아요.			
내가 이 사람의 보호자로서 끝까지 지켜야겠다고 생각하고, 애도 잘 키워야 되겠다. 이 테두리 안에서 가족공동체로 테두리를 잡고 어디 삐뚜로 가지 않겠다는 생각을 갖고 그런 게, 아무리 어려워도 그거는 지켜야겠다고 생각했나 봐요.		비공식적 지지체계의 지원	
주변에서 올케언니가 애기 옷하고 그런 거 많이 헌 옷 같은 거 가져오고 밑에 집에서 헌 옷 같은 거 갖다 주고.			
아직은 시어머님께서 쌀이나 그런 걸 지원을 해 주시고	친정과 시댁에서 양육과 집안 살림을 돕는 경제적, 정서적 지원을 해 줌.		
이사 가면서 엄마도 집이 너무 크고 집은 좋은데 너무 청소하기도 힘들고 그러니까 오셔서 청소 많이 해 주셨거든요.			
집 얻을 때 친정어머니가 줬지요. 이천이나 해 줬죠.			
엄마하고 의논했죠. 또 아이 아빠가 있으니까.			
엄마한텐 그냥 왜 그러냐, 목소리가 안 좋다. 어휴 이것이 또 얼마나 속을 썩나 걱정도 하고.			
시누이 있잖아요. 내가 없을 땐 일찍 와서 밥해 먹이고 그러더라고요.			
언니가 워낙 엄마처럼 키워 줬기 때문에 언니를 굉장히 잘 따르고, 얘를 엄마처럼 키웠기 때문에 애한테 나쁜 영향은 안 간 거 같아요.			
많이 봐줬어요. 키워 준 건 아니고, 많이 우리 딸을 많이 봐줬어요. 하나 있을 때. 하나. 내가 친정에를 자주 갔거든요. 유천동이니까 유천아파트 살 때. 가까우니까. 자고 오지는 않고 그냥 놀다가 왔어요.			

신경 약이요. 떨어지면 엄마가 빨리 가서 약 타 오라고. 내가 돈 없어 엄마. 없어 하며는 우리 엄마가 꿔서, 꿔서 엄마가 집으로 빨리 오라고 그래 가지고 꿔서 약 타 가지고 온 적 있어요.			
원래 어렸을 때부터 엄마만 질질 따라다녔었거든요. 엄마를 의지를 많이 해요.			
만날 애 하나 있을 때는 만날 데리고 와라 병원 가게. 감기 안 나았으니까 감기 빨리 낳게. 돈도 없는데도 빨리 오라고 그래서 엄마 돈 꿔다가 병원 갔다 오면 약 먹여 주고, 재워 주고, 밥 먹여 주고, 죄다 엄마가 많이 도와주셨는데.			
서울 언니가 나 서울 살 때는 만날 신경 써 줬거든요. 만날 드나들고, 뭐 갖다 주고 그랬는데. 서울이니까 서울 언니가 많이 신경 썼거든요. 근데 지금 대전 사니까 대전 언니가 신경을 많이 써요. 한 번 가면 귤도 이만큼씩 싸 주고, 한 번 고기를 사면 고기를 이만큼씩 사 주고. 언니가 살림 보탬을 많이 하죠.			
안 아프게 신경 안 쓰게 배려해 줘요. 특별히 불편한 것 없고, 신경 안 쓰게. 신경 많이 써 가지고 그런다고, 마음이 여리고 아프다고 그래요. 시댁 식구도 괜찮고, 마음이 여리고 신경을 많이 써서 그런 줄 알고 사람들이 다 잘해 줘요.			
서울에서 둘이 못 살게 생겼으니까. 시고모가 대전으로 오라고 그랬나 봐요. 형들, 누나들이 전세 조그만 방이라도 얻어서 살라고, 병원에 있을 때 그랬나 봐요. 그래 가지고 대전에 이사 오게 됐어요.			
어디를 집에만 있었어요. 집에만 있으니까 아줌마들이 화를 내는 거 모냥 아유 딱하지 이런 얘기도 들어 보고. 집에서 뭐해, 어디 놀러도 다니고 그러지 어떻게 집에만 있냐고 답답하지 않냐고. 그렇게 얘기를 해 주면 아유 안 답답해요.	이웃과 관계 형성하기 어렵지만 이웃에서 위로해 주고, 정서적으로 지지해 줌		
친하게 지내고 싶은 마음은 심정은 생기는데 그게 잘 안 되는 거 같고, 나는 또 나이 차이가 그 아줌마하고 많이 나니까 얘기하기도 좀 곤란하고.			
지금은 이웃집 사람들이 아이고 병원 가지 마라, 가지 마라. 병원 가면 또 그런다고 떨어지지 말고 애들하고 잘 살아라. 이웃집 아줌마들이 노상 그렇게 얘기를 해 주세요.			
애들이 그렇게 다 크고 그랬는데 왜 죽냐고. 어떤 할머니는 남편도 돈 잘 벌겠다. 뭘 죽는다 그러냐고 그렇게 얘기를 해 주더라고요.			
(엄마가 챙겨 주지 못하는 것) 그런 거는 밖에 나가면 해결이 돼요. 밖에 나가서 친구들이 하는 것 보고 따라하고 남들이 그렇게 하는 것 보고 저도 그렇게.			
제가 크게 건강을 많이 앓아 가지고 깊이 좌절과 깊음에 빠져들어 가지고 그랬기 때문에 가능하면 정신적으로 불운이나 뭐 그런 것 겪지 않고 살아가기를 바라.	정신적으로 건강하지 않고, 살아오면서 고생한 경험 때문에 아이는 자신을 닮지 않기를 바람.	나와 다르게 정상으로 키우기	대처와 적응 (고군분투)
나 닮으면 안 되지, 나처럼 이러면. 내가 그 고생을 했는데.			
안 된다니까요. 나처럼 되면 안 돼요. 달라지게 하려 해도 내가 그런 게 없어요. 그렇게 하지를 못하겠어.			
저도 걱정이었어요. 옛날에는 제가 말이 없으니까, 얘도 말이 너무 없고 자기표현도 못하고 그럴까 봐.			
하여튼 나같이 키우면 안 된다. 그런 고집으로 말도 안 하고 눈치만			

보통 사람처럼 살기, 엄마로 살기

엄마 닮더라고요 머리는. 그래 가지고 우리 아이는 엄마 닮으면 안 되는데		
제 단점이 많아요. 그래서 저 단점을 많이 안 닮고 아빠의 장점을 많이 닮아서 다행이다 그런 생각을 많이 해요.		
또 가만히 있으면 쟤가 또 혹시 나와 같이 이런 식으로 되지 않을까 싶어서 그래서 또 떼어 놓은 거예요.	질환으로 인한 부정적 영향이 아이에게 미치지 않기를 바람.	
나를 바라보면서 나한테서 무얼 배울 것인가, 얻을 게 무엇인가. 그래서 그냥 보냈어요.		
얘는 공부가 어려운가 봐요. 그럴 때마다 내가 환자라서 애한테까지 영향이 간 게 아닌가 그런 걱정을 많이		
그때 이후로는 이 영향을 고스란히 물려받은 게 아닌가 그런 걱정을 많이 해요. 큰일 났다 어떡하면 좋은가. 제대로 능력 발휘를 그전처럼 발휘를 못 해 주는 내 머리가 답답하고 그렇기 때문에 그거 물려받으면 어떡하나 걱정을 많이 했거든요.		
쟤가 그렇게 주절주절 얘기를 막, 그렇게 종알종알 많이 했는데. 책도 한 권을 다 외웠대요. 동화책을 읽어 주면 책도 한 권을 다 외웠대요. 그렇게 머리가 좋았는데 공부를 안 시켜 가지고 머리가 지금 퇴화돼 가지고, 자꾸 공부하기를 싫어하는 거 보면 내가 미안하다니까요. 나 땜에 그런 가 싶어서.		
제가 아프니까 저를 보고 배울 게 불건강한 면을 배울까 봐. 건강한 힘 있고 젊은 선생님을 보고 배우는 게 있어야 될 거 같아서.		
차라리 엄마를 보지 않고 있을 동안 친구들도 만날 수 있고, 선생님도 볼 수 있고, 오히려 그게 더 엄마만 만나는 것보다는 무기력하고 말도 잘 안 하고 심심하게 엄마만 보는 것보다는 나은 점도 있을 것 같다.		
친구들하고 관계와 어른들의 보호와 그런 게 더 중심적이었고. 제가 이런 장애가 있으니까 오히려 놀이치료 같이 그런 걸 중심적으로 해 줬으면 해서.	부정적 영향을 예방하고, 차단할 수 있는 사회적 양육, 교육이 필요하다는 인식하에, 일반적인 인지교육보다는 관계 중심, 정신건강을 중시하는 교육관 가짐.	
오히려 제가 아팠기 때문에 예방적 차원에서 애를 키우고. 일찍도 예방을 하고, 제가 불건강한 것이 무엇인지 알기 때문에 아이는 그런 쪽으로 가지 않게 어려서부터 그런 쪽으로 조기교육을 시키고.		
애들하고 사이좋게 지내고 싸우지 말고, 피해를 주지 말자.		
무엇보다도 가장 중요한 것은 신체적인 건강과 정신적인 건강인데. 신체적인 것은 하면 되지만. 정신적인 것은 나 혼자의 힘만으로 되는 게 아니라는 생각이 들어요. 가족도 물론 중요하고, 부모도 물론 중요하지만, 사회적인 것도 중요하고, 일도 중요하고 그래서 어쨌든 정신적인 건강이 좋다면 무슨 일이든 할 수 있을 것 같고 사는 데 지장이 없을 것 같은데.		
그냥 밝고 명랑하게. 돈이 없으니까(웃음) 그냥 건강하게만 탈 없이 자랐으면 좋겠어요.		
공부를 많이 했다고 행복하지는 않거든요. 많이 한다고 그것으로 행복한 게 아니라고, 지가 만족하는 생활을 하는 게 가장 행복한 것이라고, 그런 모습을 보는 제가 그게 가장 행복한 거라고 생각해.		
생각은 별로 없어요. 지 크는 대로 커 주면 돼요. 크고 싶은 대로 크게 내버려 두면 돼요.	과거 경험을 통해 강압적 양육 환경에 대한 저	알 아 서 크길 바람 (자율적,
그냥 훌륭하게 커서 뭐 되라 뭐 되라 강요는 안 하고요. 그냥 알아서		

가라, 알아서 가라고 얘기하려고요.	항과 입원과 치료로 인해 아이에게 실제적인 도움을 주기 어렵다는 자신감의 저하에 때문에 양육에 있어 뚜렷한 목표를 갖기보다 아이가 원하는 대로 해 주고, 기대를 갖지 않고자 함.	지 지 적 양육환경 제공)	
공부 잘해서 잘되는 게 아니니까 가만있어 보래요. 다 길이 있으니까 잘하는 놈은 잘하는 데로. 못하는 놈은 못하는 데로 풀리니까, 그냥 놔두래요 아빠가. 기대하는 게 없다니까요. 똑같아요. 그 말 듣고 보니까.			
지금 이대로만 잘 커 줬으면 좋겠어요.			
학교만 잘 갔으면 좋겠어요. 무난히 졸업을 했으면.			
아빠는 애한테 해 준 게 없다는 거죠. 공들여 해 준 게 없다는 거죠. 그러니까 바라는 것도 없다는 거죠. 아무것도 한 게 없기에 건강한 몸으로 저렇게 잘 노는 것만으로도 감사하지 않냐, 비실비실하지 않는 거만으로도 감사하지 않냐 그러더라고요.			
제일 원하는 것. 제일 좋은 사람으로 자기가 자기에게 만족하는 사람이 되는 거죠.	부족함 없이 다 채워 주고 싶으나, 경제적 부담으로 인해 충분한 교육기회 제공하지 못하는 것을 아쉬워함.		
부족한 거 채워 주고 싶어요. 필요한 거 채워 주고 싶어요.			
저는 딸이 원하면 해 주고 싶어요.			
지가 하고 싶어 하는 건 다 가르쳐요.			
경제적인 거 남편은 쪼들려 했는데 저는 무조건 대주는 걸로 했어요.			
얼른얼른 잘 키워 가지고 훌륭하게 키워야지요. 내가 훌륭하게 안 키우는 게 아니고 돈이 없으니까.	스스로 할 수 있는 아이, 독립적인 아이로 키우고자 하며, 이는 부모가 아이를 책임 있게 이끌고, 지원하는 데 부담이 크고, 장래에 대한 불안감으로 인해, 아이가 빨리 자립할 수 있기를 바라게 됨.		
스스로 하게끔 해 줘야 되는데 그걸 아직 몰라서 애가 스스로 안 하니까 그게 굉장히 힘들고 내가 어떻게 해 줘야지 애가 공부를 잘하게 하고 학교생활도 열심히 하게 할 수 있을까 걱정도 되고 그래요.			
남편이 혼자서 힘으로 다닌 거예요. 옆에서 누가 해 준 사람 없이. 저도 그렇게 컸지만 아이도 혼자서 이렇게 할 수 있는 그런 능력을 가진 사람이 되면			
아이가 준비물도 못 챙기고 뭐 지금까지 스스로 할 수 있는 게 하나도 없어요. 그러다 보니까 저가 챙겨 줘야 되니까 저도 힘들어요 사실은. 힘들지만, 아이가 언젠가는 그거를 깨닫는 날이 오겠지 그런 생각을 가지고.			
궁극적으로 다른 것들도 다 될 수 있는 한 빨리 자립하고, 빨리 독립해서 살 수 있도록 수준 높은 걸 가리켜요.			
저희 둘이 늙었으니까 아이가 빨리 어른스러워져서, 자기 독립심을 키우고, 빨리빨리 독립하고, 빨리빨리 자립하고 해야 되니까, 제가 어른스럽게 만들어요. 지가 알아서 크게.			
(엄마의 노력이 아이에게 영향을) 주죠. 당연히 주죠. 안 줄 수 없죠.	아이가 자신을 표현할 수 있도록 잘 들어 주고, 수용적이고 지지적 태도 보임. 동시에 아이가 독립적이지 못하고, 의존적인 모습 보이는 것에 대해		
표현도 할 수 있도록 그러니까, 경험이 있으니까. 제가 잘 들어주고, 맞장구 쳐 주고. 그랬더니 수다쟁이예요. 말이 얼마나 많은지.			
저는 어땠든 저는 믿고 있어요. 어쨌든 귀하고, 소중하게 사랑만 해 줘서 길러도 그 힘이 더 크지 않을까 싶어요.			
가장 편할 수 있는 것. 가장 편한 것. 제가 마음을 알아 주고 읽어 주는 거기에 대해서 어떻게 대처하면 좋을까. 그래도 그냥 읽어 주고 알아 주면 지가 다 알아서 할 수 있을 거라는, 크니까. 그런 마음도 들고			
저는 엄하게 나무라 본 적이 없어요.			

보통 사람처럼 살기, 엄마로 살기

애는 어려우면 어려움을 못 견딜 것 같아요. 나중에 제가 탁탁 어려움을 비켜 가면서 해결을 해 줬기 때문에.	자신의 책임인 양 인식하고 걱정하기도 함	
얘는 형제도 없지 혼자지 그러고 막 힘들 때마다 엄마가 환경변화부터 다 해 주지 알아서 편하게. 지금까지 어렵게 커 본 적이 없어요.		
엄마 엄마 하면서 엄마한테 모든 걸 다 의존하려는거 같은데 저는 그렇게 해 주지 못한 게 좀 답답하죠.		
답답할 때도 있어요. 아이가 못 따라올 때는 가끔씩 제 입에서 욕도 나와요. 그러다가도 이러면 안 되지, 참아야지, 그렇게 되고.		
결혼식 갈 때 기차표도 제가 사야 되잖아요.	가족체계 내에서 자신의 역할규범을 아이들 양육 및 교육, 가사활동으로 규정하고, 남편과 아이들을 보조하는 역할로 인식함.	
눈 감고 생각해요. 다음 날 뭐 할 건지. 아빠가 나한테 요청한 거 줄 거 있으면 주고. 그런 거 생각하고 아이 준비물 같은 거 생각하고 그 다음에 오만 잡동사니.		
나는 그냥 밥만 해 주고, 애들이나 잘 봐 주고 그것만 하면 돼요. 빨래하고 청소하고, 밥하고 여자들 하는 일 있잖아요.		
해야 하는 일은 아침에 일어나 갖고 밥 차려 주고 그래 가지고 준비물 싸서 보내고 학교 갖다 오면 반가이 맞아 주고 방 청소도 잘해 놓고.		
조그마하니까 밥도 먹여 줘야 하고, 차려 줘야 하고.		
읽어 줬죠. 비디오로 나오는 거 있어요. 애들 보는 거. 그런 거도 많이 틀어 주고, 내가 그때는 신경 많이 썼네.		
빨리 컸어요. 십 개월도 안 돼서 걸었고 돌 바로 지나자마자 말을 하더라고. 배달을 가도 틀어 놓고서, 비디오 하나 둘 셋 이런 거, 숫자 개념, 한글 이런 거. 그리고 프뢰벨에서 나온 거 삼십 권짜리 전집 같은 거 사 주고 보라고 읽어 주고, 밤에는 완전히 애기하고 한 몸이 됐었죠.	증상의 재발 정도에 따라 정도의 차이는 있지만 초기 양육경험에 있어 아이에게 필요한 보호 제공하고, 아이의 심리적, 신체적, 사회적 욕구에 맞추어 보호환경 제공하고자 노력함	아파도 내가 키운다 (정상화된 역할 추구).
애기 때가 힘들긴 힘들었어도 그냥 애기니까 엄마 말을 잘 듣잖아요. 엄마 말을. 아가 여기 나가면 위험하니까 차 아야 해. 그런 식으로 얘기해 주고. 예 엄마 안 나갈게요. 방에서 그냥 텔레비전 보고 놀아요. 유선방송 거기 틀어 주면. 엄마 배달 갔다 올께 하면 방문 닫아 놓고 갔다 오고. 그렇게 했었던 거 같아.		
처음에는 그런 거를 제가 많이 옆에서 해 줘야 되는데 잘 못해주니까 말도 막 시키고 그래서 2살 때부터 학습지 같은 거 해 줬고 책도 몇 백만 원어치 사서 보여 주고 읽어 주고 처음엔 신경을 많이 썼었어요.		
제가 고집을 부린 거죠. 내가 아파도 내가 키운다고. 그때는 맞기더라고요.		
애기가 저기 잘 먹어야 된다고 그래 가지고 가래떡 같은 거 내가 좋아하는 거, 포도 같은 거 잘 먹었어요. 우유도 막 산정우유 중간 팩 같은 거 사다 먹이고.		
아기 때는 그때가 하자는 대로 다 하고, 엄마 손길이 하나부터 열까지 다 필요한 때니까. 나는 이렇게 해 주는 걸 좋아해요. 애기를 워낙 좋아하니까. 더더구나 내 애긴데. 내가 막 신발 사 주고, 옷 사 주고, 데리고 다니면서 다하고.		
애기만 없었어도 많이 힘들어도 견딜 만했을 텐데, 애기가 있으니까 둘이잖아요. 애기가 둘이잖아요. (웃음) 아빠까지 키워야 되는 거니까. 하여튼 많이 힘들어했어요.	아이 양육뿐 아니라 이차적으로 요구되는 집안에서의 역할	
아이 어렸을 때는 주말부부를 해서 주말마다 오고 했었는데 워낙 장		

남에 장손이고 집에서 너무 귀하게 컸기 때문에 궂은 일을 할 줄을 몰라요. 그래서 애기 기저귀 한 번을 안 갈아 줘 봤어요. 전혀 그 생활비에 대해서 관심을 못 가졌기 때문에 분유 값이 얼마고 기저귀 값이 얼마인가 같이 사 본 적도 없고 제가 알아서 다 하고 그래서 속상할 때도 많았죠. 너무 돈만 벌면 단가, 너무 관심이 없다 그런 생각도 가끔씩 했었고 주말에 오면 또 시골로 갔어요. 공주를, 시골이 공주거든요. 시댁이.	과 아이들의 기질별로 힘들었고, 특히 주변의 지원이 없을 경우 더 큰 어려움을 겪었으나 주도적으로 역할 수행함	
그때 주말 부부 했었는데 저 혼자 다 키웠어요. 애기 아빠가 너무 남자 성격이라서 집안일 같은 거 몰라요.		
쉽지 않더라고요. 일도 하고, 굉장히 힘들더라고요. 혼자 키우는 게, 힘들더라고.		
근데 애기 때는 되게 힘들었어요. 낮밤이 바뀌어 가지고 낮에는 꼬집어 뜯어도 자요. 근데 열시나 열한시 되면 그때부터는 놀자고 하는 거야. 저는 푹 잤으니까. 그럼 막 깨워요. 아빠는 또 신경이 예민하니까 잠을 못 자게 하면 안 되잖아. 그러면 또 들쳐 업고 나와 가지고 노래를 불러 주고 그래도 안 자네. 나는 졸려 죽겠는데. 그렇게 힘들게 했어 또 애기 때는.		
어렸을 때보다는 이제 시간이, 같이 있는 시간이 많이 없으니까 어렸을 때는 항상 같이 있어야 되니까는 모든 것을 옆에서 내가 이제 해야 되는데 지금은 학교 가서 또 학원도 다니거든요.	어릴 때 엄마의 보호에 전적으로 의존했으나 성장하면서 점차 엄마가 기여할 수 있는 부분이 줄어들고 엄마와의 분리가 진행됨. 아이의 성장과 함께 엄마 역할도 달라져야 하고, 점차 아이의 자율성을 인정해 줘야 하며 관계상의 문제에 관심을 가져야 한다고 인식함	애가 크니 나도 큰다 (아이의 성장과 역할 변화).
미술 학원 다니는데 끝나고 미술학원 끝나고 집에 와서 오는 시간만 저랑 같이 있으니까 그런 면에서 보면 많이 편한 거죠.		
애기 때는 그냥 말을 잘 듣잖아요. 데리고 다녀도 엄마 어디 간다 그러면 졸졸졸 따라다니고. 지금은 엄마 어디 간다 그래도 응 다녀오세요. 돈만 놓고 가요. 돈만 있으면 돼. 이제 컸으니까 지가 알아서 다 사 먹고 할 테니까 엄마 돈만 놓고 가요. 그래요.		
인제 안 따라다니려고요. 귀찮아. 작년까지만 해도 내가 지 서류 떠오라면 지가 안 가잖아요. 다니던 학교엔 가기 싫은가 봐. 아예 가는 것조차도. 그래서 내가 떼다 주고. 저쪽에 시청 옆에 교육청 가서도 내가 다 떼다 주고.		
손이 제가 손이 필요로 할 때는 어릴 때잖아요. 그때는 당연히 해 줘야 된다 이런 의식이 있는데, 지금은 컸으니까 지가 해 먹어도 되잖아요. 마음이 놓인다고 해야 되나?		
그냥 확인만 해야 된다고 해야 되나? 잘 갔나. 친구는 괜찮은 애를 사귀나, 더 대범해질 거 같아요. 범위가 넓어지고. 그때는 자기 아이, 그 애만 생각하게 되는데 그때는 범위가 넓어져서 친구도 걱정해야 되고.		
엄마도 싫어서가 아니고 이제 다 커 갔다고. 다 컸고. 지가 배고프면 밥도 먹여 주고. 동생이 밥 먹다가 안 먹고 딴짓하면 지가 먹여 주고 그러더라고요. 딸네미가.		
우리 딸네미가 떠 오고. 쓰레기 플라스틱 재활용, 재활용 있잖아요. 그게 조금 버리는데 한참 걸어가거든요. 그거 버리고 와요. 큰딸이 쓰레기 있잖아요, 저기 음식물 찌꺼기, 우리 딸이 버리고		
요즘은 굉장히 상태가 좋아졌어요. 지금은 존댓말 쓸 때도 있고. 엄마 다녀왔습니다. 그러면 왔으면 왔냐. 갔으면 갔냐. 전엔 문 싹 닫고 들어가서 지 할 일만 하고 그랬었거든요. 쳐다도 안 보고. 지금은 김치찌개도 끓이고, 라면도 끓이고, 밥도 비벼서 먹자 그러고.		

보통 사람처럼 살기, 엄마로 살기

쟤는 뭐 다 컸지 뭐 아이라고 할 수도 없지. 내가 없으면 뭐 내가 친정 가서 하루나 이틀 자고 와도 지가 알아서 끓여 먹고 사 먹고 그러더라고요.			
밥만 해 놓으면 지들이 차려 먹어요. 다 알아서 해 먹어요.			
아빠는 같이 놀아 주고, 아빠는 음, 장난치고 놀아 주고, 저는 공부도 가르쳐 주고, 같이 노래도 부르고, 그림도 그리고, 같이 장난감도 같이 가지고 놀고, 어디 여행 갈 때 같이 데리고 다니고 구경시켜 주고, 남의 집에 갈 때 같이 놀러 가 주고, 먹을 것도 듬뿍 사 주고, 영양실조 안 걸리게.	양육과 가사활동에 있어 남, 여의 역할이 구분되어 있다고 생각하며, 어려운 일이나 도움이 필요한 일에 대해 남편을 많이 의지하는 편. 남편이 대장이고 방향을 잡는 집안의 중심이고, 엄마는 사소한 영역의 일을 하는 것으로 인식함	부모의 역할 구분 명확해짐	
집에 가서 남편을 만나서 셋이 있잖아요. 그러면 남편을 만날 때 제가 얘기해요. 있었던 일들 안 좋았던 적이나, 좋았던 적이나 안 좋았던 일을 많이 얘기해요. 남편이 좀 도와달라고. 그러면 아빠가 대장이니까 다 해결해 줄 거야. 믿어라. 믿어요.			
남편은 때에 따라서 방향 변경을 해요. 제가 어떻게 너무 심하다 하면 지적을 해요.			
지금은 얘네 아빠가 애들 교육은 거의 엄마한테 일임을 해요. 큰일 같은 거나 간섭하고 그러지, 거의 자잘한 일은 다 엄마한테 하고, 아빠한테는 특별한 요구가 있으면 다 아빠한테 이야기 하고, 아빠한테는 큰 거, 학교에서 에버랜드 간다거나 할 때, 돈 필요하고, 앨범비 같은 거 공문 같은 거 올 때 아빠한테 주고			
아빠는 이제 큰 가닥만 잡아 주는 거지. 한마디로 도서관 가라, 도장 가라.			
소소한 걸, 먹는 걸 챙겨 주고. 거의 쟤는 입을 놔두지를 않아요. 아이스크림이라도 먹어야 되고, 과자도 잘 먹고.			
돈을 버는 거는요 아이 아빠가 가지고 오는 돈을 열심히 절약하는 거밖에 없는 거 같아요. 공부시켜야 되는데.			
보통 엄마들은 애가 나가 있어서 언제 온다 그러면 다 기다리잖아요. 전화도 해 보고 궁금하니까 많이 하잖아요. 근데 나는 궁금해도 꾹 참아요. 애들 아빠가 알아서 하니까.			
교육이나 숙제는 우리 신랑이 해요. 나는 모르니까. 둘이.			
중학교 가면 철이 들 건데 아직 철이 없나 봐요. 시키면 하는데 제 아빠가 무섭게 하면 나오고.	아이들이 규율을 잡고, 훈육하는 역할을 주로 담당하는 아빠의 말에는 순응적이나 상대적으로 엄마는 쉽고 편한 상대로 생각함		
내가 더 순진해 보이는가 봐. 아빠 오면 아빠 오셨어요 하는데 나한테는 갔다 왔냐 소리도 안 하고.			
혼내기도 하고. 꼭 저녁에 와서 공부 가르치거든요. 낮에는 안 하고, 저녁에 들어오니까. 낮에는 생전 뭐라고 안 해요. 저녁에 오면 야단치고. 무서워는 안 하는데 시키는 대로 하더라고요. 이래라 저래라 하면 아빠 말을 잘 들어요.			
한두 번은 자라 시간 몇 시다. 자라. 그래도 말 안 들으면 너 아빠한테 전화할 거야. 그러면 좀 듣는 척하고.			
시누가 나가서 들어올 때 뭐 사 들고 오면 그것도 싹 먹어 치우고. 엄마한테 뭐 하나 먹으라 소리도 안 하고 지 아빠는 챙기는데 난 안 챙겨.			
태도가 다르지요. 거짓말하면서까지도 아빠한테는 들키기를 싫어하니까.			
엄마는 무난하지요. 뭐 이래도 흥, 저래도 흥, 좋다고 하니까. 엄마한			

테 의지도 많이 하면서 어느 때는 심한 말도 많이 하고. 엄마한테 그 냥 쏟아 놓는 거 같아.		
나는 안 무서워요. 소리 질러도 애들이 까딱도 안 해요. 애들이 더 커 요. 목소리가. 나보다.		
아빠는 학원을 간 줄 아는데 지는 집 안에서 히히거리고 노는 거예요. (웃음) 그 시간에. 그러면 어떻게 해. 중간에서 내가 거짓말을 치는 거죠.	아이에 대해 기 대가 많고, 강 압적인 아버지 와 아들 사이에 서 갈등 조정하 고 중재하는 역 할 담당함.	
중간에서 엄청 힘들었어요. 그거는 **가 별로 안 가고 싶어 하지. 엄 마가 최곤데. 지금이 사춘기라 그렇지. 예민하기는 했어도 엄마하고 떨어져 있는 건 싫어하고.		
둘 다 강하니까. 내가 조정을 해야지 중간에서.		
엄마가 약 먹고 그러는 거 아직 어리니까 잘 몰라요.	아이가 어린 경 우 엄마의 질환 에 대해 잘 인 식하지 못하나, 아이가 성장하 면서 엄마의 질 환에 대해 아이 에게 공개적으 로 설명한 적은 없고, 집안에 비 밀처럼 간직하고 있으나 우연한 기회에 자연스 럽게 알게 됨.	아는 만큼 도움 줌 (질 환 에 대한 상호 인 식 과 반응)
제가 정신장애라는 것을 별로 느끼지 않고, 별로 의식하지 않고 그러니까.		
대화를 나눠 본 적은 없고 그냥 어떻게 자연히 알게 됐어요. 제가 환 자라는 것을 저가 인식을 했기 때문에 선포를 한 거죠.		
나도 그렇다고 나도 정신지체 3급이라고 그 대화하는 내용을 애가 들 었나 봐요. 친구하고 같이 들은 것 같아.		
엄마가 아파서 입원해 있었다. 지금도 그냥 엄마 무슨 병 걸려서 입 원했냐고 물어보면 그냥 아파서 그냥 입원했다고만 그러고, 엄마 그냥 아파서.		
그런 건 말 안 해요. 정신지체장애 3급 그런 얘기도 잘 안 해요. 아 빠하고 저만 알고. 애한테는 그런 얘기 안 하고, 엄마가 아프기 때문 에 병원에 입원했다가 생활해야 되기 때문에 생활했다 그런 식으로만 알고 있고.		
엄마가 정신지체장애 3급이라 병원에 입원했다가 나왔던 걸 아빠는 너한테 쉬쉬하는데 너는 알고 있냐. 내가 그랬더니 엄마 아빠는 쉬쉬 해도 내가 다 알고 있지. 그러더라고요. 그냥 알고 있더라고요.		
애들이 엄마가 정신과 약 먹는 거 알아.		
인제 그건 아는데 그전에는 그렇게 심각하게 알고 있지 않다가 최근 에 인제 아이 아빠가 알면서 제가 인제 아픈 걸 알면서 그때 방황을 좀 생각을 좀 많이 하더라고요.	엄마의 정신질 환에 대해 알게 되고 아이는 자 신에게도 영향 을 미치는 지 불안해 하기도 하고, 우울해하 거나 엄마를 받 아들이지 않고 거부하며, 분노 감정을 표현하 기도 함	
저한테는 가끔 우울할 때가 있나 봐요. 인제 한번은 그러더라고요. 나 도 크면 엄마처럼 될 거야. 저도 오래오래 살고 싶고 엄마가 되고 싶 고 크고 싶고 그런 욕망이 있는데 엄마가 아프다 조금 우울한 적이 있겠죠. 마음이 좀 아프더라고요.		
저도 표정이 별로 안 좋더라고요. 그 이야기 할 때. 어떻게 앞으로 살 아야 될까 고민하는 것 같기도 하고 표정이 조금 겁나 하는 것 같기 도 하고.		
엄마라고 안 하고 미친년이라고 하더라고. (소리 낮춤) 화가 나 있고. 왜 우리 엄마는 저렇게 입원해야 될까 그런 게 골똘했었나 봐. 그리 고 또 봤어요. 엄마가 병원에서 하는 짓거리들을 다 보고. 우리 엄마 는 병원에만 들어가면 다 저렇구나.		
이제 처음에 센터를 같이 다니는데 거기는 아픈 사람들만 있는 거라 고 제가 그랬거든요. 가끔씩 이래요. 집에 있으면 저도 심심하니까 엄 마 센터 같이 가자. 애가 먼저 그래요.		

보통 사람처럼 살기, 엄마로 살기

애가 굉장히 밝기 때문에 학교생활까지 영향을 미치지 않고	성격에 따라 외향적이고, 밝은 성격인 아이들은 탄력적인 적응 보임		
이제는 뭐라 할까 적응을 했다고 해야 하나, 특별히 생각하는 거 같지는 않고.			
가끔씩 제가 저한테 잘 못해 주고 그럴 때, 그럴 때는 인제 근데 애는 워낙 좀 명랑한 편이라서 걱정은 안 하는데.			
잘 자란 편이예요. 너무 음침하고, 어둡고 그렇지가 않아요.			
엄마 없어도 학교 안 간단 소린 안 하는 게 다행이에요. 학교 중도 포기 안 하고. 공부는 못해도 어떻게 꼭 학교 갈 시간이면 갔다가 친구들하고 어울리면서 잘 놀고, 그게 참 기특해요.			
전화하면 막 목소리가 엄청 밝아. 엄마 괜찮아 엄마 있을 때까지 있다 와. 심성이 착해서. 말하기 힘드니까. 엄마 힘드니까. 엄마 힘들게 안 할게.			
떨어져 있다가 다시 화 풀리면 엄마 사랑해 하고서 쪽지 날려 보내요. 제가 부엌에서 일하고 있으면 쪽지 떨어뜨려 놓고 가요. 던져 놓고 가요. 그러면 인제 펴 보면 사랑한다고 쓰여 있어요.			
교회에서 기도하면서 막 울더래. 우리 엄마 낫게 해 달라고 우리 엄마 많이 아프다고 낫게 해 달라고 기도를 하니까. 엄마가 입원하셨다고. 막 눈물 나더라고. 지 혼자 다 꾸리고 해야 되고 우리 엄마 많이 아파요. 이러더라고.	어렸을 때는 엄마의 질환에 대해 이해하지 못하고 놀라움 표현하기도 했으나 나이 들고, 주변에서 질병에 대한 교육, 정보 듣고 이해하기 시작하면서는 약먹는 시간을 체크하고, 시설에 가도록 하는 등 보호자 역할을 하고자 함		
지금도 열흘 됐는데 지가 계산해 봐서 열흘 됐는데 엄마가 안 간다 그러면 얼른 가라고 체크해 주고 엄마 약 먹어야 돼. 그러면 귀찮게 안 하려고 노력하고.			
몸도 운동도 만날 가라 그러고. 지가 아버지 같아.			
그렇지 엄마는 약이 떨어지면 안 된다. 병원에 입원해야 한다. 그런 의식에 사로잡혀 있어 가지고. 엄마한테 신경을 많이 쓰지. 엄마는 약 안 먹으면 입원을 해야 된다는 걸 알고 있어서. 챙겨 주고.			
쟤도 그런 걸 느꼈던 거 같아. 저도 힘들지만 엄마도 힘들다.			
정신분열증이라는 거까지 다 알지. 다 알아요. 그러니까 약도 다 챙겨 주고 지가.			
알려준 게 아닌데 그냥 지가 병원에 갔을 때 그랬대 선생님이. **아 엄마는 약 떨어지면 안 되니까. 약 떨어질 때쯤에 엄마 병원에 가서 약 타게 해야 돼. 그런 얘기를 많이 해 주셨대.			
처음에 병원 가서 놀라기도 하고(낯설기도 하고) 그랬는데, 익숙해지더라고.			
근데 그건 알아. 아빠가 눈이 저러니까 엄마가 더 신경을 써서 저러는구나. 알아. 그러니까 지 아버지 안 보이는데 소리만 나오면 주먹부터 이렇게 올라와. 참지를 못해 그런 거를. 아빠가 전화하면 엄마 힘들게 하지 마. 그래요. 엄마 없으면 안 되니까.			
우리 딸이 나보다 더 지르네. 센터에 갔다 왔냐고 그러고 갔다 왔다고 그러면 가만있고. 안 갔다 왔다고 그러면 왜 안 갔다 왔냐고 아침에 왜 안 가려고 하냐고 막. 그래서 왔어요. 가냐 안가냐. 그래서 왔어요.			
(증상이 심해지고 그러면) 애들은 인제 내가 집에 있으면 나가서 놀다 온다고, 밖에 가서 놀다 온다고 하면서 나갔죠.			

내가 잘못했으니까. 내가 저를 너무 힘들게 하고. 한 달 동안 지가 얼마나 힘들었겠어. 혼자서. 어른들도 혼자서는 힘든데.	아이들에게 정신질환에 대해 알리는 것을 조심스러워 하며 아이들이 자연스럽게 알게 되고 이해해 주길 기다리며, 고통을 이해하고자 함.		
좀 안 좋을 때 엄마가 그러면 얘기해 뭐든지 얘기해. 엄마한테 다 얘기해. 그러죠. 엄마가 그때는 그랬어. 제가 안 좋았던 것도 미안하다고.			
(아이가) 없을 때 나를 입원시키고, 얘네 아빠가. 학교 갔을 때 나를 입원시키고 그랬어요.			
한 달 정도 지나고 나니까 그때부터 엄마라고 부르더라고. (　　) 그냥 참았지요. 뭐 어떡해.			
애인 제 애인. 연인은 남편이구요. 애인은 애예요. 같이 상대, 말 상대하고, 놀이 상대는 아이, 애인이고요. 남편은 좀 더 성숙된, 성숙된 연인 사이가 우리 부부.	남편의 존재와 아이의 존재가 구별됨. 정서적으로 중요한 관계 형성하고 있으나 아이가 직접적으로 더 친밀하고, 의존하는 관계		
남편도 찾는데, 자기는 자기 나름대로 자기 일이란 게 있어서. 다 잊어버릴 때가 있어요. 남편이 없을 때 외로움을 아이하고 달래요.			
아빠는 구체적으로 뭘 해라고 제시를 해 줘요. 근데 애는 그런 게 없잖아요.			
아빠는 지금 저런 상황이라도 혼자서 잘 꾸려 나가잖아요. 얼마든지. 좀 외롭고 이런 거는 있겠지만, 근데 애는 내 손을 필요로 하니까, 내가 있어야 되니까.			
일단 애를 낳아야 된다(애를 낳아야 된다.). 일단 애를 한 명 이상 낳아야 한다.	결혼을 하면 아이를 낳는 게 당연하다고 생각하며 결혼의 과정은 부부에게 있어 관계의 축소를 가져오는데 아이출산을 통해 새로운 관계를 형성하게 되고, 부부 사이의 대화와 공통점이 생기므로 아이의 양육은 필요한 것이라고 봄	아이는 당연한 의무	어머니 됨의 인식 (버팀목 세우기)
애가 없다면 너무 밋밋해요. 부부가. 너무 밋밋하고, 재미도 없고, 서로 공통적인 점이 있어야죠. 애 이야기를 하고, 애를 키워 가면서 애에 대한 이야기, 화제가 부부 사이에 있어야. 애 데리고 다니면서 처음에 즐겁고, 애 때문에 더 노력하고, 더 성숙해지고, 애를 키우기 위해서 더 노력을 너무 많이 하거든요.			
애가 없으면 평생 애처럼 둘이 너무 재미없어요. 너무 밋밋하고 오히려 더 외로울 수가 있어요. 다른 이성 친구들도 없고 없어질 수 있어요. 결혼하면, 일대일이잖아요. 그러니까 오히려 더 외로운 거예요.			
결혼을 하면 남편한테 잘하고, 자식 낳으면 자식한테 잘하고. 그러다가 늙으면 부부가 같이 늙어 가면서 사이좋게 살면 되는 거죠.			
당연히 결혼하면 애기 낳는 건가보다 생각하고 있었어요.			
애를 키우면서 어른이 되는 거지 애 안 키우면 어른이 못 되고, 애 안 키우면 가족공동체가 없어지잖아요. 둘이 뭔 재미로 살겠어요. 애 키우는 재미로, 애기 얘기하다가 사람이 가까워지고, 일도 하게 되고, 애기 열심히 뒷바라지 해야. 애기 뭣도 사 줘야지. 그래야지. 결혼하면 일단 애기를 가져야죠. 왜 애기를 안 낳아요.			
사람이 사는 낙이죠. 낙이죠. 고민도 많아지고, 짐도 많아지고, 고생도 많지만. 나중에 키워 놓고 나면 또 좋은 게 사람이잖아요.			
어머니란 모든 것을 용서해 주고 포용해 주고 기댈 수 있는 거	어머니의 존재는 모든 것을 포용해주고 기댈 수 있는 존재이면서 가정의 중심		
엄마는 가정에 있어서 중심돌인 것 같아요. 주춧돌인가. 그래서 첫째는 건강해야지 가족도 건강하고 엄마의 사고방식에 따라서 가족들도 다 영향을 받기 때문에 굉장히 중요한 역할인 것 같더라고요.			
시어머니가 농사를 시아버지하고 둘이 짓는데 거의 밭농사, 논농사. 밭일 다 하시고 자식들한테는 굉장히 희생적이시고 초등학교도 못 나	좋은 어머니에 대한 상이 시어		

보통 사람처럼 살기, 엄마로 살기

왔지만 굉장히 희생적이시고 그런 거 보면 정말 이 시대의 어머니상이다 그런 거 많이 느껴요.	머니에 있고, 희생적이고 가족에게 헌신적이며 절약하는 어머니상	
평소에 시어머니를 보면서 느끼는 건데 아침에 일찍 일어나서 밥하고 가족들이 해야 될 거를 챙겨 주고 하는 거 기본이 있어야 될 것 같더라고요.		
돈 같은 것도 알뜰하게 모았다가 가족들이 필요할 때 쓸 수 있게끔 할 수 있는 그런 지혜도 있어야 될 것 같고. 시어머니는 농사지으니까 돈 같은 거 인제 모으시기도 하시거든요.		
엄마가 돼 갖고 자식을 낳았으면 똑바로 길러 갖고 똑바로 기르고, 똑바로 기르면서 바르게 기르고 길러 가지고 결혼시켰으면 좋겠어요. 결혼시켜서 애기도 낳으면 봐 주고.		
좋은 엄마라고 그러면 애기가 배고플 때 반찬 같은 거 잘 마련해 가지고, 밥을 잘 차려 주고 간식도 잘해 주고 그래야겠죠.		
(보통 엄마들은) 같이 놀아 주고 시간을 그렇고 잘 먹이고 ( ) 근데 그게 잘 안 돼요.		
너무 기특하다 태어나 줘서. 선물을 받았어요. 축복과 기쁨. 아이가 태어나면 제가 책에서 읽었거든요. 아이가 태어나는 것은 그 가정의 축복이요, 기쁨이다.	아이는 가정의 축복이요 기쁨이다. 아이는 보면 즐겁고, 의지가 되는 존재이다. 아이 때문에 건강해지기 위한 노력을 하게 되는 동기부여 역할도 한다.	버팀목이자 결속의 끈 (자녀의 긍정적 역할)
진짜. 내 존재가 뭔가, 내가 왜 여기에 있어야 하나. (그런 걸 알게 해 주는) 이 세상에서 가장 중요한 일이지.		
의미를 부여하자면 크죠. 한 아이의 엄마고, 그 아이가 잘 성장해서, 저는 딸이 없으니까, 얘가 아빠가 되고, 저기 나라의 대들보가 되게 키워야 되는데		
그냥 항상 사명감을 가지고 애기를 키워야 되는데, 그런 생각을 가지면서도, 사명감을 가지고 키운다는 게 뭔지도 모르고, 그냥 평범하게 살고 있거든요.		
항상 살아가는 의미를 엄마로서 또 아들을 잘 키워야 된다는 자부심을 갖고 살죠. 그렇게 갖고 살아요. 아무것도 아닌 하루지만 나는 큰 사명감을 가지고, 애를 키우고 있고, 저게 어떻게, 잘돼야, 되기를 바라면서 종교 아닌 종교를 마음속에 그냥 믿고 있어요.		
남들은 아무것도 아닌 우리 가족이지만 그래도 세상 안에 우리 가족도 크다고 생각해요.		
있는 것 자체가 도움이 되고, 의지가 되고 귀찮으면서도 의지가 돼요. 있다는 거 존재만으로도.		
많이 의지가 되요. 예전의 애로 돌아온 것 같아요		
애기한테 나쁜 영향이 가지 않으면 그래도 낳으라고 하고 싶은데요, 그래도 애기가 엄마보다는 엄마보다 쟤네들이 커 가지고 엄마한테 잘해 주죠. 쟤네들이 엄마의 버팀목이죠. 엄마가 기대는 게 쟤네들이죠. 고생은 했지만 딴 사람들이 고생해서 저렇게 컸지만, 기댈 사람은 쟤잖아요. 자식이 있으니까 이렇게 사는 거잖아요.	현재와 장래에 의지가 되고, 버티목이 되는 아이	
제가 좋은 거. 아이하고 같이 나들이를 다닐 수 있는 것. 남자아이이기 때문에 더 의지가 되고 무섭지 않은 것. 집 안에 혼자 있어도 덜 무섭고.		
의지가 되더라고요. 아까도 안 오셔 가지고 서성서성대고 있었는데 저는 조바심이 나요. 그런 게 있어요. 막 답답하고 혼자 있으면 막 답답		

하고 노래라도 불러야 되고. 저렇게 하고 있어도 엄마 노래 틀어 줄까. 지 문 열어 놓으면서 음악소리가 들리니까. 잘해요. 그런 면에서는.		
만약 저를 그렇게 임신을 안 했었으면, 또 방황하고 그랬을 거라고 임신하길 잘했다는 식으로 생각을 하더라고.	아이가 부부의 결속을 강화하고, 예상할 수 있는 파국 막아 줌. 이혼 경험 있으나 아이 때문에 다시 합쳐서 살게 되었고 부부 간의 마음이 맞지 않을 때도 있으나 아이 때문에 결혼생활 유지하는 것	
결혼하고 애기가 없으면 그러면 방황하고 나중에 어떻게 될지도 모르고 또 결혼관계가 지속적으로 이어질 수 있을지, 만약에 또 헤어졌을지도 모르고. 그런 얘기를 하더라고요.		
그냥 애 때문에, 애 때문에, 그냥 저거 하나 있는 거 땜에 합친 거죠. 애기 잘 키우려고, 아빠 맘도 그렇고, 저도 그렇고.		
큰 역할을 하지요. 언니가 저것이 복덩이라고 잘해 주라고, 그래도 쟤가 있으니까, 너네가 살지, 못 살 줄 알았는데 그래도 살고 있는 게 참 다행이라고. 그렇지 않으면, 쟤 없었으면 벌써부터 따로 살아요. 별로 마음도 맞지 않는데.		
이혼하면 안 되겠다는 생각이 들지요. 애들이 다 커 가고. 이혼하려면 애들 안 낳았을 때 해야지. 애들 다 커 가고 그러는데 어떻게 이혼하냐고 그런 생각이 들어.		
혼자 살 수도 없지, 돈도 못 벌지. 내가 돈을 벌어 놓은 것만 있어도 혼자 살 수 있는데 여태껏 신랑 돈으로 썼으니까 어떻게 할 수가 없어요. 이혼을 할 수가 없다니까요. 그냥 살아야지.		
텔레비전에서 보면 아기를 받아 갖고, 엄마 눈앞에다가 가져와서 보여 주고 따님입니다, 아들입니다 하잖아요. 근데 그걸 못 했어요. 경험을 못 했어요. 그냥 데리고 그냥 가더라고요. (병원에서) 씻긴다고 체중기 재고 그런다고 그냥 데리고 가더라고요.	아이 출산과 동시에 엄마로서의 자기존재감 인식하고 아이와 정서적 유대감 느낌. 엄마로서의 자기 존재가 인생과정에서 가장 큰 의미로 생각함.	어머니는 가정의 중심돌 (모성의 사회적 규범 따르기)
태어났을 때는 엄마구나 그런 생각도 들고, 아이를 건강하고 예쁘게 길렀으면 좋겠다 이런 생각도 하고.		
살면서 가장 크게 달라진 것은 엄마가 된 것.		
딱 낳고 나서요. 애기가 그렇게 생긴 건 줄 몰랐어요. 처음 보고 사랑에 쏙 빠졌다니까요. 애기 보고.		
아기 낳고 예 잠깐은 좋았죠. 나도 아들을 낳았구나. 나도 엄마가 됐구나.		
그냥 좋았어요. 엄마가 되니까. 좋긴 좋았는데.		
애기 백일 때, 돌잔치 해 줄 때는 내가 엄마구나 하는 생각.		
애기가 엄마 엄마 이렇게 말할 때. 엄마라고 찾고 그럴 때.		
애가 둘이니까 당연히 엄마다 하는 생각이 들지요.		
잘 때 감기 걸릴까 봐 애들이 이렇게 이불을 팍 차 내잖아요. 그러면 잠을 못 자고, 봐 줘요. 차 내면 안 찰 때까지 이불을 덮어 줘요. 밥 차려 주면 반찬 없는 밥이라도 먹는 모습 보면 모성애가 느껴져요.	아이가 아팠던 경험, 세심하게 돌보았던 경험을 통해 스스로 모성애를 느끼며 자신의 모성 정체성을 체험. 모성에 대한 일반적인 생각은 아이에 대해 챙겨 주고, 관심 기울여 주는 것	
모성은 그냥, 아이를 그냥 많이 생각해 주는 거겠죠. 생각해 주는 거. 얘가 잘 자라기까지는 엄마 도움이 많이 필요하고. 엄마 힘이 많이 필요한데 겉으로 잘해 주지 말고, 속으로 생각해서 음식 한 가지라도 장만해서, 미래를 위해서 탄탄대로로 얘가 걸어갈 수 있게 잘 마련해 주는 게 필요한데 그 역할을 제가 잘 못하고 있는 거 같아요.		
애가 아프면 나도 아픈 거 같고, 그런 거 보면 내가 모성애가 강하구나 하는 생각을 하게 되고, 그럴 때일수록 더 잘해야겠다고 생각하게 되고 그런데.		

보통 사람처럼 살기, 엄마로 살기

(모성이) 강했으니까 여태까지 버텼겠죠.			
아이가 엄마만 찾는 게 즐거워요. 나를 찾는 사람이 있다는 게 너무 즐거워요.	아이가 엄마를 찾는다는 게 너무 즐겁고 여러 가지 역할 수행한다는 것 자체가 인간으로서 사는 의미를 느끼게 해 줌. 힘들어도 역할수행에 대한 책임감으로 이겨 냄.	죽음과 싸워 이김 (사회적 인정과 성취)	사회적 인정과 자아 확장 (세상 속으로 나아가기)
여러 가지 하면 할수록 즐겁고 좋고, 제가 살아 있다는 걸 느껴요. 정말 살아 있다는 게 한 인간으로서 문득 이 우주상에, 지구상에 살아 있다는 게 좋아요.			
스트레스 자꾸 받으면 받을수록 대처능력이 더욱 더 생기기 때문에, 있는 스트레스, 없는 스트레스 혼자 살 때 무조건 받아라. 스트레스를 오히려 즐겁게 환영해서 피하지 말고 받아라. 스트레스를 환영해라.			
힘들어도 ( ) 그 힘든 점을 안 힘들게 내가 자꾸 발달시키고, 개발시키면 안 힘들게 자꾸 만들어 나가다 보니까, 제가 저 자신도 더 성숙해졌어.			
나도 커서 엄마같이 될 거야 그래요. 저도 나같이 크고 싶고, 뭔가 저 나름대로 느끼는 게 있으니까 그런 말을 하겠죠.			
그렇게 일어날 수 있고 다른 이유로 일어나라면 안 일어날 수 있는데 밥 달라고 하니까.			
아침에 일어나기가 힘들지만 죽음을 무릅쓰고 일어나요.			
엄마 없으면 죽도 밥도 안 되는데, 집도 엉망이고. 병원에서 나와 보니까 이만큼씩 쌓였더라고 먼지가.			
엄마가 못 기를 줄 알았대요. 아이가 자라는 거 보면 신기하대.			
아무도 누가 육아 상식도 없고, 애기 키우는 게 용하다. 남편하고 싸우면서. 신기하다 그래요.			
청소하는 거 음식을 만드는 거 아기를 차지하는 거.	가정에서 가사와 양육의 고유한 역할을 확보, 수행함으로써 자기 위치, 존재감을 확보할 수 있고 지켜 갈 수 있다고 생각함.	살아남음 (생존과 지위획득)	
그래서 아이랑 더 붙어 있고 싶고. 아빠하고 자지 않고 엄마하고 잔대요. 아이랑 저하고 자요. 아빠는 혼자 자요. 침대에서.			
결혼 생활을 유지하는 데? 정신장애인이? 나만이 할 수 있는 거, 아무나 못 하는 거, 남편이 할 수 없는 남편이 도저히 못 하는 부분을 내가 한 가지 역할을 꼭 해야만 하는 거. 특히 가정적인 일을 남편이 죽어도 못 하는 일을 나라도 해야 한다. 남편이 떠날 수 없잖아요. 이 부분이 없으면 남편이 못 사니까. 그런 부분을 만들어야 돼요. 그 영역을 자꾸 확대시켜야 돼요. 남편을 꼼짝할 수 없게 만들려면 그 영역을 자꾸 확대시키는 거죠			
애기가 내 편이 되게, 애기가 나 없으면 못 살게 만드는 거, 애기가 엄마를 꼭, 엄마 없으면 죽겠다고 하게 애기가 나를 좋아하게 만드는 것, 애기를 독차지하는 것.			
너는 아빠보다 엄마가 너를 더 잘 알아. 엄마 배 속에 있을 때부터 엄마는 잘 알아 왔어. 아빠 배 속에서는 없었거든, 엄마 배 속에서 살다가 나왔어. 그러니까 엄마 말을 잘 들어야 돼.			
평소에 고맙다는 걸 아는 거 같아. 엄마가 참 엄마가 없으면 안 된다는 걸.			
아빠하고, 애를 구원해 준 거죠. 내가. 그런 점에서는 앞으로 잘 살면 그래도 나쁘지 않죠. 없는 것보다는 있는 게 훨씬 나으니까. 그게 그것만 유지하면.			
시댁에서 쫓겨날 것 같았어요. 기분이. 남편한테도. 남편도 저를 버릴 것	아이를 낳고 키		

같았어요. 애 때문에 아무도 저한테 아무 말도 못 해요. 애를 키워 놓으니까. 아무 말도 못해요. 꼼짝도 못 해요. 제가 다 이겼어요. 애 때문에. 애로 인해 잃은 것 없고, 오히려 애 때문에 살아남았고, 애 때문에 살아남았어요. 애를 낳고 나니까 많이 그런 게 없어지셨어요. 그리고 워낙 자식 사랑에 그런 게 깊으신 분들이라서 아이 앞에서는 다 용서가 되는 거예요.	우면서 시댁 식구에게 당당해지고, 아이로 인해 살아남음.	
솔직히 저도 배우고 싶어요. 저도 공부하고 싶어요. 텔레비전 보면 늦게 배워 가지고 시험도 합격하고 그러잖아요. 제가 알아야지 애들도 가르쳐 주죠. 사는 목표라든가 앞으로 어떻게 살아야겠다거나 잘살아야겠다거나, 그런 게 더 분명해지고. 더 잘살기 위해 노력하게 되고.	아이에게 긍정적 영향 주기 위해서 자신의 성장에 대한 동기도 있음.	
힘든 건 또 힘들죠. 그래도 힘든 만큼 좋아요. 그게 이치가 맞아요. 많이 힘든 만큼 많이 안 좋으면 누가 그렇게 둘 낳나요. 아홉 낳은 사람은 많이 힘들지만 아홉 배로 좋다는 것 아니에요. 야가 큰 거 볼 때. (보람을 느낌) 예전보다. 예의 바르고, 착하고. 다른 애들 같으면 곁길로 빠졌지. 그런 걸 보면 애한테 잘해야 돼죠. 보람 있죠. 둘 되면 못 키웠을 거 같아. 하나니까 키웠지.	아이양육의 경험이 힘든 일이나 힘든 만큼 보람이 있는 것.	
전화받고 이러고 있으면 안 되지 빨리 퇴원을 해야지, 그런 생각도 들고, 미안하지 뭐. 잘한 것도 있지만 못한 것도. 쟤가. 그동안. 사랑? 엄마 엄마하고. 지금 생각해 보면 애가 없다면 너무 삭막할 거 같아요. 메마르고. 쟤가 없으면. 남들은 그러잖아요. 자식이 없고 혼자 있으면 막 돌아다니고 자기 인생을 즐기잖아요. 근데 나는 우울증에 걸릴 거 같아요 만약 애가 없었다면 금방 빨리빨리 돌아오지 못할 거 같아요. 회복되는 거. 계속 누적돼서 그냥 우울증에 빠지거나 밖으로는 아예 안 도는 편이니까. 근데 모르지 또 정신병에 걸려 가지고 쏘다닐지도. 애가 있어서 더 빨리 정신 차리고 그런 거 같아요. 내 한 몸이라면 함부로 할 수도 있어요. 예를 들어 병원에 있을 때, 장기간 입원할 수도 있는 거고, 내가 아무것도 아니라면 나 혼자라면 굳이 열심히 안 살아도 되고, 근데 아들이 있으면, 애가 있음으로 해서 내가 엄마다. 내가 보호해 줘야 한다. 내가 없으면 안 된다. 그런 의식이 있죠. 쟤 없었으면 어떡할 뻔했어. 사는 데 나한테는 힘이 되지. 그렇죠. 그럼요. 쟤 없었어 봐. 아무것도 아니지. 제가 오히려 많이 얘 때문에 건강에 취할 수 있게 된 것 같아요. 애들하고 떨어져 있으면 아무래도 애들이 힘들겠죠. 잘해 줘야 되는데.	아이의 존재로 인해 입원 시에도 적극적으로 퇴원 위해 노력하게 되고, 아이가 있어서 다른 문제 예방하고, 자기 자신에 대해 열심히 살아야 할 의미, 삶의 의지 갖게 함 살아오는 데 힘이 되고, 아이의 존재가 없으면 자신의 존재도 희미해지는 것으로 인식	더 빨리 정신 차림 (성장과 재활의 동기)

보통 사람처럼 살기, 엄마로 살기

이혜경 ——————————————————————————————

▌약 력

이화여자대학교 대학원 사회복지학과(문학박사)
(대전) 대덕구 정신보건센터 팀장
현재 건양대학교 사회복지학과 전임강사

▌주요논문 및 저서

학위논문; 여성정신장애인의 모성경험에 관한 연구. 이화여자대학교. 2007.
공동번역; 위기개입(개정판). 나눔의 집. 2008.
연구논문; 여성정신장애인의 모성경험에 관한 현상학적 연구. 정신보건과 사회복지. 2008. 30집
연구논문(공동연구); 가족복지실천에 대한 인식유형 연구 - 지역사회복지관을 중심으로. 한국지역복지연구. 2009. 28집

보통 사람 처럼 살기, 엄마로 살기
정신장애인의 모성경험

초판인쇄 | 2009년 9월 4일
초판발행 | 2009년 9월 4일

지은이 | 이혜경
펴낸이 | 채종준
펴낸곳 | 한국학술정보㈜
주 소 | 경기도 파주시 교하읍 문발리 파주출판문화정보산업단지 513-5
전 화 | 031) 908-3181(대표)
팩 스 | 031) 908-3189
홈페이지 | http://www.kstudy.com
E-mail | 출판사업부 publish@kstudy.com

등 록 | 제일산-115호(2000. 6. 19)
가 격 | 28,000원

ISBN 978-89-268-0297 / 0030 (Paper Book)
      978-89-268-0298-4 98330 (e-Book)

내일을여는지식 은 시대와 시대의 지식을 이어 갑니다.